U0493890

本书为国家社科基金西部项目"三线建设的历史贡献与当代价值研究"
（23XDJ015）阶段性成果

Enterprises,
Population and Society

企业、人群与社会
三线建设的多维书写

张勇 著

A Multidimensional Writing of the
Third Front Construction

社会科学文献出版社
SOCIAL SCIENCES ACADEMIC PRESS (CHINA)

目 录

序一 三线建设：研究当代中国社会的富矿 …………… 陈东林 / 1
序二 三线企业与"三线人" ………………………………… 高超群 / 8

前　言 ……………………………………………………………… 1

第一章　回溯与前瞻

第一节　多维视角下的三线建设研究述评 …………………… 7
第二节　三线建设研究的发展趋势与社会学视野 …………… 25
第三节　在当代中国问题研究中突破学科藩篱 ……………… 37
第四节　四维同构：三线建设多学科综合研究之构架 ……… 47

第二章　企业与社会

第一节　三线建设企业：介于城乡之间的单位社会 ………… 59
第二节　三线建设企业选址的变迁与博弈 …………………… 71
第三节　围墙内外：三线建设企业与地方社会之区隔 ……… 90

第三章　人群与文化

第一节　三线建设移民的内迁、去留与身份认同 …………… 117

第二节　区隔与融合：三线建设内迁移民的文化适应及变迁…… 136

第三节　同级分化：三线建设企业职工的群体构成与社会关系…… 161

第四节　三线建设移民二代的地域身份认同 ………………… 188

第四章　公众史学与三线建设书写

第一节　三线建设历史书写中的公众参与 …………………… 203

第二节　三线建设企业遗址考察札记 ………………………… 228

第三节　当代中国单位历史书写的公众史学转向 …………… 244

第四节　我与三线建设研究的不解之缘 ……………………… 248

附录　《多维视野中的三线建设亲历者》一书的三个维度
………………………………………………… 郭　旭／268

后　记 ……………………………………………………………… 278

序 一
三线建设：研究当代中国社会的富矿

陈东林[*]

三线建设，是1964年以毛泽东同志为主要代表的中国共产党人，面对严峻的国际形势，为了保障国家安全，作出的以备战为中心的工业交通、国防科研和基础设施建设的重大经济战略决策。到1980年，三线建设跨越三个五年计划，覆盖当时中西部13个省、自治区，投资2052亿元，动员上千万人，建成了2000多家大中型企事业单位。之后又经20多年的调整改造，到2006年调整改造结束，前后共42年，是新中国历史上空前的重大事件。

三线建设，也是新中国史上涉及学科范围最广泛的宏大建设战略，涉及政治学、经济学、军事学、外交学、社会学、文化学、民族学、民俗学、地理学等学科。然而，虽然三线建设研究已经取得了丰硕的成果，但总体上来说仍然不尽如人意。已有的研究主要集中在政治、经济方面，其他方面有深度的研究成果还不多。究其原因，主要是三线建设以军工为主（包括电子工业及军工配套，军工投资占总投资的68%）的保密性，及其间经历了"文化大革命"。"兵马未动，粮草先行。"三线建设决策和企业的档案资料的公开受到一定的限制，这制约了三线建设研究的全面开展。因此，我总

---

[*] 陈东林，中华人民共和国国史学会学术委员会副主任，中国三线建设研究会副会长。

是对想要选择三线建设为方向的研究生和年轻学者说，要谨慎考虑，充分估计资料收集的艰巨性。那么，今后拓展三线建设研究的突破口应该在哪里？政治、经济方面继续深入与拓展研究是必需的，外交、军事方面因受到限制而难以有新的拓展。近年来，我欣喜地看到，以上海大学徐有威教授和四川外国语大学张勇教授为代表的学者在三线建设研究上取得了许多丰硕新成果，回答了这个问题。

徐有威教授的三线建设研究起步较早，在21世纪之初即组织了全国性质的三线建设研讨会。他的研究以小三线建设为主，从资料收集整理入手，拿下了国家社科基金重大项目，先后和我一起主编了9辑《小三线建设研究论丛》和其他重要档案及口述史资料，成为三线建设研究的主力军。张勇教授的三线建设研究，他自己说，是从2012年开始的，至今已有十余年了。他和他的团队以全国三线建设为对象，以西南大三线建设为重点，针对社会学意义上的人、企业、社会进行深入观察和理论解析，编写出版了《多维视野中的三线建设亲历者》一书，发表了数十篇研究文章，成为三线建设研究的后起之秀。就社会史角度的三线建设研究而言，这两位学者可称为"东徐西张"。

现在，我又看到了张勇教授的新作《企业、人群与社会：三线建设的多维书写》。他邀我为这本书写个序。老实说，研究三线建设30多年，也负责了《中华人民共和国社会史》（当代中国出版社2016年出版）中1956～1978年22年的撰写工作，但我对社会学研究的理论和手段没有多少发言权，更没有资格评论张勇教授这部以理论见长的著作，只能从大作的题目中的"企业、人群与社会"入手，谈些自己的认识和感想。

一、三线企业，是中国式现代化进程中的宏大社会组合

三线建设不同于以前的东部沿海建设，也不同于围绕城市的工

业建设，更不同于依靠苏联援助的156个对外引进项目的建设。它在企业布局、结构方面，具有符合中国农业大国、幅员辽阔、东西部差别大、区域经济发展不平衡特点的中国式现代化特殊价值。

据1984年三线企业普查统计，西部"八省一市"共建成1945家大中型企业和科研设计院所。其中，符合战略要求，产品方向正确，有发展前途，经济效益好，对国家贡献大，建设是成功的，占48%；建设基本是成功的，但由于受交通、能源、设备、管理水平等条件的限制，生产能力没有充分展现，特别是产品方向变化后，经济效益不够好的，占45%；选址有严重问题，生产科研无法继续进行下去，有的产品方向不明，没有发展前途的仅占7%。由此可见，三线企业从经济效益上来讲，基本上是发挥了作用的。

这些企业在建设过程中，有不占用大城市用地和宝贵耕地、减少城市污染的现代分散工业布局；有搬迁、新建、改建成攀枝花、绵阳、六盘水、金昌等地60多个新兴中小工业城镇，带动西部落后地区经济社会发展的成就；有通过成昆、湘黔、焦枝等十几条铁路干线缓解西部地区交通阻滞、运输困难的交通线路大建设；有因地制宜，将钢铁、煤炭基地就近建在资源产地的"两基一线"布局；有在西部地区优先发展能源和原材料生产，为以后东部地区发展提供充足动力的超前能源优先战略思考；有与当地农村相结合，振兴乡村经济的广安"厂社挂钩"经验……

毋庸讳言，在当时的历史条件下，也存在着布局过分强调政治和备战需要，摊子铺得过大过急，造成严重浪费的教训。近2000家企业的设计、建设、生产，无论经验还是教训，都是十分宝贵的。如果得到挖掘、整理、研究，必定会对西部大开发、共建"一带一路"、"成渝地区双城经济圈"等战略产生重要的影响。

2018年2月，习近平总书记考察四川时指出：新中国成立后，国家在西部布局了一大批重要产业和企业。三线建设使一大批当时属于顶尖的军工企业、国有企业、科研院所来到西部，这些都是我们发展的宝贵财富。① "一大批""顶尖""宝贵财富",代表着党中央对三线建设的高度肯定和对三线地区的再度关注。

二、三线企业与社会,是改革开放前中国社会城乡接合的特例

三线企业是一种介于城市和乡村之间的特殊单位社会,它是在备战背景下由国家主导形成的"嵌入式"单位组织。三线企业的选址和搬迁,则经历了三线企业与中央部门、地方政府长期的博弈过程。三线企业与地方社会虽时有互动,但城乡二元体制的分割与对立,加之军工特殊单位组织的社会特性交织作用,导致它与周边社会区隔明显。改革开放之后,这种区隔才逐渐消失,三线企业和"三线人"更多融入地方社会中。通过研究三线企业的人事和单位来往,可以窥探当代中国城乡关系、工农关系与土客关系的演变。

三线企业的兴建,给地方社会带来了交通、邮电方面的大规模发展。比如成昆铁路,据著名社会学家费孝通20世纪80年代在大小凉山的考察,其使得川西地区的丰富农产品能够外运,从奴隶制转变而来的落后社会形态随着大批现代工业技术人员的到来,有了显著的改变,实现了50年的飞跃。攀枝花、六盘水,过去是不毛之地,攀钢、水钢的建立,使得百万人以上的新兴工业城市拔地而起。总的来说,三线企业中,资源型、公共服务型的工程,如铁路、矿山、水电站、油气田带来的地方社会变化显著。但是制造型工程,特别是军工制造企业,由于其保密性、产品与社会的不兼容性,对地方社会的影响有限。如西昌卫星发射基地在80年代具有国际先进水平,但对周边地区严格保密,被称为"卫星上天,刀耕火种"。大小凉山的农业仍然普遍使用牛耕人拉的落后方式。许多三线地区的社队和人群,不仅难以借助三线企业的先进生产力,甚至直到企业搬迁后人们都不知道其是生产什么产品的企业。从根本上来说,这

---

① 当代中国研究所:《新中国70年》,当代中国出版社2019年版,第105页。

是由于三线建设是计划经济下由国家根据备战需要进行的"钉钉子"式的定点投资，在当时的历史条件下，没有能够更多考虑辐射、带动周围落后地区经济发展。如果能够采取"种树"方式，生根发芽，共享"阴凉"，融合地方社会和经济，则会好得多。当然，在四川广安，创造了"厂社挂钩"的经验，但推广不多。

三、三线移民，是新中国史上的重大社会议题

三线建设产生了数百万的内迁移民，这是新中国历史上最大的有组织移民活动。移民经历了迁入初期的困难之后，在饮食、语言、风俗习惯、文化娱乐、社会关系等方面进行了文化适应，并形成了独具特色的三线移民文化和厂矿文化。改革开放后，三线移民及其后代面临着离去、留守及返回家乡等多种选择。虽然三线移民自身的地域身份认同存在差异，但他们的群体身份认同却较为一致，并通过一系列行动来强化"三线人"的身份认同。

三线地区又与边疆少数民族地区相交织和重合。如贵州黔南、黔东南、乌蒙山、六盘水地区，四川攀枝花、凉山地区，少数民族种类多达几个到几十个。三线移民在民族融合、共同发展方面做出了巨大贡献。从社会学角度研究这方面的大量政策和互动，可以阐释中国式现代化在民族融合方面遇到的坎坷和发挥的特殊作用，是新中国社会史上最有价值的资料源泉之一。

三线建设布局选址、三线企业改造自然的生存发展及三线企业调整改造与脱险搬迁的档案反映了当时对中国社会结合地理环境的认识探索和改造努力。这是中国生产力布局中最有价值的结合地理环境的实践资料，十分珍贵。这里仅以对"胡焕庸线"的再认识研究来说明。

因三线建设而崛起的60多个新兴工业城市，绝大多数在西南地区，如"钒钛之都"攀枝花、"科技城"绵阳、"航天城"西昌、"江南煤城"六盘水、"汽车城"十堰、"重装城"德阳等。而西北

地区成功的中小城市则较少。"胡焕庸线"的自然地理划分，是一个重要视角。中国地理学家胡焕庸在1935年提出的划分我国人口密度的对比线，最初称"瑷珲－腾冲线"，其结论是：这条线的东南地区适于移民和生活生产，绝大多数地区的城镇化水平高于全国平均水平；而这条线的西北地区，绝大多数地区的城镇化水平低于全国平均水平，不适于大量移民和生活生产。三线建设的工业建设和移民情况，证明这个结论仍然有效。

其实，在三线建设之初，1965年邓小平视察陕西、甘肃三线布局地区时就提出：西北地区农业十分落后，还没有解决养活自己的问题，不宜大量建设工业和搬迁人口。这也是三线建设元老宋平同志在接受我们采访时提到过的：西北甘肃由于缺水，不仅三线企业生产用水困难，人的饮水也成问题，甚至有时连建筑用的和泥水问题都无法解决。在调整改造、脱险搬迁时期的档案则反映，许多西北三线企业搬到城市、河流附近，甚至搬迁到南方，才解决了自然灾害的困扰问题，取得了飞速发展。而西北地区在改革开放时期采取了退耕还林、保护生态的战略，沙漠变绿洲，取得了举世瞩目的成就。在这方面，三线企业在西南和西北地区的差异，可以作为社会学、地理学研究的典型比较范例。

四、对"三线人"群体和三线英雄劳模的研究亟待加强

全国到三线地区参加建设的职工、干部、技术人员、解放军官兵，加上当地民工，将近上千万人，涌现出大批英雄模范和可歌可泣的事迹，凸显出"献了青春献终身，献了终身献子孙"的家国情怀，铸就了"艰苦创业，无私奉献，团结协作，勇于创新"的三线精神。其中，为三线建设牺牲的英雄烈士，有成昆铁路沿线30多座陵园中的1000多名铁道兵烈士，有重庆涪陵816地下核工程一碗水陵园中的76名烈士，有酒泉航天中心"东风英名墙"上的2483名东风革命烈士，有新疆罗布泊核试验基地马兰烈士陵园中长眠着的

400多名有名或者无名的革命英雄……据估算，三线建设中牺牲的烈士多达上万人，限于历史条件，尚未整理出他们的事迹和生平。如果通过挖掘文献档案和口述史资料，将这些鲜为人知的事例与学习"四史"结合起来，将是当前最有创新价值的爱国主义教材，是讲好中国故事的取之不尽的鲜活源泉，是中华民族世代相传的无价之宝。

2023年1月，经过中共中央办公厅、国务院办公厅等有关部门的同意，在攀枝花市新建了"三线建设英雄纪念碑"。这是国家对三线建设和"三线人"的重要肯定，也给社会学研究三线建设提出了更为伟大而艰巨的任务。

上面几点，是我拜读了张勇教授的新作后，从企业、人群与社会对三线建设再思考后得到的一些感想。我希望，张勇教授和他的团队，以及全国三线建设研究者，都从三线建设社会的研究入手，开辟出一条新路，为2024年三线建设决策60周年纪念活动，献上一份厚礼。

谨以为序。

序 二
三线企业与"三线人"

高超群*

张勇教授的大作《企业、人群与社会：三线建设的多维书写》要出版了，他嘱我作序。对于三线企业，我并未做过深入研究，本没有资格说三道四，但我少年时在甘肃一家三线企业中度过了10多年的时光，我的家人、朋友的命运随着三线企业的兴衰而起伏。长期以来，两代人的悲欢离合始终让我不能释怀，我总想说些什么，这种表达的冲动让我斗胆答应了张勇教授，为此，非常感谢张勇教授给我这样的机会。

张勇教授的大作分为四个部分。第一部分是对三线建设现有研究的回顾与梳理，涉及国内外、宏观微观，非常全面。更为难得的是，还有很多对三线企业现有研究成果以及研究方法的深入反思，由于张勇教授有着长达10年的三线研究经验，他的反思非常具有针对性，绝非泛泛之论。第二部分聚焦三线企业的外部关系，即其与国家、地方社会的关系，尤其着力于三线企业与地方社会的关系。第三部分则主要关注因三线建设而出现的移民，他们的生活、认同、内部的分化等。在第四部分，张勇教授独辟蹊径，从公众史学的角度讨论了三线建设的书写问题。严格来说，这部著作是一部论文集，书中的各节均是他发表过的论文。张勇教授谦虚地自称"它本就是

---

* 高超群，中国社会科学院经济研究所研究员，《中国经济史研究》常务副主编。

不成体系的",但实际上经过他的妙手安排,整本书不仅呈现了当下三线建设研究的主要问题,同时也浑然一体。因此,我相信无论是对三线建设的研究者还是参与者,或者是希望了解三线建设的普通读者而言,阅读这部著作都会有所裨益。

三线企业投入了2000多亿元,上千万人参与其中,是共和国历史上创造的众多波澜壮阔的人间"景观"之一。但相比于对各种政治运动的研究,对三线企业的研究才刚刚起步。虽然就像张勇教授在第一部分总结的那样,研究者已取得了不菲的成绩,但许多问题依然有深入讨论的空间。该书引起了我的很多回忆和思考,我心中也产生了一些新的疑问。我想作为一名读者,把这些疑问和浅薄的想法提出来,献芹于方家,固然有些冒失,但或许也是我作为读者对作者最好的回报。我想从下面四个方面来谈谈我的不成熟的思考:三线企业的产生、三线企业的特征、"三线人"的经历、三线建设对中国的意义和影响。

第一,三线企业的产生。我们可以从三个层面来看,首先是最高决策层是如何做出决策的。这是目前研究者用力最多的领域之一,研究者还原了领导人是出于哪些方面的考虑,如何下定决心的。从整体来看,关于改革开放前中国高层的决策过程,目前我们并不十分清晰。政治学家拉斯韦尔将决策过程划分为七个阶段:调查、提议、规定、合法化、应用、终止、评估。改革开放前,中国的高层政治既有高度政治性的一面,也有极强的理性化的一面。人们往往过度重视前者,强调当时政治运行过程中的政治意志、意识形态和动员体制,而忽略了后者。实际上无论是决策的过程,还是执行过程,干部系统都扮演了重要的角色,他们参与了上述拉斯韦尔七个阶段中的每个阶段。而干部系统的有效运行,是建立在相对稳定的规则和程序基础之上的,他们有能力将目标分解、构建工作程序,以及实行严格的评估。就三线建设而言,研究者已经对三线建设的决策背景、实施过程、成就与失误有了较为清晰的认识。三线建设的决策从20世纪60年代就开始酝酿，其决策过程，无疑是我们了解改革开放前中国高层决策过程的一个非常好的案例。如果能在三线建设决策过程研究基础上，对当时中国高层决策过程进行一般化、理论化的归纳描述，这对于新中国史的研究，对于我们理解当下中国都会有很大帮助。其次，三线建设从20世纪60年代一直延续到80年代初期，涉及许多中央部委和地方政府部门。而条块之间、上下级之间的关系，是研究中国问题时要处理的最基本的结构性关系。张勇教授研究了四川彭县（今彭州市）三厂选址过程中，八机部、四川地方政府以及负责包建的上海柴油机厂、杭州齿轮箱厂、无锡柴油机厂之间复杂的博弈过程，生动地体现了各个机构之间不同的目标诉求，以及它们如何在上级要求、下级诉求和自己的利益之间取舍，如何设定、修改自己的目标，如何采取行动。中国社会科学院经济研究所林盼在对"一五"时期上海支援洛阳建设的案例研究中，也揭示了这一点。我们不能将计划经济时期的政策执行过程，视为在中央的统一号令下，地方和企业都整齐划一地排除万难、完成任务。我们"有必要对各项政策的提出和演变过程进行追踪分析，以观察各场域、各层级中不同国家力量的互动与冲突，以及国家作为分散的、常常互相矛盾的利益相关者所采取的行动策略"。因此，整个组织系统如何处理和控制这些矛盾与冲突，并为之建立规则、形成惯例，或许才是问题的关键。如果研究者能够将这些生动的案例加以归纳，比如将它们分为几种不同的类型，并深入剖析各个主体背后的行为逻辑，或将在一定程度上超越或深化现有研究。最后，那些看上去被命运的巨手随意摆弄的个人，他们是如何决策的？在张勇教授的著作中，对他们有很多描述。在过去的宏大叙事中，他们被认为是甘于奉献和自我牺牲的，或者只能默默地顺从。但事实上这些个人，在参加三线建设的过程中，有着各种不同的动机，也各自面临不同的困难，他们如何权衡取舍，通过何种方式来解决自己的困难，他们相互之间、他们和国家之间是如何博弈的，这些都值得我们进一步深入研究。正是上述各个层面的博弈决定了三线企业的产生方式，以及三线企业最终所呈现的面貌。

第二，三线企业的特征。对于三线企业的特征，学界已有较为深入、具体的刻画，其中最有说服力、影响力最大的或许要算单位制。对单位制的理论和案例研究，张勇教授的著作中有非常精彩的介绍。或许我们还可以从以下三个角度对单位制这一模型略加讨论。首先，三线企业与其所在地方社会的关系。早先的研究大多突出三线企业与周边社会在"围墙内外形成了两种截然不同的世界"。不过，一些新的研究表明，三线企业与周边社会其实有着千丝万缕的联系。比如，东华大学张胜对安徽小三线企业的研究表明，小三线企业的建设、生存、发展离不开当地政府、社会。① 实际上在生产中，三线企业与周边社会有很多联系，比如三线企业的一些辅助工作，管道维修、烧锅炉、基础土建，需要雇用附近农民，因此必须要和当地的农村社队发生关系，进行利益交换，更不用提许多三线企业还要在当地招工。此外，在某些大规模的政治运动中，也会出现企业内部的群众组织与地方的群众组织之间的联合或斗争。这些行为都会在一定程度上突破"围墙"的限制。而且，即便在文化上，企业与地方之间有着明显的区隔，但二者之间也会有模仿和融合的一面。比如在官场文化中，二者之间在行政风格、礼仪服装乃至文书语言上相互模仿；在青少年的"混混"江湖中，"帮派"之间虽有对立冲突，但其亚文化也有相互模仿的痕迹。张勇教授在该书第三章第二节中对文化融合的现象也有所揭示。其次，对企业内部的各种关系，比如企业内部党、团、工会，技术干部与行政干部，上下级之间的关系已经有不少研究。近年来，企业内部的乡缘群体之间、男女之间乃至代与代之间的关系，已有不少成果了。该书中也

---

① 张胜：《经济体制转型中的小三线企业与原建设地区关系演变——以安徽为例》，《中国经济史研究》2023年第2期。

有多处涉及相关问题的讨论。但很少有研究关注到，三线企业与其上级主管部门或者同一部门的兄弟企业之间的关系。三线企业是否以及如何参与上级主管部门的权力斗争、政治运动，上级主管部门的政治变化对三线企业的影响，也未得到深入揭示。与上级主管部门的关系在一定程度上穿透了三线企业的"围墙"。最后，与其所在地方社会相比，福利高地是三线企业的一个重要特征，也是单位制的基础。但对福利的具体结构，很少有深入研究。更为重要的是，这种福利高地的产生，固然与计划经济时代的资源配置方式、工业化的意识形态和实践要求等有关，但是，我们也要注意到，给三线企业职工提供更好的福利，是三线企业员工愿意和能够奔赴边远地区、奉献青春的保证，该书第三章提供了不少生动案例。显然当时的中国并无力为所有民众提供更好的福利，因此，提供给三线企业员工的公共服务只能对外封闭，类似于某种"俱乐部"性质。这堵"围墙"或许要比有形的围墙更为强大、坚硬。

第三，"三线人"的经历。三线企业的干部与工人来自五湖四海，他们大多以家庭为单位，被连根从原来的生活环境中拔起，又在全新的环境中与陌生人组建了一个新的社会。这个社会不仅是生产共同体，同时，也是一个自足的道德共同体。由于与过去的生活断裂和周围社区区隔，"三线人"的情感生活、道德秩序都在特定的范围内和人群之中。我们可以从三个时间段来检视这些小小的道德共同体。首先，在三线企业建设阶段，一方面，这是一个被奉献精神所动员的、精神激昂的人群，生活条件的艰苦反倒在一定程度上激发了人们的献身精神。另一方面，这是一个依靠行政组织的等级来维持秩序的时期，而参加建设的人群由于受到各种条件的限制，在生活上大多处于某种"临时"的不稳定状态，这使得这个社会存在着诸多"强制"和"自由"带来的失范，有的人在陌生的环境里享受自己的自由，人们依凭自己本性中的善恶相互试探，建立关系。如果再加上穿插其中的政治运动的影响，我们很容易理解，对那时的建设者而言，那是一个动荡、激昂、危险的时期。无论是文学作品，还是后来的回忆录，大多仅仅突出了其中奉献的一面，而有意无意忽略了动荡、危险，还有掺杂其间的不公、欺凌对个人的影响。其次，在三线企业建成后的正常运行阶段，是这些小小的道德共同体最为美好的时期。每个家庭的情况大致相似，家与家之间彼此非常熟悉。除开企业内部的等级秩序，小社区也形成了自己的道德秩序，谁是好人，谁是有威信、有能力的人，每个人、每个家庭都心知肚明。这是一个孤立的熟人社会。人们对未来也有着非常稳定的预期，觉得自己一辈子都会在这个友善、熟悉的环境中度过。人们普遍对有技术、有知识、有能力的人表示尊重，而对于善于利用关系、唯利是图、一心向上爬的人则心怀复杂的情感。一般来说，人们重感情、轻金钱。最后，三线企业在改革开放之后，普遍深陷破产、迁厂等危机之中，这个桃花源一般的道德共同体步入崩解的过程，这是一个令生活其中的几代人都非常痛苦的过程。文艺作品比史书更为敏感，像《二十四城记》《钢的琴》《杀死那个石家庄人》等都反映了这个过程中个体的心理感受。在道德共同体解体的过程中，原有的家庭、阶层、道德权威逐个破灭，那些被压抑的恶、暴力在缝隙中放肆滋长，人们开始用格外具有侮辱性的方式，对曾经遭受的歧视予以回击。失去约束的人们在金钱力量的作用下开始觉醒。在金钱的诱惑和贫穷的压力下，家庭瓦解，道德失效，人们不惜出卖和背叛曾经十分珍视的感情。

对于生活在其中的几代人而言，这是一个非常残忍的过程，他们心灵遭受的伤害，或许终其一生也难以治愈。对于即将退休的老工人而言，他们所珍视的价值观、道德感被无情抛弃。同时，收入急剧锐减，曾经听话的子女开始对他们完全无视，公然蔑视他们的人生信条和经验，他们怀着对未来老年生活的恐惧，每天都在感受着自己珍视的一切在不断崩塌。他们不肯承认自己的信仰已经过时，这让他们充满愤怒却又无能为力。对于已经成家生子的"三线人"

而言，他们的生活最为艰难、煎熬，眼看着原以为可以终生依靠的庞然大物，在一天天地衰败下去，越来越多的信号表明它将在未来某一天轰然倒塌。但自幼形成的习惯、思维还影响着他们，同时年龄、家庭、孩子这些牵绊都使得他们很难迈出离开企业的脚步，只能在焦虑中慢慢地感受扑面而来的艰辛生活。处于他们这个年纪，那些敢于走出去闯天下的人，也会因为年龄、学历、技术，面临着诸多困难，大部分人会在残酷的市场竞争中早早败下阵来。对于更为年轻的一代"三线人"而言，这个庞大共同体的解体，一方面让他们感到恐惧，因为本来确定无疑的人生道路突然消失不见了；另一方面，他们感到自己身上的各种束缚的突然解除，家长、社会、老师都不再是权威，生活给了他们无限可能。他们雄心勃勃、毫无顾忌地抛下这个共同体，包括其中的父母，勇敢地闯入更大的社会，拥抱金钱，拥抱市场，拥抱自由。然而，他们也将面临金钱对他们所看重的爱情、友谊的考验，太多的人迷失其中，一幕幕悲喜剧不断上演，撕裂着人心。他们还要为自己重新确立生活的样态、道德的基础，父辈、师长一点也帮不到他们。最终他们有的成为中产阶层的一员，有的在陌生的城市成家立业，但这一路走来，他们的迷茫、伤痛或许一点也不比他们的父辈、兄长辈更少。少数比较敏感的来自大城市的"三线人"，使出浑身解数托关系，拼命地逃离三线企业，重回大城市。可是，原来的大城市已经变得陌生，他们是否会被重新接纳，也充满未知。张勇教授在该书第三章中对那些选择留下或离开的人群也有细致刻画。三线企业建立和存活的时间不同，短的企业或许只有一代人的光景，长的或许有三代人时间，他们都享受过这个道德共同体的温情，也都尝过其倒塌之后的苦痛。

第四，三线建设对中国的意义和影响。三线建设不仅改变了上千万人的命运，同时，也对中国的经济社会产生了巨大影响。但如何评估这种影响，仍然是学界的一道难题。早期的研究者更关注三线企业的消极影响，这与改革开放初期国企改革的思路和步伐有关。

但随着中国市场化、工业化的成功推进，研究者发现了三线工业的基础建设、人才、技术转移等，对中国后来的工业化有一定推动作用，比如西南财经大学王鑫等人的研究[①]。这两种看法，其实未必完全对立，对广大中西部，特别是工业化落后地区的巨大投入，一定会产生某些成效。但这些投入在当时的历史条件下是否合理和必要，是否有更好的方案，仍然是需要我们去深入研究的。如果把三线建设放到中国工业化的长期道路上去看，其历史地位和作用如何，也仍然有巨大的研究空间。

张勇教授的这部大作是对既往三线研究的一个很好总结，同时，也为未来的三线研究打开了新的大门。无论是作为企业史的研究者，还是作为三线子弟，我都非常期待他的新研究。

---

① 王鑫、李阳、庞浩、文传浩：《三线建设的地区经济效应：历史逻辑与实证检验》，《中国经济史研究》2022年第5期。

前　言

在1949年至今的当代中国重大问题中，三线建设无疑是极具发展潜力的研究领域之一。

三线建设，是始于我国20世纪60年代中期的一场以备战为指导思想的大规模国防、科技、工业和交通设施建设。这场经济建设涉及地域广，"大三线"建设主要涵盖当时中西部地区的13个省、自治区，"小三线"建设则广泛存在于全国28个省区市的腹地；时间跨度大，建设跨越三个"五年计划"，调整改造更是延续到21世纪初；建设规模大，投入2052亿元巨资，数千万人参与其中，兴建近2000家大中型工矿企业、科研单位和大专院校。它对中国的国防安全、经济布局、社会发展都产生了极其深远的影响，并持续至今。三线建设所蕴藏的广泛的研究议题、独特的学术价值和突出的现实意义，吸引着越来越多的、来自不同学科的研究者纷纷进入这一领域，挖掘丰富的学术"宝藏"。

从2012年起，我开始涉足三线建设这一研究领域。10余年来，我们扎根于巴山渝水之间，搜集各类资料，开展田野调查；还奔赴四川的攀枝花、彭州、大邑、德阳、广安，贵州的六盘水、遵义、贵阳和云南、湖北、上海等地，考察三线企业①，采访三线亲历者。说来惭愧，在此期间，生性慵懒的我除了编有《多维视野中的三线

---

① 三线建设企业、三线建设移民、三线建设研究通常可简称为三线企业、三线移民、三线研究。

建设亲历者》一书外，只零零星星发表了十数篇研究文章。这些作品大部分是公开发表在期刊上的学术论文和笔谈文章，还有几篇调研札记和研究自述登载他处，其中多为稚嫩、粗陋之作。不过，敝帚自珍，现将它们整理、编排出来，也算是对自己这10余年从事三线研究的一点交代或小结。至于能否对他人有所启发，则不得而知了。

在三线建设这座"富矿"中，既有诸多颇有意义的研究议题，又有若干迥乎不同的研究视角。考虑到自身的学科背景和学术兴趣，我将目光更多地聚焦到三线建设企业、三线建设人群、社会文化变迁等话题上，研究也大体围绕这些话题展开。

全书分为四个部分。学术研究是一个不断积淀和推进的过程，对学术史的梳理尤其是对研究现状与发展趋势的分析不可或缺，三线研究亦如此。本书第一章"回溯与前瞻"，从宏观、中观、微观等视角评述三线研究的现状、问题及发展趋势，并提出以三线研究为切入口，在当代中国问题研究中突破学科藩篱，促进不同学科的交叉与融合，打通历史问题与现实问题、基础研究与应用研究，形成"四维同构"的多学科研究构架。我认为，来自不同学科的研究者们应以"人"为研究核心，采用文献分析和田野调查相结合的研究手段，从时间、空间、社会与主客位等多维视角开展三线建设的综合研究。

众多大中型工矿企业是三线建设最重大的成就之一。第二章"企业与社会"聚焦三线企业的性质、选址以及三线企业与地方社会、国家的互动关系。究其本质，三线企业是一种介于城市和乡村之间的特殊单位社会，它是在备战背景下由国家主导形成的"嵌入式"单位组织。三线企业在选址时基本遵循了"靠山、分散、隐蔽"的方针，部分工厂厂址的变更，则经历了三线企业与中央部门、地方政府长期的博弈过程。三线企业与地方社会虽时有互动，但城乡二元体制的分割与对立，加之特殊单位组织的社会特性交织作用，导致三线企业与周边社会区隔明显。改革开放之后，这种区隔才逐渐消失，三线企业和"三线人"更多地融入地方社会中。通过研究三线企业与地方社会的关系，可以窥探当代中国城乡关系、工农关系与土客关系的演变。

"人"是人文社会科学的研究核心，理应成为三线研究最重点的观照对象。第三章"人群与文化"，关注三线建设的主体——三线移民的迁徙过程、文化适应和身份认同，以及三线企业中的人群构成与社会关系。三线建设产生了数百万的内迁移民，他们经历了迁入初期的不适之后，在饮食、语言、风俗习惯、文化娱乐、社会关系等方面进行了文化适应，并形成了独具特色的三线移民文化和厂矿文化。改革开放后，三线移民及其后代面临着离去、留守及返回家乡等多种选择。虽然三线移民自身的地域身份认同存在差异，但他们的群体身份认同却较为一致，并通过一系列行动来强化"三线人"的身份认同。三线企业的职工来源途径多样，不同来源途径导致工人阶级内部出现了明显的群体分化，使他们在职业机会、文化生活及社会关系等方面呈现不同的发展态势。为何不同来源群体的职业发展、日常生活、婚姻关系存在显著差异，我尝试着结合中国本土和西方学界的概念与理论进行解释。

如何推动史学的普及，使史学走向公众，一直是学界思考的问题。作为兴起于国外的一种史学思潮，近年来公众史学在中国逐步升温并趋向于本土化，三线建设领域则是公众史学理念在中国本土化实践的典范之一。第四章"公众史学与三线建设书写"，将三线建设视为公众史学实践的观察对象，探讨公众如何参与三线建设的历史书写，以及传统单位史书写向公众史学的转向问题。我发现，学者、政府工作人员、媒体从业人员、"三线人"等众多群体都参与到了三线建设的书写中来，他们有着各自不同的书写动因、方式、特点和作用。这些群体之间的互动较为频繁，正共同书写和解释着三线建设，共享历史的话语权。此外，研究者所撰写的田野考察经历与调查研究的心路历程，也可视为另一种视角的书写形式。其实，三线建设领域的多维书写态势，既与公众史学的理念有着天然的契合，也是人文学者传统"经世致用"思想的一种体现。

如前所言，本书是由我已发表的研究成果（主要是学术论文）整理、编排而成的。众所周知，当今学界对学术论文的规范性要求愈加成熟和严格。一般而言，学术论文大致会包含引言、主体、结论等部分，引言部分又涉及研究背景、学术回顾等内容，我的论文亦如此。收入本书时，很多章节前面都有学术回顾等相似的内容，这样一来，难免会给读者带来重复、累赘之感，影响阅读体验。即便如此，我仍尽量不对论文的内容做过多修改，保持原貌也是为了留证研究时的心路历程。

倘若您翻开这本小书，仍不惧晦涩，对书中的某一小部分感兴趣，那您不妨跳过其他部分，径直读去，不用考虑体系问题，因为它本就是不成体系的。

第一章
回溯与前瞻

第一节 多维视角下的三线建设研究述评*

三线建设是中华人民共和国自 1964 年起在中西部地区进行的一场以备战为指导思想的大规模国防、科技、工业和交通基本设施建设。它横贯三个五年计划，投入 2052.68 亿元巨资，建成了 1945 家大中型工矿企业、科研单位和大专院校。① 三线建设持续时间较长，建设开始于 20 世纪 60 年代中期，调整改造结束于 21 世纪初。它对我国的国防安全、经济布局、社会发展都产生了极为深远的影响。

在 20 世纪 90 年代以前，由于保密等原因，有关三线建设的文献资料出版较少，对其所做的学术研究也不多。90 年代中期以后，随着一系列文献资料的解密和出版，对三线建设这一重大事件的研究开始浮出水面，此后随着西部大开发战略的实施，三线建设领域逐渐成为学界关注的研究热点。截至 2020 年，学界已整理了大批关于三线建设的文献资料，并出版了多部学术专著，发表了 400 多篇期刊论文，还有 40 余篇硕博学位论文；有 10 余项包括重大项目在内的国家社会科学基金项目、国家自然科学基金项目获批立项；近两年各地先后举行了多场以三线建设研究为主题的学术研讨会。这表明三线建设研究已得到蓬勃发展，并引起学界广

---

* 本节原刊于《宁夏社会科学》2020 年第 2 期，原标题为《回溯与前瞻：多维视角下的三线建设研究述评》。
① 陈东林：《三线建设：备战时期的西部开发》，中共中央党校出版社 2003 年版，前言第 1 页、第 359 页。

泛重视。众多的研究者从不同的视角对三线建设领域的相关问题展开研究，使得研究成果日益丰富，研究趋向深入。有鉴于此，本节拟从多维的视角出发对三线建设的研究现状进行回顾与总结，并为以后的研究提出相应的建议与展望，以期推动三线建设研究的进一步发展。

一、宏观视角的三线建设研究

从20世纪90年代到21世纪初，学术界对三线建设的研究更多从宏观层面即全国和整体性的角度来探讨三线建设有关问题，成果较为丰富。

学界从宏观视角对三线建设及其相关问题的研究主要集中在以下几个方面。（1）三线建设的原因及背景。备战和改变工业布局被认为是实施三线建设的两个主要原因。还有学者提出，优先发展重工业、"反修防修"的考虑也是实施三线建设的原因。①大部分学者倾向于从多方面因素来综合分析三线建设的起因。（2）三线建设的实施过程。对于全国三线建设的实施过程，陈东林、何郝炬、李彩华等人在其著作中所做的论述最为全面。对于各省三线建设的实施情况，地方文献分别有详略不等的叙述。（3）三线建设的调整改造。早在1990年，就有研究者肯定了调整改造所取得的一些初步成效，指出了其存在的问题和面临的困难，并对以后的调整改造提出了若干改进意见。②此后，陈东林、李彩华、卢周来、晁丽华等学者从多个角度对调整改造进行了探讨。（4）三线建设的评价与影响。早期学界对三线建设的历史评价褒贬不一，争论较多；后来更多

---

① 王培：《六十年代中期中共转变经济建设方针的原由》，《北京党史研究》1998年第3期；董宝训：《影响三线建设决策相关因素的历史透析》，《山东大学学报》（哲学社会科学版）2001年第1期。
② 郦锡文、张莘：《对"三线"建设调整改造的一点认识》，《计划经济研究》1990年第11期。

学者持辩证的观点，认为三线建设成效显著，但也有不足之处，逐渐从绝对肯定或否定向更全面、辩证的评价转变。对于三线建设的影响效应，学者们大多综合分析三线建设的正面效应和负面效应，认为其对国防安全、工业布局、城市发展、社会文化等都产生了重要影响。（5）三线建设与西部大开发。西部大开发战略实施后，越来越多的研究者开始关注三线建设，把三线建设与西部大开发加以比较研究，想通过总结三线建设的经验教训，为西部大开发提供参考借鉴。（6）三线建设与领导人。三线建设中领导人的相关研究得到了重视，研究者分别对毛泽东、邓小平、刘少奇、周恩来、彭德怀、李富春等领导人关于三线建设的决策、思想及活动进行了论述。①

这一时期，最具代表性和影响力的研究成果当属四部专著。林凌和李树桂主编的《中国三线生产布局问题研究》最早专门研究三线建设中的经济布局问题，对三线建设的总体布局，国防科技工业的布局，三线生产布局的基本特征、作用及影响等问题进行了探讨。② 该书更多是从经济学角度分析工业布局问题，对社会、文化、环境等问题没有关注。陈东林所著的《三线建设：备战时期的西部开发》是第一部系统研究三线建设的专著。③ 此书主要从宏观上对三线建设的决策背景、实施过程、成就与失误、与西部大开发的对比、在西部大开发中如何借鉴三线建设的经验教训等方面进行了论述，但较少从微观角度进行三线建设研究。何郝炬、何仁仲、向嘉贵主编的《三线建设与西部大开发》从三线建设的决策、成就以及经验教训出发，对三线建设与西部大开发的背景与意义进行比较。此书还论述了 9 个省区三线建设的历史，并提出了各省区实施西部

---

① 详情参见张勇《社会史视野中的三线建设研究》，《甘肃社会科学》2014 年第 6 期。
② 林凌、李树桂主编《中国三线生产布局问题研究》，四川科学技术出版社 1992 年版。
③ 陈东林：《三线建设：备战时期的西部开发》，中共中央党校出版社 2003 年版。

大开发战略的构想。① 但该书对三线建设更多是资料性的介绍，深度略显不够。李彩华所著的《三线建设研究》是另一部比较系统的研究三线建设的著作，从三线建设的决策、历史成就、调整改造、历史经验等方面进行了分析。同时，此书还探讨了西部大开发与三线建设的关系，比较了三线建设与二战时期美国西部经济发展的异同。② 这些著述厘清了三线建设的一些基本问题，为后续研究的开展奠定了基础。此后，尽管仍有一些学者从宏观层面探讨三线建设的相关问题，但多为"老调重弹"，具有创新性的突破研究较少。

二、中观视角的三线建设研究

中观视角，即从区域的角度来研究三线建设。三线建设包括"大三线"和"小三线"建设，范围几乎涵盖全国的各个省（自治区、直辖市）。目前，学界的研究已涉及了大部分三线建设地区。20世纪90年代对三线建设的区域研究已然不少，但基本是对某一地区三线建设情况的梳理和回顾。21世纪以来区域研究的范围不断扩大，且研究渐趋多元和深入。

西南地区是大三线建设最重要的地区，其中川渝地区又是西南地区的重点，因而学界对川渝地区的研究相对较多。例如，宁志一分析了三线建设对四川经济发展和城市建设的影响③，张凤琦探讨了三线建设对重庆城市现代化的影响④，周明长深入探讨了三线建设对四川城市现代化带来的影响⑤。王毅先后对重庆和四川的军工企业、

---

① 何郝炬、何仁仲、向嘉贵主编《三线建设与西部大开发》，当代中国出版社2003年版。
② 李彩华：《三线建设研究》，吉林大学出版社2004年版。
③ 宁志一：《论三线建设与四川经济跨越式发展》，《中共党史研究》2000年第4期。
④ 张凤琦：《论三线建设与重庆城市现代化》，《重庆社会科学》2007年第8期。
⑤ 周明长：《三线建设与四川省城市现代化》，《当代中国史研究》2014年第1期。

化工企业、机械企业、冶金企业等的工业布局以及搬迁职工问题进行了系统研究。① 对于川渝地区，学界主要从三线建设对经济发展的影响、三线建设对城市化的影响、三线工业布局等多方面进行研究。贵州是西南地区仅次于川渝地区的另一重点研究区域。张才良考察了贵州三线建设的缘起和发展历程。② 王佳翠论述了贵州遵义在国防、能源、机械、冶金等方面的建设情况，以及三线建设对交通、教育、医疗、卫生的影响。③ 周明长研究了三线建设对贵州城市化的影响，认为其开启了贵州省工业化与城市化的新进程。④

西北地区是大三线建设的另一重要地区，学者们对陕西、甘肃、宁夏等地的三线建设都做了一定的研究。其中，孙燕京、岳珑着重考察了三线建设对陕西工业的影响。⑤ 汪红娟对甘肃三线建设的原因、基本情况、经验教训进行了论述。⑥ 段伟对甘肃天水市三线建设的由来、地理分布、改造及启示等问题进行了探讨，并着重分析了天水三线企业的选址问题。⑦ 周明长探讨了三线建设对宁夏地区城市化发展的影响。⑧ 此外，有学者分别对云南、青海、广西、湖北的三线建设进行了研究，但关于这些地区的研究相对较少，且不够深入，对湖南、河南、山西三线建设的研究则更为少见。

---

① 参见王毅《三线建设中的重庆军工企业发展与布局》，《军事历史研究》2014年第4期；王毅：《三线建设中重庆化工企业发展与布局初探》，《党史研究与教学》2015年第2期；王毅：《三线建设中川渝地区机械企业发展与布局初探》，《开发研究》2016年第3期；王毅：《三线建设中川渝地区冶金企业发展与布局探析》，《西南交通大学学报》（社会科学版）2017年第5期；王毅、钟谟智：《三线企业的搬迁对内迁职工生活的影响——以重庆的工资、物价为例》，《中共党史研究》2016年第4期。
② 张才良：《贵州三线建设述论》，《党史研究与教学》2004年第4期。
③ 王佳翠：《遵义三线建设研究》，中国文史出版社2015年版。
④ 周明长：《三线建设与贵州省城市化》，《中共党史研究》2016年第12期。
⑤ 孙燕京、岳珑：《论二十世纪六、七十年代"三线"建设与陕西工业》，《西北大学学报》（哲学社会科学版）2005年第2期。
⑥ 汪红娟：《甘肃三线建设述论》，《河西学院学报》2008年第3期。
⑦ 段伟：《甘肃天水三线建设初探》，《中国经济史研究》2012年第3期。
⑧ 周明长：《三线建设与宁夏城市化》，《宁夏社会科学》2018年第3期。

学界还对上海、安徽、江西、河北、福建、辽宁、北京等地的小三线建设进行了回顾和研究。其中，影响最大、成果最多的是上海大学徐有威团队对上海、安徽等地小三线建设所做的研究，他们在广泛收集资料和深入进行口述访谈的基础上，发表了20多篇论文，并出版了《口述上海——小三线建设》《小三线建设研究论丛》（一至五辑）等多部著作。此外，对于一线的东北地区，周明长考察了三线建设对东北和三线地区城市发展的影响[①]，黄巍则集中对辽宁地区在支援大三线、建设小三线历史进程中的重要角色和作用做了深入探讨[②]。

目前从中观视角对三线建设的研究主要集中于以下几方面：第一，三线建设的工业布局，以王毅的研究为代表，她分别从机械企业、军工企业、化工企业、冶金企业等方面对川渝地区的工业布局进行了系统研究；第二，三线建设与区域城市化发展，以周明长的研究为代表，他分别就四川、德阳、贵州、宁夏、东北等地三线建设对当地城市化的影响进行了深入探讨；第三，小三线建设的研究，以徐有威团队为代表，他们对上海、安徽等地小三线建设的经济、社会、婚姻、文化、环境进行了综合研究。总体来看，从区域角度研究三线建设的成果颇为丰厚，但缺乏对不同地区三线建设的比较研究。

三、微观视角的三线建设研究

近十年来，随着三线建设研究的深入，并受社会史"眼光向下"、关注民众等思潮的影响，部分学者在宏观叙事之外，从微观层面着手对某一较小区域、某一企业或某一人群进行研究。这些微观

---

① 周明长：《东北支援与三线城市发展》，《开放时代》2018年第2期。
② 黄巍：《突破与回归：辽宁三线建设述论》，《开放时代》2018年第2期。

研究的研究范围（或对象）不论是区域、企业还是人群，都具有较强的问题意识，往往围绕着三线建设中的某一具体问题展开专题研究。目前，学界在三线建设的历史事件及影响、社会生活、三线人群等几方面所做的微观研究较为集中。

三线建设进程中的一些历史事件及其原因、影响等，始终是研究者关注的重点之一。和宏观研究者不同的是，微观研究者常常选择某一具体对象进行针对性较强的个案研究。例如，段伟以安徽宁国县（今宁国市，下同）为考察中心，探讨了当地小三线建设的发展历程及其对地方经济的影响。① 胡悦晗以湖北襄阳三线企业4504厂档案材料为基础，结合对该厂职工的访谈，细致考察了该厂的筹建过程，并探讨了三线企业的管理模式。② 他还以中部地区的两个工厂为例，深入考察了三线建设调整改造阶段工厂迁入城市的问题，认为地缘、利益与关系网络是决定工厂搬迁的三个关键因素。③ 徐有威、李云以上海小三线新光金属厂为个案，全面地论述了新光金属厂在调整改造时期面临的困境及重新回归上海的历史过程。④ 张勇、肖彦以四川彭县（今彭州市，下同）的三家工厂为例，考察了三线企业的厂址环境与选址变化、变更厂址的博弈过程和行动策略、中央-地方-企业的关系及作用，尝试将微观视角与宏观视野结合进行综合研究。⑤

普通民众的社会生活，往往能反映出更为丰富而立体的历史面向。部分学者从社会生活史的角度，对三线建设相关问题展开专题

---

① 段伟：《安徽宁国"小三线"企业改造与地方经济腾飞》，《当代中国史研究》2009年第3期。
② 胡悦晗：《三线建设初期的工厂筹建——以国营4504厂为例（1968—1971）》，《贵州社会科学》2017年第5期。
③ 胡悦晗：《地缘、利益、关系网络与三线工厂搬迁》，《社会学研究》2013年第6期。
④ 徐有威、李云：《困境与回归：调整时期的上海小三线——以新光金属厂为中心》，《开发研究》2014年第6期。
⑤ 张勇、肖彦：《三线建设企业选址的变迁与博弈研究——以四川三家工厂为例》，《贵州社会科学》2017年第5期。

研究。付令以重庆青山工业有限责任公司为例,分析了三线企业的社会特征及其表现。① 张秀莉从日常生活、婚姻、教育、医疗等角度,研究了皖南上海小三线职工的民生问题。② 徐有威、吴静以上海小三线八五钢厂为例,考察了该厂青年工人婚姻危机的产生、解决的过程及结果,分析了在计划经济体制下三线企业面对婚姻危机时的表现和应对。③ 郭旭以饮食生活为切入口,探讨了三线职工的社会生活状况,认为饮食生活体现了相对平等的价值观和时代烙印。④ 王毅、万黎明从工资、物价、劳动福利、生活物资供应等方面探讨了三线内迁职工面临的社会生活问题,以及相关部门针对这些问题的解决措施。⑤

对于三线建设中的人物,早期学界对与三线建设相关的领导人的研究较多,而对三线建设的主体——普通建设者的关注不够。近年来,一些学者开始聚焦普通的三线建设者,并深入各地进行口述采访,因而涌现出许多三线建设的口述史及回忆录,为研究提供了第一手鲜活的历史资料。目前学界对三线建设中的三线职工、三线移民、家属工以及"半边户"家庭等进行了专题研究。其中,陈超以其博士学位论文为基础,出版了英文著作 *Toleration*: *Group Governance in a Chinese Third Line Enterprise*。⑥ 该书以四川一家三线企业为研究对象,通过聚焦车间生产组长对工人的日常控制,深入剖析三线企业中的群体关系和组织生态。这是目前国内外学界出版的第一

---

① 付令:《三线企业社会特征探微》,《科技广场》2006 年第 9 期。
② 张秀莉:《皖南上海小三线职工的民生问题研究》,《安徽史学》2014 年第 6 期。
③ 徐有威、吴静:《危机与应对:上海小三线青年职工的婚姻生活——以八五钢厂为中心的考察》,《军事历史研究》2014 年第 4 期。
④ 郭旭:《社会生活史视角下的三线建设研究——以饮食为中心》,《贵州社会科学》2017 年第 5 期。
⑤ 王毅、万黎明:《三线建设时期重庆地区内迁职工社会生活问题探析》,《当代中国史研究》2019 年第 1 期。
⑥ Chao Chen. *Toleration*: *Group Governance in a Chinese Third Line Enterprise*. Singapore: Palgrave Macmillan, 2018.

部以三线企业为个案的学术专著，研究甚为深入，可谓微观研究的鼎力之作。还有学者分别探讨了东北地区三线"家属工"的集体记忆与身份实践①、身份认同与社会建构②等问题。

在三线建设的这些群体中，三线移民是参与建设的主体，因而成为学界研究的重点对象之一。陈熙、徐有威从人口迁徙过程的角度，对上海皖南小三线移民的动员、迁入、安置、回城等问题进行了探讨，认为上海小三线移民最终未能在当地生根。③ 林楠、张勇以重庆某厂为例，探讨了三线建设移民二代地域身份认同的分化、影响因素以及表现等问题。④ 袁世超、马万利考察了宁夏地区三线建设移民的迁移历程和民族融合等问题。⑤ 张勇以川渝地区为重点，考察了三线移民的内迁准备与迁徙过程、去留抉择、身份认同等问题。⑥ 张勇还剖析了三线移民的文化适应及变迁，认为三线移民在内迁后通过社会文化的调适，形成了独具特色的三线移民文化和厂矿文化。社会与文化上的区隔，使得建设时期的三线移民并未真正融入当地。直到改革开放之后，三线移民才逐渐融入当地社会。⑦ 目前学界对三线移民的研究集中在迁徙过程、社会生活及文化等方面，更多的研究议题有待进一步挖掘。

和三线建设的宏大叙事相比，微观研究的问题意识更为明显，

---

① 陶宇、王玥：《"家属工"：集体记忆中的制度变迁与身份实践——以 Q 市 H 厂为例》，《福建论坛》（人文社会科学版）2016 年第 2 期。
② 吴海琳、刘思瑶：《单位制度变迁中身份认同的社会建构——以 S 厂"三线家属工"为例》，《人文杂志》2019 年第 2 期。
③ 陈熙、徐有威：《落地不生根：上海皖南小三线人口迁移研究》，《史学月刊》2016 年第 2 期。
④ 林楠、张勇：《三线建设移民二代地域身份认同研究——以重庆 K 厂为例》，《地方文化研究》2018 年第 2 期。
⑤ 袁世超、马万利：《迁移、发展与融合：宁夏三线建设历史考察》，《宁夏社会科学》2019 年第 5 期。
⑥ 张勇：《三线建设移民的内迁、去留与身份认同——以重庆地区移民为重点》，《贵州社会科学》2019 年第 12 期。
⑦ 张勇：《区隔与融合：三线建设内迁移民的文化适应及变迁》，《江海学刊》2020 年第 1 期。

研究主题更为多样化，研究更为精细而深入，有分量的成果也开始增多。当然，在三线建设微观研究的成果中，同样存在所谓"碎片化"的问题，在进行个案研究时缺乏广阔视野和整体考量的情况也屡见不鲜。

四、其他视角的三线建设研究

（一）三线遗产研究

三线建设兴建了1945家大中型工矿企业、科研单位和大专院校，遗留下大量的物质与非物质形态的遗产。学术界近10年来对三线工业遗产的研究渐趋增多，使其成为三线建设领域的又一研究热点。历史学、地理学、建筑学、城乡规划、旅游管理等多个学科的研究者分别从整体和区域的角度出发，对三线遗产的概念与类型、调查现状、价值评估以及保护利用等问题进行了考察。

三线工业遗产属于工业遗产的一种类型，但又有其自身的特点。研究者在世界遗产和工业遗产的框架体系下，对三线工业遗产概念、类型与价值做了整体性的分析。徐嵩林、陈东林合作撰文，论述了三线遗产的概念、类型和评价标准等基本问题，研究具有开拓意义。① 陈东林还提出，可抓住当前供给侧结构性改革和军民融合战略的机遇，为遗址保护和利用提供条件，并建议将这些遗址的使用权下放到最需要的乡镇。② 吕建昌分别从城乡区位和功能用途两个角度考察了不同类型的三线工业遗产的保护利用现状，并提出了开展三线工业遗产普查、拓宽资金渠道、整合资源发展旅游业、推进三

---

① 徐嵩林、陈东林：《三线遗产概念、类型、评价标准的若干问题》，载徐有威、陈东林主编《小三线建设研究论丛（第二辑：小三线建设与国防现代化）》，上海大学出版社2016年版，第3~25页。
② 陈东林：《抓住供给侧改革和军民融合机遇，推动三线遗址保护利用》，《贵州社会科学》2016年第10期。

博物馆建设等多项有针对性的策略。①

更多学者对三线工业遗产的研究，则是以区域为中心进行遗产调查、价值评估以及保护策略与再利用模式的探讨。其中，对三线建设重点区域——西南地区的研究较多。例如，刘瀚熙对原川东和黔北部分三线单位旧址的分布和现状进行了实地调查，在此基础上进行价值评估和保护再利用的可行性研究。②刘凤凌结合重庆的长江三峡特色，提出通过构建工业遗产廊道的途径，实现对船舶工业遗产的整体保护与利用。③任泳东通过对贵州省绥阳县三线工业遗产的实例分析，指出当前三线工业遗产保护与再利用的现实困境，并深入探讨了三线工业遗产保护与再利用的模式。④此外，湖北、青海、山东等地的三线工业遗产也得到了学者们的关注。左琰、朱晓明、杨来申的著作以青海光明化工厂为案例，通过政府、学者、职工和社会的多方合作形式，探索促进西部经济发展和保存"三线"记忆相结合的创新实践模式，是理论与实践结合度高的一部著作。⑤

在已有三线工业遗产的研究基础上，还有学者基于三线建设的特殊性拓展了三线遗产的内涵。谭刚毅等从工业考古学的角度，指出三线遗产包括以工业遗产为主体的三线建设的文化线路、建成环境遗产、工业遗产、建筑景观等核心物质文化遗产，相关建设过程、工艺流程、生产技能等文化表现形式，以及口传记忆、集体形制和

---

① 吕建昌：《现状与研究对策：聚焦于三线建设工业遗产的保护与利用》，《东南文化》2019年第3期。
② 刘瀚熙：《三线建设工业遗产的价值评估与保护再利用可行性研究——以原川东和黔北地区部分迁离单位旧址为例》，华中科技大学硕士学位论文，2012年。
③ 刘凤凌：《三线建设时期工业遗产廊道的价值评估研究——以长江沿岸重庆段船舶工业为例》，重庆大学硕士学位论文，2012年。
④ 任泳东：《基于共生理论的贵州省绥阳县三线工业遗产保护与再利用研究》，华南理工大学硕士学位论文，2013年。
⑤ 左琰、朱晓明、杨来申：《西部地区再开发与"三线"工业遗产再生：青海大通模式的探索与研究》，科学出版社2017年版。

时代精神等非物质文化遗产。① 如此，将工艺技能、口传记忆、三线精神等多项要素都纳入遗产的范畴中，丰富了三线遗产的时空类型。

总体而言，学界对三线遗产的研究大体形成了两条学科路径：一是以陈东林、吕建昌为代表的学者，主要从历史学、文博学的角度来研究遗产的类型与价值；二是以谭刚毅、左琰为代表的学者，从建筑学、城乡规划学的角度来考察遗产的环境、建筑与评估体系。虽然学科视角不同，但他们都强调对三线遗产进行合理的保护和利用，具有应用研究的显著特点。

三线遗产已引起了地方政府、相关企业以及学术界的重视。一些地方对三线工业遗产进行开发和利用，如重庆涪陵的816地下核工程已打造成景区并对外开放，贵州遵义利用长征十二厂的原址修建了1964文化创意园。2018年在上海举办的"中英当代工业遗产：价值及保护与利用"学术会议，重点议题便是探讨三线工业遗产的相关问题；2019年在湖北宜昌召开的"记忆与遗产：三线建设研究高峰论坛"，70余篇会议论文中有约1/3专门研究三线遗产问题。这表明三线遗产研究正逐渐成为三线建设领域新的增长点，预计未来会有更多的成果涌现。

（二）相关理论研究

理论是促使学术研究得以深化和持续发展的动力。虽然三线建设的相关研究成果数量众多，但大部分都倾向于进行事实与现象的叙述和分析，从理论层面深入探讨的成果相对阙如。在为数不多涉及理论分析的成果中，学者往往运用或借鉴相关学科的某一理论进行专题研究。例如，刘有安运用人类学的文化孤岛理论，分析了三线移民的社会文化适应问题。② 林楠、张勇借用社会学中的生命历程

---

① 谭刚毅、高亦卓、徐利权：《基于工业考古学的三线建设遗产研究》，《时代建筑》2019年第6期。
② 刘有安：《孤岛文化背景下的移民社会文化适应——以宁夏清河机械厂为例》，《内蒙古社会科学》（汉文版）2009年第5期。

理论，将个体因素与社会、历史因素相结合，研究三线建设移民二代的地域身份认同问题。① 陈超运用关系网络理论剖析三线企业工人内部的群体关系与人际互动。② 周明长运用城市发展的动力机制、城镇体系理论探讨三线建设对城市化的影响。张勇从公众史学的角度出发，考察三线建设领域的历史书写问题，指出学者、政府人员、媒体人、"三线人"等群体有着各自不同的书写动因、方式、作用和特点，学者与"三线人"之间的对话和合作对双方都产生了影响。③这些研究在探讨三线建设的具体问题时，仅仅将相关学科的理论作为一种分析手段。

近年来，有少数学者尝试进行三线建设研究领域理论的进一步探索。张勇基于该领域理论研究薄弱的现状，指出可以借鉴、运用社会史以及社会学的相关理论与方法来深化三线建设研究。④ 继而，他将社会学的单位制理论引入三线建设研究领域，并结合三线企业调整改造的历史，指出一些三线企业正逐渐从"单位社会"向"社区社会"转变。⑤ 在建筑学界，谭刚毅等国内学者和英国学者萨姆·雅各布、程婧如合作，引入"集体形制"概念来探讨中国的单位大院、人民公社和三线建设厂矿的社会模式、组织机制与空间形式，将社会学的"单位制"理论运用到建筑学、城乡规划学中分析其建成环境与空间形态，为三线建设研究提供了一种新的研究视角。⑥

---

① 林楠、张勇：《三线建设移民二代地域身份认同研究——以重庆 K 厂为例》，《地方文化研究》2018 年第 2 期。
② Chao Chen. Toleration：Group Governance in A Chinese Third Line Enterprise. Singapore：Palgrave Macmillan，2018.
③ 张勇：《历史书写与公众参与——以三线建设为中心的考察》，《东南学术》2018 年第 2 期。
④ 张勇：《社会史视野中的三线建设研究》，《甘肃社会科学》2014 年第 6 期。
⑤ 张勇：《介于城乡之间的单位社会：三线建设企业性质探析》，《江西社会科学》2015 年第 10 期。
⑥ 参见《新建筑》2018 年第 5 期专栏"集体形制之远去与归来"的多篇文章，其中谭刚毅的论文为《中国集体形制及其建成环境与空间意志探隐》。

(三) 国外对三线建设的研究

早期国外学者多从经济史和战备史的角度研究三线建设。美国学者巴里·诺顿（Barry Naughton）利用公开出版的资料，最早从经济史的角度指出三线建设意义深远，认为它对中国经济发展影响巨大。① 旅日学者吴晓林将三线建设作为毛泽东时代后期发展战略的代表，分析三线建设历史背景、决策过程、实施过程、内容、作用及效果，论述其在中国现代经济史上的历史地位。② 加拿大学者吕德量（Lorenz Lüthi）则从军事史的角度，认为三线建设的缘起是越南战争，中国领导人误解了斯大林1941年的对德策略，但是他们还是从中吸取了有益的教训。③ 这些学者的研究更多从宏观的经济史和军事史的角度探讨三线建设的缘由、影响等问题，但囿于资料收集等条件的限制，研究尚不够具体和深入。

近几年，始有少数海外学者在实地调研和广泛收集资料的基础上，对三线建设的某些具体问题展开深入探讨。例如，美国学者柯尚哲（Covell Meyskens）提出，三线铁路一开始就存在诸多问题，但最终将中国西部的大部分地区与全国工业网络紧密地连为一体，并且加速了区域交通体系的建设，促进了区域交通体系的标准化。④ 匈牙利学者李菊（Li Ju）的著作以四川一家三线企业为对象，通过对其20世纪60年代至21世纪初转型过程的研究，分析当代中国社会

---

① Barry Naughton. "The Third Front: Defence Industrialization in the Chinese Interior." *The China Quarterly*, 1988 (15): 351–386.
② 吴晓林：《毛泽东时代工业化战略——三线建设政治经济学》，东京：御茶水书房2002年版。
③ Lorenz Lüthi. "The Vietnam War and China's Third-Line Defense Planning before the Cultural Revolution, 1964—1966." *Journal of Cold War Studies*, 2008, 10 (1): 26–51.
④ Covell Meyskens. "Third Front Railroads and Industrial Modernity in Late Maoist China." *Twentieth Century China*, Vol.40, 2015 (3): 238–260. 中文版参见柯尚哲《三线铁路与毛泽东时代后期的工业现代化》，周明长译，《开放时代》2018年第2期。

发生的变革及其与现代性的关系。① 海外学者独特的研究视角和深入的理论分析，对国内学者的研究具有一定启发性。当然，海外学者由于受到诸多条件的限制，对三线建设的研究仍然相对较少。

五、总结与前瞻

通过对过去尤其是最近十年研究成果的回顾，可以看出三线建设的文献资料日益增多，研究成果持续涌现，研究领域不断拓展，研究视角趋于多元，取得了较为突出的成就。整体来看，近十年学界对三线建设的研究呈现两个显著的变化趋势。一是从之前的以宏观研究为主转变为如今宏观、中观、微观研究兼具的格局。不过，目前宏观层面的重复性研究成果较多，具有创新性的突破较少；对区域（中观）的研究虽然覆盖了大部分三线建设地区，但缺乏对不同地区之间的比较研究；微观的个案研究开始增多，但整体性的视野有待拓宽。二是从以历史学为主逐渐向多学科、交叉学科研究转变。社会学、经济学、地理学、政治学在三线建设领域都已取得了一定的成果，建筑学、城乡规划学、人类学、语言学、艺术学，以及文化遗产、旅游管理等学科也开始涉足这一领域。但是，不同学科之间缺少密切的交流与合作。此外，对相关理论和研究方法的探讨较少，使得很多成果的研究不够深入，有影响的成果尚不多见。可见，三线建设领域的研究仍有较大提升和发展的空间。

鉴于此，笔者认为未来三线建设的研究可从以下几方面予以突破。

第一，全面搜集、整理和综合利用各类资料。有关三线建设的资料众多，系统搜集并整理各类资料是研究深入开展的基础。研究

---

① Li Ju. *Enduring Change：The Labor and Social History of One Third-front Industrial Complex in China from the 1960s to the Present.* Walter de Gruyter GmbH，2019.

者应搜集全国各地、各级地方政府档案部门所藏档案文件，以及有关企事业单位所存资料，流散各处的资料、报刊，个人所存笔记、日记、信函、回忆录、思想汇报、表格，研究者所做的口述史资料和调研札记等。可以按地区和类别进行整理，并选出部分资料编辑出版，以搭建三线建设研究的公共平台，使三线建设资料库更为系统和完备。在研究时，应改变之前仅利用一两类资料即进行专题研究的状况，尽量综合利用多种类型的资料，注意将口述资料与档案文件、文献资料相结合，如此才能更好地还原和理解历史的真实面貌，做好实证研究。

第二，拓展与深化研究内容。一方面，需拓宽三线建设领域的研究范围。除了以往学界关注的三线建设的社会史、经济史、文化史、工业史和国防史研究外，还可开拓三线建设中的科学技术、人口迁移、城市发展、社会变迁、国际关系等专题研究，增加对三线建设中其他相关人群（如民工、工程兵、职工家属）的研究；并将三线建设纳入20世纪中国社会经济变迁的整体视角，加强三线建设与工业化进程、三线建设与区域城市化、三线建设与移民文化、环境变迁和城乡关系等领域的研究。另一方面，还应重视研究的深入性，在前人研究基础上尝试进行更多有深度的研究。例如，可以从微观层面选择某些企业或者某类人群作为研究对象，从组织结构、工作协作、社会关系、日常生活、文化娱乐、土客互动等多角度进行深入挖掘，以小见大地管窥20世纪60年代以来的中国社会变迁。

第三，加强对理论与方法的探讨。理论与方法是学术研究持续发展的基石。目前三线建设的研究成果虽多，但进行理论与方法探讨的论著却很少。除了单位制和关系网络等少数理论之外，学界在进行三线建设研究时整体缺少理论支撑，长远来看这将制约该领域研究的进一步发展。因此，应充分运用或借鉴社会学、人类学、政治学、经济学、心理学、地理学和建筑学等学科的理论与方法，积极进行理论层面的探索与突破，在一些专题中将质性研究与量化研究相结合，改变研究手段单一的状况，提升该领域研究的理论水平。

第四，打造研究团队和平台，营造良好学术环境。良好的研究团队和学术环境是研究发展的重要支撑。目前在中华人民共和国国史学会下成立了三线建设研究分会，各大学已相继成立研究机构（如四川外国语大学的三线建设与社会发展研究所、上海大学的中国三线建设研究中心、三峡大学的三线建设研究中心），开始组建若干研究团队。但大多数研究者仍处于"散兵作战"的状态，研究队伍缺乏稳定性。如何加强不同地区、不同院校学者之间的互动与合作，形成联系紧密、相对稳定的研究队伍，如何促进不同学科研究者之间的碰撞与交流，形成相互借鉴、互有启发的学术环境，这应是今后学界思考的问题。

第五，兼顾基础研究与应用研究，加强学界与社会各界的合作。作为中国当代的一场重大历史事件，三线建设对当今社会仍有深刻的影响，部分三线企业和大量"三线人"依然存在，且面临诸多方面的现实问题。学界应将历史问题与现实问题相联系，在加强基础理论研究的同时重视应用研究，除了三线工业遗产的保护与利用外，还可继续开拓其他领域的应用研究，发挥学术研究经世致用之功能。另外，还需加强学界与政府部门、文化机构（如博物馆、文化公司）、三线企业、"三线人"以及普通公众之间的交流与合作。如此，既有助于学者调研的顺利开展和资料信息的收集，促进研究者与亲历者之间形成多渠道的对话；又可引导社会公众参与到三线建设等当代史领域的记录与书写中来，促进学者与普通公众的互动；还能利用和整合社会各方的力量，发挥学术研究服务社会的现实作用。

通过资料的全面搜集与综合利用、研究内容的拓展与深化、研究理论与方法的突破、研究团队的打造以及与社会各界的合作等方面的努力，三线建设研究有望在未来发展成中国当代史和当代中国问题研究中具有一定影响力的研究领域。这种以重大问题为导向，突破学科之间的藩篱，打通历史问题与现实问题，兼顾基础研究与应用研究，寻求学界与业界合作的创新研究模式，或许可为当代中国研究探寻一条新的研究路径。

第二节　三线建设研究的发展趋势与社会学视野[*]

三线建设是中华人民共和国历史上一场规模宏大、影响深远的经济建设。它涉及当时中西部地区的13个省、自治区[①]，跨越3个五年计划，历时17年[②]，有几百万名工人、干部、知识分子、解放军官兵和上千万人次的民工参与其中，对我国的国防安全、经济布局、地区发展都产生了极其深远的影响。近30年来，学术界对三线建设及其相关问题开展了多方面的研究，取得了较为丰硕的成果，同时呈现一些新的发展趋势。本节拟在总结三线建设研究现状和发展趋势的基础上，从社会学的视野出发，讨论如何借鉴和运用社会学（以及社会史）的理论、方法来进一步开展三线建设研究。

一、三线建设研究的现状与发展趋势

20世纪80年代，国内出现了一些关于三线建设的介绍性文献和研究文章，不过研究大多较为粗浅。90年代以后，随着许多档案文件的解密和文献资料的出版，加之西部大开发战略的影响，这一领域逐渐成为学术界关注的热点，涌现了许多研究成果。在著作方面，

---

[*] 本节原刊于《甘肃社会科学》2014年第6期，原标题为《社会史视野中的三线建设研究》，收入本书时略有调整。
[①] 此外，还有小三线建设地区。
[②] 如果算上20世纪八九十年代的调整改造，则持续的时间更长。

陈东林的《三线建设：备战时期的西部开发》是第一部系统研究三线建设的专著，它对三线建设的决策背景、实施过程、历史评价、与西部大开发的关系等问题进行了深入探讨。① 林凌和李树桂主编的《中国三线生产布局问题研究》专门研究了三线建设中的经济布局问题。② 李彩华的《三线建设研究》从三线建设的决策、历史成就、调整改造、历史经验等方面进行了分析。③ 何郝炬、何仁仲、向嘉贵主编的《三线建设与西部大开发》详细论述了各省区三线建设的历史和实施西部大开发战略的思路。④ 此外，三线建设所在各省区相继出版了地方志、建设简史。还有一些人物传记和回忆文集也涉及三线建设，如《共和国要事口述史》《三线建设铸丰碑》《三线风云：中国三线建设文选》《口述上海——小三线建设》等对三线建设的历史进行了回顾，为三线建设研究提供了珍贵的资料。在学术论文方面，关于三线建设及其相关问题的论文较多，截至2014年发表了近300篇相关期刊论文，还有近20篇以三线建设为选题的硕士、博士学位论文。国外对三线建设也有少量研究，如美国的巴里·诺顿（Barry Naughton）、约翰·弗里德曼（John Friedmann），日本的丸川知雄、吴晓林等学者对三线建设的缘由、影响等问题进行了探讨。⑤

综合来看，学术界对三线建设的研究比较丰富，但仍然存在一些缺憾和有待改进的地方。第一，在研究内容上，大多数研究集中在经济建设与发展、历史背景与评价等问题上，而较少关注三线建设带来的社会、文化、环境等问题。第二，在研究视角上，以往研

---

① 陈东林：《三线建设：备战时期的西部开发》，中共中央党校出版社2003年版。
② 林凌、李树桂主编《中国三线生产布局问题研究》，四川科学技术出版社1992年版。
③ 李彩华：《三线建设研究》，吉林大学出版社2004年版。
④ 何郝炬、何仁仲、向嘉贵主编《三线建设与西部大开发》，当代中国出版社2003年版。
⑤ 关于三线建设的更多研究成果，可参见李彩华《三线建设研究述评》，《社会科学战线》2011年第10期；段娟：《近20年来三线建设及其相关问题研究述评》，《当代中国史研究》2012年第6期。

究大多从宏观层面探讨三线建设的背景、过程及影响，从微观层面就某一个或某一类三线建设单位深入探索其内部的组织结构、社会生活与文化变迁的研究相对较少。第三，在研究人群上，多集中于三线建设中的重要人物尤其是领导人，而对三线建设的主体——普通建设者的关注较少。第四，在研究方法上，运用文献资料的研究较多，基于田野调查的典型个案分析较少。

不过，最近几年学术界对三线建设的研究出现了一些可喜的变化，呈现良好的发展趋势。变化趋势之一是从宏大叙事的研究逐渐向微观、细致的研究转变。此前，学界主要从宏观层面对我国三线建设的原因及背景、实施过程、影响与评价、调整改造、三线建设与西部大开发、领导人与三线建设等内容进行了探讨，厘清了一些重要的问题。在此基础上，近些年一方面，学界仍继续从宏观层面进行相关问题的研究；另一方面，部分学者开始进行微观层面的探讨，甚至出现了一些深入的个案研究。例如，付令以重庆青山工业有限责任公司为例，分析了三线企业的社会特征。① 刘瀚熙等以重庆市境内部分迁离单位旧址为例，探讨了三线建设工业遗产的现状评估与再利用方式。② 胡悦晗以中部地区的两个工厂为例，深入考察了三线建设调整改造阶段工厂迁入城市的问题，认为地缘、利益与关系网络是决定工厂搬迁的三个关键因素。③ 徐有威、吴静以上海建在安徽的八五钢厂为例，分析了小三线职工的婚姻生活。④ 张秀莉论述了皖南上海小三线职工在日常生活、婚姻、户口等方面的问题。⑤

二是从以历史学、经济学、管理学为主逐渐向多学科、交叉学

---

① 付令：《三线企业社会特征探微》，《科技广场》2006年第9期。
② 刘瀚熙等：《三线建设工业遗产的现状评估与再利用方式探讨——以重庆市境内部分迁离单位旧址为例》，中国城市规划年会会议论文，2012年。
③ 胡悦晗：《地缘、利益、关系网络与三线工厂搬迁》，《社会学研究》2013年第6期。
④ 徐有威、吴静：《危机与应对：上海小三线青年职工的婚姻生活——以八五钢厂为中心的考察》，《军事历史研究》2014年第4期。
⑤ 张秀莉：《皖南上海小三线职工的民生问题研究》，《安徽史学》2014年第6期。

科研究转变。以前学界多从历史背景、影响评价、经济发展、企业管理等角度研究三线建设,而近些年一些学者分别从社会学、文化学、地理学、旅游学、政治学、心理学、语言学等学科角度出发,对三线建设的更多问题展开了研究。例如,付令、胡悦晗等人从社会学的角度分别分析了三线企业的社会特征、搬迁事件。丁艳、王辉从文化地理学的角度论述了三线企业"厂文化"的土著化过程①,段伟从历史地理学的角度研究了甘肃天水市三线企业和安徽宁国县小三线企业的分布与选址问题②。魏翠翠从旅游学的视角出发探讨了三线建设社会遗产的开发模式③,刘凤凌与褚冬竹④、王成平⑤探讨了三线建设工业遗产的开发和保护。蓝卡佳、敖钰以贵州省某社区为个案,探讨了该三线建设社区的语言格局与变迁,这是从语言学角度展开的研究。⑥ 陈超在对四川锦江厂职工进行大量访谈的基础上,探讨了三线工厂中工人群体的次级身份认同与阶级认同,这是介于政治学与社会学之间的个案研究。⑦ 施文以陕西省汉中市回沪"三线人"为例,研究了"三线人"的身份认同与构建,则是综合运用了社会学、人类学、历史学的理论与方法。⑧

---

① 丁艳、王辉:《移民外来文化的土著化过程——以西南三线厂的"厂文化"为例》,《人文地理》2003年第6期。
② 段伟:《甘肃天水三线建设初探》,《中国经济史研究》2012年第3期;段伟:《安徽宁国"小三线"企业改造与地方经济腾飞》,《当代中国史研究》2009年第3期。
③ 魏翠翠:《基于旅游体验视角下的三线建设社会遗产旅游开发模式研究》,重庆师范大学硕士学位论文,2010年。
④ 刘凤凌、褚冬竹:《三线建设时期重庆工业遗产价值评估体系与方法初探》,《工业建筑》2011年第11期。
⑤ 王成平:《20世纪工业遗产保护刍议——以广安"三线"工业遗产为例》,《四川文物》2009年第1期。
⑥ 蓝卡佳、敖钰:《三线建设言语社区语言生活》,《小说评论》2013年第S1期。
⑦ 陈超:《三线工厂中的"标签"政治学:基于成都J厂的田野研究》,第二届三线建设学术研讨会会议论文,2013年。
⑧ 施文:《"三线人"身份认同与建构的个案研究——以陕西省汉中市回沪"三线人"为例》,华东师范大学硕士学位论文,2009年。

基于目前三线建设研究逐渐向微观层面、多学科视野转变的趋势，笔者提出，可以借鉴和运用社会学（以及社会史）的一些理论、方法来进一步加深三线建设的研究。

二、社会学理论与方法在三线建设研究中的作用

社会学自19世纪中叶产生后，逐渐确定了自己的研究范围、理论和方法，形成了独立的学科体系。近几十年来，社会学在中国取得了长足的发展，初步形成了一些具有中国特色的社会学理论，研究方法也日趋成熟。三线建设作为当代史的一个研究领域，与社会学的研究领域有一定的交叉，因而社会学（以及社会史）的一些理论、方法可为三线建设研究所借鉴和运用。

第一，社会学（以及社会史）的研究取向可以拓展三线建设的研究内容和研究视角。在研究内容方面，以往三线建设的研究大多集中在经济建设与发展、历史背景与评价等问题上，而较少关注三线建设带来的社会、文化等问题，最近几年才有学者研究这些方面的问题。例如，研究者分别对三线企业"半边户"家庭的生活状况[1]、小三线职工的民生问题[2]、"三线人"的身份认同与构建[3]、三线建设中的移民问题[4]、三线建设单位的搬迁[5]等做了研究。而社会生活、社会认同、组织结构、移民搬迁、文化变迁等正是社会学研究的重要领域，以后可以从这些新领域拓展对三线建设

---

[1] 邓军蓉：《关注三线企业"半边户"生存 构建和谐社会——对湖北省宜昌市部分三线企业"半边户"家庭的实证分析》，《产业与科技论坛》2006年第5期。
[2] 张秀莉：《皖南上海小三线职工的民生问题研究》，《安徽史学》2014年第6期。
[3] 施文：《"三线人"身份认同与建构的个案研究——以陕西省汉中市回沪"三线人"为例》，华东师范大学硕士学位论文，2009年。
[4] 田姝：《三线建设内迁大移民》，《红岩春秋》2006年第3期；何瑛、邓晓：《重庆三峡库区"三线建设"时期的移民及文化研究》，《三峡大学学报》（人文社会科学版）2012年第3期。
[5] 李浩：《上海三线建设搬迁动员工作研究》，华东师范大学硕士学位论文，2010年。

的研究。

在研究视角上，以往三线建设的研究多从宏观层面探讨三线建设的背景、过程及影响，较少从微观层面探讨一个地区或一个单位的情况；以往研究对三线建设中的重要人物尤其是领导人的关注较多，而对普通建设者、民众的关注较少。社会学和社会史一直以来都有强调微观、重视民众、关注社会文化的研究取向。社会史是介于社会学和历史学之间的一门交叉学科，它强调"眼光向下"的、"除政治史以外的民众史"[①]，专注于社会生活史的研究；它还强调"自下而上"的研究视角，从民众的角度和立场重新审视国家与权力，审视政治、经济与社会体制，审视重大的历史事件和现象。[②] 社会学则更加强调民众、微观、基层社会的视角。这种把目光从精英和政治事件转向民众、基层社会和日常社会生活的研究取向符合三线建设研究的发展趋势，有助于转变我们的研究视角，丰富研究内容。

当然，在三线建设研究中强调微观、民众和社会生活，并不是要倡导"碎片化"的研究，而是为进一步拓展其研究领域进行的调整。并且，在进行微观研究、个案研究的同时，仍需要从宏观上对一些仍没弄清的重要问题进行探究。

第二，社会学的调查研究方法可以丰富三线建设的研究手段。以前三线建设的研究定性分析较多，定量分析较少；运用文献资料的分析较多，基于社会调查的个案分析较少。社会学具有成熟而多样的研究方法和手段，强调定量研究与定性研究相结合，除了文献法外，还有访谈法、问卷法、数据分析法、观察法等多种方法[③]，这

---

① 彼得·伯克：《历史学与社会理论》（第二版），姚朋、周玉鹏、胡秋红、吴修申译，刘北成修订，上海人民出版社2010年版，第6页。
② 赵世瑜：《小历史与大历史：区域社会史的理念、方法与实践》，生活·读书·新知三联书店2006年版，第26页。
③ 风笑天：《社会学研究方法》（第二版），中国人民大学出版社2005年版，第7～14页。

些方法在三线建设的相关研究中都可以用到，能弥补现有研究手段的不足。

访谈法是调查者直接向被调查者口头提问、当场记录其答案，并由此了解有关社会实际情况的一种方法。① 访谈法分为结构性访谈法、非结构性访谈法、半结构性访谈法三类，社会学研究者经常使用这种方法，积累了比较丰富的经验。历史学的口述史方法和社会学的访谈法比较相似。目前历史学界已对三线建设做了一些口述史的研究，例如，由徐有威领衔的团队对上海小三线建设的一些相关人物进行了口述访谈，出版了《口述上海——小三线建设》一书②，不过全国各地的口述史研究做得还不够多。口述史和访谈法本质相同，但又略有差异。口述史更多是由相关人员回忆并口述曾经发生过的事情，而访谈法除了关注历史上的事情外，还关注当前的各种问题甚至人们对将来的想法。三线建设是发生在近几十年内的事情，许多参加过三线建设的人还健在，所以运用口述史或访谈法对其进行访问，可以获得大量的第一手信息。除此之外，对现存的三线单位发展变迁的研究也可以用到访谈法。

通过问卷收集资料，是社会学常用的一种定量方法。在用问卷法收集了大量的数据资料后，还要运用 SPSS 等软件对其进行数据处理、统计和分析，才能得出结论。观察法是直接感知与记录正在发生的同研究对象与目标有关的社会事实的一种调查方法。③ 对于 20 世纪六七十年代的三线建设史，不宜直接采用问卷法或观察法。不过，部分三线建设企业现在依然存在，甚至在此基础上形成了一些社区。在对今天的这些企业、社区进行实地调查时，就可以采用观

---

① 《社会学概论》编写组编《社会学概论》，人民出版社、高等教育出版社 2011 年版，第 42 页。
② 中共上海市委党史研究室、上海市现代上海研究中心编著《口述上海——小三线建设》，上海教育出版社 2013 年版。
③ 《社会学概论》编写组编《社会学概论》，人民出版社、高等教育出版社 2011 年版，第 42~53 页。

察法对企业的地理环境、人们的社会生活进行考察，还可运用问卷法对更多的人展开调查，并进行数据的量化分析研究。在研究三线建设的移民与搬迁、"三线人"现在的社会生活状况、三线单位的社区转变等问题时，都可运用这些方法。

第三，社会学的相关学科理论可以为三线建设研究提供理论支撑。作为一门比较成熟的学科，社会学有很多分支学科，其中组织社会学、文化社会学、城市社会学、农村社会学等分支学科与三线建设研究的关联较为密切。所以，社会学的一些理论（如单位制理论、文化变迁理论、社会转型理论、社区理论等）对三线建设研究有一定的指导意义，可以形成一些新的研究视角，从而进一步深化该领域的研究。下面专门以组织社会学中的单位制理论为例，探讨社会学理论在三线建设研究中的运用。

三、单位制理论与三线建设研究

对于三线建设中的工矿企业、科研机构和大专院校等，"三线人"和研究者普遍认为它们是一个个"小社会"。例如，有人在回忆四川的锦江厂、岷江厂、湔江厂时说："三厂都建了各自的子弟学校（及后来的技校）、托儿所、电影院、篮球场、商店、蔬菜店、煤店等等，生产、生活设施，应有尽有。锦江厂还建了一座很有点规格的招待所，让湔、岷两厂望尘莫及。湔、岷两厂也建了一座有一百张病床，占地25亩的职工医院。这其实就是一个无所不包的小社会。"[①] 虽然，三线建设的研究者已认识到三线建设企业是一个"小社会"，但目前尚无人从理论层面来阐释这种"小社会"的形成根源、社会特征以及变迁趋势，使得对其的剖析不够深入。社会学中

---

① 潘祥鸭：《大三线有个"三江厂"的故事》，载倪同正主编《三线风云：中国三线建设文选》，四川人民出版社2013年版，第152页。

的单位制理论则能较好地阐释这些问题，因而可将其引入对三线建设的研究中来。

作为一个学术研究话题，单位研究开始于20世纪80年代中期。美国学者华尔德最早发起对单位问题的研究，出版了《共产党社会的新传统主义：中国工业中的工作环境和权力结构》[①] 一书，虽然他在书中并未使用单位这一概念，但学界却公认其为最早进入单位研究领域的学者。除了提出"组织性依附"这一理解中国企业的核心概念外，他还明确地将单位研究的重点放在国有企业上，以至于日后人们每提及单位，都会首先想到国有企业。关于单位研究的成果，几乎都是围绕企业展开的。[②] 1989年后，路风发表《单位：一种特殊的社会组织形式》《中国单位体制的起源和形成》等文章，将单位研究进一步明确化并引向深入。[③] 以华尔德和路风的研究为发端，单位研究迅速在学术界展开，取得了一些颇具影响的研究成果。90年代后期开始，陆续出版了杨晓民、周翼虎《中国单位制度》（1999），李路路、李汉林《中国的单位组织：资源、权力与交换》（2000），刘建军《单位中国——社会调控体系重构中的个人、组织与国家》（2000），李汉林《中国单位社会：议论、思考与研究》（2004），李汉林、渠敬东《中国单位组织变迁过程中的失范效应》（2005），田毅鹏、漆思《"单位社会"的终结——东北老工业基地"典型单位制"背景下的社区建设》（2005）等一批有影响力的著作。同时，单位研究开始与社区建设产生密切的关联，出现了不少探讨"单位-社区"领域的论著。

引入这些关于单位制、单位社会的理论成果，可以为研究三线

---

① 华尔德：《共产党社会的新传统主义：中国工业中的工作环境和权力结构》，龚小夏译，牛津大学出版社1996年版。
② 田毅鹏、漆思：《"单位社会"的终结——东北老工业基地"典型单位制"背景下的社区建设》，社会科学文献出版社2005年版，前言第1页。
③ 路风：《单位：一种特殊的社会组织形式》，《中国社会科学》1989年第1期；路风：《中国单位体制的起源和形成》，《中国社会科学季刊》1993年总第5期。

建设尤其是三线企事业单位提供很好的理论支撑。虽然社会学界对于单位研究有不同的视角，但普遍认为，"单位组织是我国在计划经济时期形成的一种特殊的社会组织，它是由国家兴办，相对独立地承担经济生产或社会事业发展职能，并代表政府对其成员实施管理、提供福利服务的组织的总称"，"与单位组织相匹配的是单位制度"。① 对于单位制的形成根源，学界从社会历史、经济、政治、文化等方面进行了分析。② 对于单位的特征，路风将其归纳为功能合一性、生产要素主体之间的非契约关系、资源的不可流动性③，何海兵总结其"具有政治、经济与社会三位一体的功能（政治动员、经济发展、社会控制），以行政性、封闭性、单一性为特征"④。李汉林、渠敬东深入分析了单位与国家、个人的关系："在改革开放以前，单位是中国社会中的一个高度整合和低度分化的基本组织形态。当时的中国社会，是一个由极其独特的两极机构所组成的社会：一极是权力高度集中的国家和政府，另一极则是大量相对分散和相对封闭的一个一个的单位组织……事实上，在相当长的一段时间里，国家与单位、单位与个人的关系总是处于这样的一种状况：国家全面占有和控制各种社会资源，处于一种绝对的优势地位，进而形成对单位的绝对领导和支配；单位全面占有和控制单位成员发展的机会以及他们在社会、政治、经济及文化生活中所必需的资源，处于一种绝对的优势地位，进而形成对单位成员的绝对领导和支配。在当时，所谓企业单位办社会，单位功能多元化的一个直接和突出的社会后果就是在极大的程度上强化了单位成员对其

---

① 《社会学概论》编写组编《社会学概论》，人民出版社、高等教育出版社2011年版，第168页。
② 王伟、武中哲、成锡军：《国内学术界关于"单位制"的研究综述》，《发展论坛》2001年第3期。
③ 路风：《单位：一种特殊的社会组织形式》，《中国社会科学》1989年第1期。
④ 何海兵：《我国城市基层社会管理体制的变迁：从单位制、街居制到社区制》，《管理世界》2003年第6期。

单位的全面依赖性。"① 社会学对单位制的形成根源与特征,单位与国家、个人的关系等方面的阐释,可以帮助我们深入剖析三线企事业单位的组织结构、社会保障、社会关系、社会生活、思想观念及其与外部的互动等问题,为三线单位研究提供很好的理论指导。

此外,研究今天三线企业的社会变迁与发展可以借鉴社会学的"单位-社区"理论。改革开放之后,伴随着经济体制的改变和社会的转型,单位社会逐渐萎缩,特别是在城市中,单位制开始向社区制过渡。② 现在的一些三线企业正从单位社会向社区社会过渡,我们在研究三线建设历史的同时,也应该运用相关理论来探讨如今三线企业的这种变迁趋势。

运用单位制理论研究三线建设反过来也能丰富和发展单位研究。在单位研究中,学界一般都将单位作为一种全国性的、普遍的组织和制度纳入研究视野,虽然有研究者注意到单位制的不同类别和地域的差异,但这方面的研究还不太多。③ 三线单位是我国单位中的一类,它处在特殊的地理环境中,具有自身的一些特点,选择这类环境特殊、特点突出的单位作为研究对象,能丰富单位社会的研究类型,进一步发展单位制理论。

在引入单位制理论进行三线建设研究时,应注意以下两个方面的问题。首先,要找出三线单位的突出特点。三线单位在选址时遵循"靠山、分散、隐蔽"的方针,故大多位于农村、山区。而作为工厂,其组织结构、生产方式、生活方式、户籍管理则具有城市社会的特征,因此它是介于城市和农村之间的一种单位社会。作为一种"嵌入式"组织,三线单位比城市中的单位具有更强的封闭性和

---

① 李汉林、渠敬东:《中国单位组织变迁过程中的失范效应》,上海人民出版社2005年版,第32~33页。
② 华伟:《单位制向社区制的回归——中国城市基层管理体制50年变迁》,《战略与管理》2000年第1期。
③ 田毅鹏、漆思:《"单位社会"的终结——东北老工业基地"典型单位制"背景下的社区建设》,社会科学文献出版社2005年版,前言第2~3页。

自给自足性。同时，它和周边的农村也会产生一定的互动，比如在经济、婚姻、语言文化等方面。其次，研究三线企事业单位的变迁不能简单照搬社会学的"单位－社区"理论。原因在于，目前三线单位的情况十分复杂，或破产倒闭，或继续存在；或留在原址，或搬迁新址；或改制，或合并。处境不同的三线单位，其变迁情况也不一样。三线单位的变迁，总体来看是一个复杂而漫长的过程。同样，在运用社会学的其他理论和方法时，也应该有所选择，灵活运用。

综上所述，对于这场规模宏大、影响深远的经济建设，学界进行了多方面的研究，但仍存在一些缺憾和不足，并呈现向微观层面、多学科视野转变的趋势。鉴于目前这种研究现状和发展趋势，笔者认为，社会学（以及社会史）的理论和方法对三线建设研究内容与视角的拓展、研究手段的丰富、研究理论的指导都具有重要作用，因此以后可以更多地借鉴和运用社会学（以及社会史）的一些理论、方法来深化三线建设研究。除此之外，还可从经济学、管理学、政治学、人类学、地理学、旅游学、心理学、语言学等学科的视角来开展三线建设研究，发挥多学科研究的优势。

第三节　在当代中国问题研究中突破学科藩篱*

一、当代中国研究与学科融通

当代中国研究（modern China studies），是1949年后源自西方尤其是美国学术界有关当代中国政治、经济、社会、历史与文化等诸方面的多学科研究，经历了长期的学术积累和较长的发展历程，如今已成为有许多中国本土学者参与的关于中国社会变迁与发展的综合性人文社会科学研究方向。

相较于海外而言，国内的当代中国研究起步较晚，1978年之后才真正兴起。改革开放后，社会科学的复兴以及中国经济、社会、文化日新月异的变化，激发了学术界对当代中国研究的浓厚兴趣，并在经济学、社会学、人类学和历史学等多个学科领域取得成效。以历史学为例，与西方史学家近些年才重视中国当代史研究不同，国内的历史学者自1978年之后就对这一领域倾注了较多的精力，分别从政治史、经济史、社会史、文化史、外交史以及中共党史等角度进行了研究，近十年来更是有许多年轻学者开

---

* 本节原刊于《华中师范大学学报》（人文社会科学版）2021年第1期，原标题为《在当代中国问题研究中突破学科藩篱——以三线建设研究为切入口》，为《多维视角下的三线建设研究（笔谈）》中的文章之一。人大复印报刊资料《中国现代史》2021年第5期转载。

始涉足这一领域，甚至有史学家呼吁建构中国当代史的学科体系。不过，尽管有部分学者意识到中国当代史研究需要借鉴其他学科的理论与方法，但不少历史学者在其深层观念中，依旧恪守史学的学科边界，与其他学科研究者的合作仍然阙如，更遑论多学科的融会贯通。而在一些影响颇大、成就斐然的交叉学科（如历史地理学、社会史、历史人类学等）中，研究者大都将目光聚焦于近代之前的历史与社会，尚未将交叉研究拓展至当代中国这片研究"沃土"。

历史学者以外的社会科学研究者对当代中国问题的关注，主要聚焦1978年之后的当下问题，对之前的政治、经济、社会等问题鲜有问津，研究"多半缺乏确实的历史维度"[1]。虽然社会学界近年来大力倡导社会学的"历史转向"[2]，强调社会学研究应具有历史的维度，历史社会学在中国方兴未艾。但是，与前述交叉学科相类似，历史社会学的研究者除了研究中共党史、革命史以及社会主义集体化等为数不多的当代中国议题之外，将目光更多地投向了古代社会的礼制、官治、世变和民国时期的思想史、社会史等研究领域[3]，这同样是一种缺憾。

实际上，当代中国研究更易突破学科藩篱，实现跨学科、交叉学科乃至多学科的融通。其可能性首先在于各学科研究对象的交叉重叠和研究方法可相互借鉴。不论历史学，还是社会学、经济学、政治学等学科，关注的都是1949年之后中国的各种历史问题与现实问题。正如英国著名史学家巴勒克拉夫所言，"当代社会与过去社会之间的分界线是微妙的，不断变动的，而且是人为的"[4]，当下性的特点使得两者

---

[1] 冯筱才：《跨过1949：二十世纪中国整体研究刍议》，《社会科学》2012年第5期。
[2] 肖瑛：《非历史无创新——中国社会学研究的历史转向》，《学术月刊》2016年第9期。
[3] 应星：《略述历史社会学在中国的初兴》，《学海》2018年第3期。
[4] 杰弗里·巴勒克拉夫：《当代史学主要趋势》，杨豫译，北京大学出版社2006年版，第60页。

之间很难划出一条清晰的界限。各学科的研究对象大多重叠，只是观察视角和研究方法不同①，因而没有严格的学科分界，研究者都在讲述"中国故事"的基础上探寻当代中国之规律。虽然不同学科有着不同的学术理念与研究手段，但研究时限的接近和研究对象的重叠，更有利于各学科理论与方法的相互借鉴。譬如，田野调查方法不仅在社会学、人类学中被广泛运用，在历史学中也被广泛运用，历史学者在研究当代中国问题时常常走出书斋，到田野中收集资料、观察社会、反思当下。可见，当代中国研究中的学科界限并没有想象中那么严格，研究者没必要画地为牢，自筑藩篱。

从各学科的旨趣来看，当代中国研究更有助其达成研究目标。对于历史学来说，其旨趣在于求真，即探寻历史真相、复原历史面貌。在这一点上，当代史和古代史、近代史相比更具先天优势。一是在资料方面，关于当代史的资料可谓"浩如烟海"，不可估量。史料是历史研究的基础，史料越丰厚越有利于历史面貌的复原。二是当代史研究更易回到"历史现场"。陈寅恪先生认为，"对于古人之学说，应具了解之同情，方可下笔"②。当代中国问题离我们的生活和经验最近，研究者与当代人物处于"同一境界"，更易达成"了解之同情"，更"有可能整体把握错综复杂的历史事实，通过人物心路历程之真逐渐接近历史真相"③。三是在当代史研究中，更易运用社会科学的田野调查等研究方法。当代史的人物对象还有不少仍健在，口述访谈可以发挥其最大功效，弥补档案文献之不足；对在世者生活及状态的观察，可以加深研究者对历史情境与文化的感悟；到历史事件发生且保留下来的场所进行实地考察，能从空间现场的角度加深对历史的理解。当代史研究所拥有的这些先天优

---

① 萧冬连：《谈谈中国当代史研究的大局关照》，《中共党史研究》2016 年第 6 期。
② 陈寅恪：《冯友兰〈中国哲学史〉上册审查报告》，载陈寅恪《金明馆丛稿二编》，上海古籍出版社 1980 年版，第 247 页。
③ 桑兵：《从眼光向下回到历史现场——社会学人类学对近代中国史学的影响》，《中国社会科学》2005 年第 1 期。

势，有助于研究者探寻历史真相，也有利于历史学和其他学科的交流与合作。

再来看作为社会科学代表的社会学，其旨趣在于分析和解释各种社会结构与社会行为。近十多年来，社会学界大力呼吁社会学研究的"历史转向"，重拾历史的维度，以增强理论解释力。但社会学者自身认识到，他们来做历史问题的研究，"会面临一个专业能力的难题，即社会学家无能力与历史学家对话"[①]。社会学者之所以面临"专业能力的难题"，既源于其对历史知识的长期疏远和史料深度解读能力的相对缺乏，也在于其不易置身"历史情境"，从中获得"历史场景感"。不过，如果说面对近代之前的历史话题，社会学者的专业困窘容易被显现出来，那么在当代研究领域其困窘感则会大大降低。社会学者还可以借助理论与方法的优势大展拳脚，增强与历史学者的对话能力。

任何学术研究都要面对现实世界，而现实世界是一个由各种事物普遍联系在一起的浑然的整体。凭借单一的学科往往无法解决现实世界的复杂性问题，当代中国问题更是如此。如何突破学科藩篱，生产出真正有生命力的学术成果，如何有效介入时代重大命题，回应时代关切，成为摆在当代中国研究者面前的重要议题。由此，围绕某些重大问题，采取多学科合作的方式展开综合研究，将成为人文社会科学研究的一大趋势。

在当代中国研究中，若干具有时代意义的重大问题值得高度关注，例如，土改运动、"文化大革命"、知青上山下乡、工业化建设、国企改革、西部大开发、改革开放、城市化、城乡关系变迁等，都是时代关切的重大问题。学界有必要打破学科壁垒，围绕某些重大问题开展多学科的综合研究。

---

① 肖瑛：《非历史无创新——中国社会学研究的历史转向》，《学术月刊》2016年第9期。

二、以三线建设研究为突破学科藩篱的切入口

在1949年至今的当代中国重大问题中,三线建设无疑是最具发展潜力的研究领域之一。三线建设是兴起于20世纪60年代的一场大规模国防、科技、工业和交通基础设施建设。国家在当时中西部地区的13个省、自治区投入了2000多亿元巨资,建成1945家大中型工矿企业、科研单位和大专院校。此外,还有"小三线"建设项目广泛地分布在全国除台湾和西藏之外的28个省区市的腹地。三线建设跨越三个"五年计划",其调整改造一直到21世纪初才结束,对我国的国防安全、经济布局、社会发展都产生了极其深远的影响。这种影响一直持续到今天。三线建设研究具有独特的学术价值和突出的现实意义,可成为实现多学科综合研究的突破口。

以三线建设研究为突破学科藩篱的切入口,一方面是基于目前该领域蓬勃发展态势的考虑。由于三线建设具有重要的历史地位和独特的研究价值,自20世纪八九十年代以来,相关研究成果便不断涌现,逐渐成为当代中国研究中的一大热点,主要表现在以下方面:各类文献资料、档案材料、口述史料、回忆文集层出不穷,并得到整理甚至出版;研究著作和论文日益增多,仅2019年就问世了9本著作,发表了140篇相关论文;有10多项有关三线建设研究的国家社会科学基金项目、国家自然科学基金项目获得资助,其中包括2项国家社会科学基金重大项目;各地相继举办三线建设相关研讨会,仅2019年就召开了5次;数家重要学术期刊先后刊发多组三线建设专题文章,有的还设置"三线建设研究"专栏,定期刊发学术论文。近年来三线建设研究可谓异军突起,影响渐大。

另一方面,和当代中国研究中的其他重大问题相比,三线建设的研究优势更为明显。第一,三线建设领域的议题广泛,可回避某些敏感问题。笔者常说,三线建设是一座"富矿",研究者可以从中

挖掘出足够丰富的"宝藏"。三线建设涉及的话题不仅限于经济领域，也可以从政治、社会、文化、军事、外交、环境等领域展开研究。以社会史为例，三线建设时期的教育、医疗、生产、消费、建筑、交通，以及移民、工人、农民及其婚姻、家庭、生育、饮食、语言、群体构成、思想观念、风俗习惯、文化娱乐、身份认同、社会关系，等等，皆有待深入探究。同时，和土改运动、"文化大革命"、知青上山下乡等相比，三线建设的政治敏感性较弱，因而有足够可开拓的研究空间。

第二，中国学者对三线建设的研究具有先天优势。当代中国研究最初由西方尤其是美国学术界发起，在很多领域西方学界具有累积而成的领先优势，以致有学者呼吁应该确立中国学术的主体性，争取更大的学术话语权。然而，目前在三线建设研究中，国外学者尚未形成显著的领先优势。原因在于，不论是在档案资料的搜集与整理、文本的解读，还是在田野调查以及历史情境的体验与理解等方面，中国学者都具有天然的主场优势，这是国外学者难以企及的。

第三，三线建设研究可联通历史问题与现实问题，兼顾基础研究与应用研究。这场重大的经济建设对当下的中国社会仍有深刻的影响，一些三线单位和大量"三线人"依然存在，并面临诸多方面的现实问题。三线建设研究不仅探讨历史现象，也关注当下的现实问题；不仅涵盖经济建设、社会结构、文化变迁等领域的基础理论研究，也涉及社区发展、遗产保护等方面的应用研究。因此，三线建设研究能联结历史与现实、理论与实践，具有极强的开放性。

第四，三线建设研究已具有多学科合作的基础。笔者在6年前就指出，三线建设研究呈现从以历史学为主逐渐向多学科、交叉学科转变的趋势。① 如今看来，这种趋势越发明显。除了较早进入三线建设研究领域的经济学、管理学、历史学外，社会学、政治学、地

---

① 张勇：《社会史视野中的三线建设研究》，《甘肃社会科学》2014年第6期。

理学、建筑学、城乡规划学在三线建设研究领域都取得了一定的成就，人类学、语言学、传播学、艺术学等其他学科也开始涉足该领域。虽然这些学科皆从本学科的视角开展相关问题研究，却为多学科的合作研究奠定了基础。

三线建设这座"富矿"所蕴藏的种种潜在优势，是三线建设研究近些年得以蓬勃发展的重要原因，可将其作为突破学科藩篱的切入口和实现多学科综合研究的内生动力。

三、三线建设多学科研究之构想

虽然在当代中国研究中，对三线建设领域进行多学科研究的潜力与优势甚为明显，但是目前进入该领域的这些学科多从各自的学科视角出发研究相关专题，缺乏相互交流与合作，更不用说学科之间的融会贯通。在当今学科专业趋于细分、学科边界意识明晰、学科场域"惯习"强大的背景下，突破学科藩篱更需有意而为之。对于在三线建设研究领域实现多学科的交叉与融合，促进该领域研究的深入发展，笔者提出以下几点构想。

首先，厘清多学科合作的内在机理，构建综合研究体系。已涉足三线建设研究领域的不同学科，如果只是各自在这座"富矿"中挖掘"宝藏"，短期内也许会成果迭出，但最终却很难形成合力，难以完成对这一重大问题的综合性考察。其实，进入三线建设研究领域的历史学、社会学、人类学、地理学等学科之间存在紧密的内在联系，我们可以根据这些学科的研究属性、研究对象与特点，搭建综合研究的学科构架。在这些学科中，历史学侧重时间叙事，地理学关注空间要素，社会学探讨社会结构与社会行为，人类学强调主客位视角。时间、空间、社会、主客位视角这四个基本的学科元素组合在一起，便可构建起三线建设的综合研究体系。并且，历史学、社会学、人类学、地理学这四门学科虽各有侧重，但在研究对象与研究手段上具有内在的逻辑联系。人，是这四门学科共同的研究对象，研究"人及其文化"的人类学、观照历史人物的历史学、聚焦由人组成的"社会"的社会学自不必言，就连地理学的研究核心之一也是人与地理环境的关系。文献分析与田野调查，则是这些学科常常采用的研究手段。在三线建设研究中，搜集、整理企业史志、档案、口述史料、影像资料等各类文献资料是开展研究的基础，不同学科的研究者应遵循材料本身的叙述逻辑，在比对、甄别的基础上进行细致而深入的解读。田野调查不仅是人类学的"专利"，社会学、地理学甚至历史学在研究三线建设这类当代中国问题时，也必须重视田野调查的作用，在研究中将文献分析与田野调查相结合。

其次，逐步打造开放包容、学科交叉、交流密切的三线建设研究学术团队。良好的学术团队和学术平台是研究持续发展的重要支撑。开放包容、学科交叉、交流密切的学术团队取得突出成绩者不乏先例，"年鉴学派""华南学派"等学术共同体便是典范。当然，这些学派不易仿效，短期内在三线建设研究学者中形成理念与方法相近的学术共同体也不太现实。然而，由于三线建设研究的潜在优势和众多研究者的加入，目前已形成了若干各具特色的小型研究团体。例如，上海大学的徐有威团队对全国各地的"小三线"建设进行了多项专题研究，四川外国语大学的三线建设与社会发展研究所从历史学和社会学相结合的角度对三线建设开展交叉研究，华中科技大学谭刚毅团队从建筑学和规划学视角出发研究三线建设企业建成环境、工业遗产，均取得了一定的成效。涉足三线建设研究领域的不同学科的研究者，一方面可以从各自的学科背景出发，发挥其专业优势，进行专题研究；另一方面，也要加强合作与交流，彼此相互激荡与启迪，如此方能碰撞出更多的思想火花，甚至产生新的交叉领域。

再次，积极倡导不同学科之间的相互借鉴，强化问题意识。任何一门学科，都依靠着其他学科，都在"自觉或不自觉地从中汲取生命力，并且在很大程度上从中获得自己进步的机会"①。学习对方的特长，在研究方法与理论方面相互借鉴，是学科交叉与融合的关键。在三线建设研究中，历史学和社会学等其他社会科学必须在方法论上彼此走向对方的纵深处，取长补短。历史学长于文献资料的收集、整理与分析，社会科学学者应向其学习，尽可能地动手处理一手资料，认识到每一类资料都有其局限性，在不同时段、媒介、部门和性质的资料的比对、分析中找到接近事实的表述。社会科学则长于对各类现象进行一般性规律的探讨和理论分析，历史学者应加强对社会科学理论的学习，不仅要关注各种"中层理论"，更应在经典的宏观理论传统中长期浸染。问题意识也是不同学科的研究者应注意增强的重点。目前三线建设的相关研究成果虽然数量众多，但水平参差不齐，重复性或同质性研究较多。问题意识薄弱是产生这种状况的原因之一。一些研究者停留于对事件或现象的叙述与再现，在论述"是什么"之后往往未进一步探寻"为什么"。除了受学科属性的影响之外，这也和研究者缺乏对该领域整体研究脉络的梳理有关。具体到研究成果尤其是学术论文中，文献综述得不到应有的重视，这制约了研究者问题意识的展现。当然，同当代中国研究的其他领域一样，在三线建设研究中各学科不能简单套用西方的概念和理论来分析中国的实际问题，而应该在各种具体现象中找寻研究问题，再围绕问题进行研究经验之积累，进而构建自身的概念与理论体系。

　　复次，拓展三线建设研究空间，加强和不同研究领域的比较与对话。研究者需要从长时段出发，将三线建设置于全球史、整体史的背景下分析其成因和影响；将研究回溯到1960年代之前，甚至1949年之前，探寻单位制的渊源、工业建设的形成；将目光延伸至

---

① 杰弗里·巴勒克拉夫：《当代史学主要趋势》，杨豫译，北京大学出版社2006年版，第56页。

20世纪80年代之后,分析三线建设的调整改造、三线社区的转型与城乡关系的变迁。从历时性和共时性角度进行比较研究,纵向比较三线建设与抗战内迁、明代屯堡移民,横向比较三线建设与新疆生产建设兵团、三峡移民的背景、政策与影响,在强调"大历史"视野的同时,注意宏观叙事与微观研究相结合。此外,三线建设研究不能止步于该领域本身,形成自我闭环,而是要与当代中国研究的其他领域进行交流与对话。这些领域包括"文化大革命"、知青上山下乡以及改革开放、工业建设、城市化、社区发展、城乡关系、西部大开发等,这些都可成为三线建设研究对话的对象。如此,方能"走出三线建设",走向当代中国研究,回应更宏大的时代命题。

最后,需要说明两点。其一,提倡多学科的融通与综合研究,并非否定已有的学科,而是希望不同学科摒弃彼此之间的"傲慢与偏见",保持良性的张力。正如应星所言,不同学科的研究者必须深刻意识到自身的局限,"要有耐心走到对方学科的纵深处去探问,要有勇气承受史学和社会科学关于我们'四不像'或'扬短避长'的批评","逐渐从角色的互换走向自我的涅槃"。[①] 其二,多学科研究既要突破学科藩篱,也要秉承关怀现实、经世致用的理念,联结历史问题与现实问题,兼顾基础研究与应用研究,并加强学界与政府部门、文化机构、亲历者以及普通公众之间的交流与互动,如此才能整合多学科和社会各界的力量,发挥学术研究服务社会的功效。通过三线建设研究领域综合研究的尝试,在当代中国研究中以重大问题为导向,构建多学科研究的体系,促进不同学科的交叉与融合,联结历史问题与现实问题,兼顾基础研究与应用研究,从而回应时代关切的命题,这或许可以成为当代中国研究的一个重要路径。

---

① 应星:《交界·交叉·交融——浅论史学与社会科学在"新革命史"中的结合》,《中共党史研究》2019年第11期。

第四节　四维同构：三线建设多学科综合研究之构架*

近年来，三线建设研究呈异军突起之势，成为当代中国研究中的一个热点。一些有着不同学科背景的学者纷纷涉足这一研究领域。不过，目前进入该领域的学者们多从各自的学科视角研究相关专题，缺乏相互的密切交流与合作，更不用说学科之间的融会贯通。未来的三线建设研究想要更上一个台阶，并取得长足发展，不同学科之间必须进行充分的交流，彼此相互借鉴，取长补短，形成多学科的综合研究。不久前，笔者撰文呼吁在当代中国问题研究中突破学科藩篱，并就三线建设研究的多学科交叉与融合提出了若干构想。① 但对于如何厘清多学科合作的内在机理，如何构建综合研究体系，并未展开深入的论述。因此，本节拟在之前的基础上通过对相关学科基本元素的选择与组合，以及对各学科内在逻辑联系的探寻，构建三线建设多学科综合研究的模式。

英国史学家巴勒克拉夫曾说，任何一门学科，都依靠着其他的学科，都在"自觉或不自觉地从中汲取生命力，并且在很大程度上从中获得自己进步的机会"②。人为划分的学科虽有着不同的学术领

---

* 本节原刊于《宁夏社会科学》2021年第2期，为《多学科视角下三线建设研究的理论与方法笔谈》中的文章之一。

① 张勇：《在当代中国问题研究中突破学科藩篱——以三线建设研究为切入口》，载《多维视角下的三线建设研究（笔谈）》，《华中师范大学学报》（人文社会科学版）2021年第1期。

② 杰弗里·巴勒克拉夫：《当代史学主要趋势》，杨豫译，北京大学出版社2006年版，第56页。

地，但面对着复杂的现实世界，彼此之间的关联依然存在，并相互促进。早鉴于此，法国著名的年鉴学派致力于加强历史学与其他人文社会科学的对话，以推动跨学科的综合研究。这种跨学科首先指向的是地理学，其次是经济学、社会学、人类学等学科。年鉴学派第三代的代表人物雅克·勒高夫甚至畅想，未来"或许是史学、人类学和社会学三门最接近的社会科学合并成一个新学科"[①]。在当今学科专业趋于细化、学科边界意识明晰、学科场域"惯习"强大的背景下，勒高夫所畅想的"新学科"只能停留在乐观的想象之中，但这丝毫未影响这些学科之间固有的关联性。笔者认为，在三线建设研究的多学科体系中，历史学、地理学、社会学、人类学是最为关键的四门学科，其中原因除了在于它们彼此间存在紧密的联系之外，还在于它们各自所倚重的学科要素——时间、空间、社会与主客位视角——对于三线建设研究来说是必不可少的四个维度。

一、时间、空间、社会、主客位视角

在上述四门学科中，历史学侧重时间叙事，地理学关注空间要素，社会学研究社会结构与社会行为，人类学强调主客位视角。时间、空间、社会与主客位视角这四个基本的学科要素组合在一起，便可大体构建起三线建设研究的多学科体系。

时间，历来是历史学家最看重的要素。年鉴学派的布洛赫认为，历史学是"一种把人放到时间中来进行研究的科学"；勒高夫则干脆宣称，"历史学是时间的科学"。布罗代尔把历史的时间区分为地理时间、社会时间和个体时间，进而表述为长时段、中时段和短时段，这种历史时间的划分观念对20世纪的史学界产生了巨大的影响。时

[①] J. 勒高夫、P. 诺拉、R. 夏蒂埃、J. 勒韦尔主编《新史学》，姚蒙编译，上海译文出版社1989年版，第40页。

间序列深深地烙印在每一个历史学家的研究意识里,"历史学家从来不能摆脱历史时间的问题:时间黏着他的思维,一如泥土黏着园丁的铁铲"①。

历史学等学科对时间序列的关注与阐释,自然可以为三线建设研究带来启示。一方面,研究者需采用史家编年的眼光,复原和审视三线建设的整个历史进程,包括前期的决策与动员、建设时的选址与投产、调整时的搬迁与改造等时间节点上的诸多重要事件,并一一加以考察。另一方面,还需秉承动态的、变迁的观念来分析三线建设中的制度、事件及人物心态。例如,三线工厂的选址方针"靠山、分散、隐蔽"的制定与实施经历了一个变动的过程,后来一度改为"靠山、分散、进洞"。三线移民的心态与行为在动员、搬迁、建设等阶段以及改革开放后所发生的变化,都不应为研究者所忽视。

此外,在运用历史变迁的眼光研究三线建设时,要注意其中的"变"与"常",即变化、发展与静态、稳定的关系,也就是突变、特殊与日常、普遍的关系。从整体来看,三线移民的文化与当地社会有一个从初期的隔离到后期逐渐融合的过程,但在某一个阶段三线移民的饮食、语言等文化现象的特征又趋于稳定;三线工厂的组织结构在较长时期内普遍是稳定的三级科层制,改革开放后这种科层制的结构和功能却发生了较为显著的改变。"变"与"常",正是对史学家彼得·伯克所说的"变化会结构化,而结构会变化"的最简单概括,也可以在某种程度上看作是社会学两大经典理论流派——结构功能主义与冲突论在三线建设研究领域的具体对应。

空间,是地理学家最为关注的学科元素。地理学以地球表层空间系统为研究对象,其核心是人地关系地域系统。地理空间涉及事

---

① 费尔南·布罗代尔:《论历史》,刘北成、周立红译,北京大学出版社2008年版,第85页。

物的方向、位置、距离、密度等尺度。同时，现代地理学的理论和实践逐渐重视时间尺度，"空间秩序不是一成不变的，它是时间的函数"①。因此，我们应当将空间界限和时间界限结合起来，从四维时空来考察地理现象。

从地理空间的角度来考察三线建设，可以从宏观、中观、微观三个层面着手。从宏观层面来看，三线建设是国际地缘政治的产物，一线、二线、三线地区是中央在备战背景下所进行的军事与经济地理划分。从空间的角度，不仅要考察当时的国际地缘政治背景，还应关注一线、二线、三线地区地理环境、经济结构的差异，以及物资、人员、技术的流动。从中观（区域）层面来看，三线建设企业在不同地区、不同行业的工业布局特征，不同地区在环境、政策、成效等方面的异同，都值得从区域比较的视野来进行研究。地理空间的微观层面，则可以从三线单位外部、内部两方面加以考察。从外部来看，三线企业选址的地理环境、与相邻城市和铁路线的相互关系、对周边地区环境的影响等问题可展开深入研究；从内部来看，三线企业生产、生活、公共等区域的布局，各类建筑、设施的位置及其功能也有待进一步探讨。

段伟利用历史地理学的视角从五个方面评价了三线建设的功效，对研究者颇有启发。② 地理空间并不是孤立的，还需结合相关的历史、政治、经济、文化等多种因素进行综合考察。在这方面，谭刚毅、徐利权等学者已进行了一些有益的尝试。

"社会"，是一个内涵丰富的概念，社会学有其特定的研究对象。周晓虹在探讨社会史研究的相关理论问题时，认为社会史的研究对象包括社会结构和社会行为两大部分。社会结构指的是"社会体系各组成部分或各要素之间比较持久、稳定的相互联系模式"，可视为

---

① 潘玉君编著《地理学基础》，科学出版社2001年版，第20页。
② 段伟：《从历史地理维度考察三线建设》，载《多维视角下的三线建设研究（笔谈）》，《华中师范大学学报》（人文社会科学版）2021年第1期。

人类社会构成的客观的一面;社会行为指的是"在特定社会生活条件下,具有独特的文化和完整的人格结构的人对各种简单与复杂的社会刺激所作出的反应",可视为人类社会构成的主观的一面。① 他对社会史研究对象的划分,同样适用于社会学的研究对象,也可以用来剖析三线建设研究领域的社会。

社会结构有纵向和横向之分。从纵向来看,一个社会由个体、群体和社会三个层次构成;从横向来说,社会结构包括社会关系、社会流动、社会分层和社会制度等内容。三线建设时期的社会结构可以按照这些维度展开分析。例如,三线企业内部的社会结构,就可以从组织结构、群体构成、家庭结构、社会关系等方面展开研究。除了从内部研究三线单位的社会结构外,还应将其置于特定时代(如计划经济时期、改革开放时期)国家整体的社会结构中加以考察。

社会行为有内在反应和外在表现两种形式。内在反应涉及群体的价值观、人格结构、认知倾向、生活态度等方面,三线移民对搬迁的态度、迁移后的心理适应、身份认同等问题都属于此范畴。外在表现即所谓的外显过程,三线职工的日常生活方式,周边农民对三线工厂的欢迎与排斥、矛盾与冲突皆是社会行为的外在表现。显然,社会学关于社会的划分与剖析可以为三线研究提供更丰富的研究面向和更深入的理论解释。

主位与客位研究法,是人类学极富学科特色的一种研究方法(或曰研究视角)。主位(emic)和客位(etic)这一对概念是从语言学借用来的。主位是指从被研究者的立场去研究问题,客位是指从研究者本身的立场去进行研究。主位与客位也可以看作"内部人"(又称局内人)与"外部人"(又称局外人)的观点。主位研究者通常会用当地人的"内部"眼光来看问题,能避免"局外人"固有的

---

① 周晓虹:《试论社会史研究的若干理论问题》,《历史研究》1997年第3期。

某些偏见，并加深对当地人思维方式、行为准则、情感表达以及其中蕴含的文化逻辑的理解。客位研究者站在"局外人"的角度来看问题，不易被一些习以为常、想当然的假象所蒙蔽，用相对客观、理性的态度来分析问题。[①] 主位研究与客位研究各有优势与缺陷，因此人类学家常常采取主位与客位相结合的研究视角。

主客位相结合的研究视角，可以运用于三线建设领域的诸多研究实践中。首先，三线建设的亲历者和研究者对某些问题存在不同的看法，多是由其主位和客位的不同立场导致的。研究者除了站在理性、客观的立场上来分析问题外，还需设身处地地从亲历者的角度来思考问题，如此方能做到"同情之理解"。其次，国内有一些三线研究者曾是建设亲历者，或者是三线子弟，兼具"局内人"和"局外人"的双重身份。很多事情不需要亲历者进行详细的描述和解释，他们往往就能心领神会。然而，由于与研究对象之间缺少文化的距离感，他们常常会对一些日常的生活习俗和行为方式失去敏感性，因此又需要从其中抽离出来，站在客位的立场上进行补充和修正。再次，在研究人群中，三线企业职工家属与周边农村人、本地人与外地人存在明显的差别，这是另一种"内部人"与"外部人"的区别。两者对同一件事情的看法与行为的差异，也可从主客位相结合的研究视角进行分析。最后，国内的三线研究者和国外的学者在某种程度上也可看作主位和客位的关系。国内学者在坚持学术主体性的同时，还需借鉴国外学者"他者"的独特眼光，进行主客位的双向互动。可见，主客位研究法对三线建设研究的启发，不仅在于研究内涵的挖掘，更在于研究视角的转换。

在进行三线建设研究时，显然不能只强调时间、空间、社会与主客位视角中的任意一方，而应将这四个基本的学科要素结合起来，形成一种多维度的综合研究。以三线建设单位的研究为例，三线单

[①] 《人类学概论》编写组编《人类学概论》，高等教育出版社2019年版，第68~69页。

位涉及的研究内容极为广泛，包括三线单位的起源、兴建、迁徙、发展与转型，三线单位的区域分布、厂址选择与外部的地理环境、内部的空间布局，三线单位的人员构成、群体特征、社会关系、身份认同及土客关系，三线研究者与"三线人"对三线单位、三线建设的不同看法、解释与分析，这些议题分别对应四个学科的时间、空间、社会、主客位视角，相互之间存在紧密的联系，需将其结合起来，以跨学科的思维进行综合研究。

二、文献、田野与"人"

以上，笔者只是从历史学、地理学、社会学、人类学中分别选取了时间、空间、社会、主客位视角在三线建设研究中加以讨论，实际上其他人文社会科学（如政治学、传播学等）同样对这些要素有不同程度的关注。并且，这些人文社会科学虽拥有各自不同的具体研究方法，但文献分析与田野调查却是它们常常采用的两类研究手段，可广泛运用于三线建设研究领域。

对文献资料的解读与分析，历来是历史学的传统与优势。三线建设的文献资料类型多样，数量不可估算，如何利用好各类文献资料，是摆在三线研究者面前极其重要的一个问题。对于档案材料、史志文献、口述史料、影像资料，不能只执其一端，而应充分看到每类资料的特点与局限性，对不同性质、不同时段、不同媒介的资料进行综合利用，使其相互印证。来自其他学科的三线研究者，也应遵循材料本身的叙述逻辑，在比对、甄别基础上进行细致而深入的解读分析，如此才能更好地还原和理解历史的真实面貌。此外，资料生产者（包括口述者）的价值观念、社会经验、角色身份以及所处的社会文化背景都可能被带到资料中去，因而透过这些资料，还可以分析资料生产者如何表达他们的思想、态度与情感，如何"建构他们期待表达的历史"。

田野调查不是人类学的"专利",社会学、地理学甚至历史学在研究三线建设这类当代中国问题时,也必须重视田野调查的作用。三线建设距今并不久远,离我们的生活和经验较近,研究者与亲历者处"同一境界",通过田野调查更易达成"了解之同情",整体把握错综复杂的社会事实。田野调查包括口述访谈、参与观察、实地考察等多种研究方法。三线建设亲历者还有不少仍健在,口述访谈可发挥其最大功效,弥补档案文献之不足;对在世者生活及状态的观察,特别是参与观察,可以加深研究者对社会情境与文化的感悟;到事件发生且保留下来的场所进行实地考察,能从空间现场的角度加深对历史的理解。笔者多年来的感受就是,通过田野调查不仅能收集到大量鲜活的一手资料,研究者还能获得不一样的冲击与感悟,产生许多新的思想火花与研究议题,这恰恰是文献阅读所不及的。因此,文献分析与田野调查皆不可偏废,在三线建设研究中必须将两者结合起来,"两条腿走路"①。

这些学科之间的内在逻辑联系不仅在于相通的研究手段,更在于拥有共同的研究对象——"人"。研究"人及其文化"的人类学、观照历史中人物的历史学、聚焦由人组成的"社会"的社会学自不必言,就连地理学的研究核心之一也是人与地理环境的关系。尽管不同的学科对"人"的研究各有侧重,但"人"与"社会"始终是人文社会科学的研究核心,也应当成为三线建设研究最重点的观照对象。

对于"人"的关注,历史学经历了从帝王将相、社会精英到普罗大众的转变,而社会学、人类学早已从主流群体扩展到边缘人群,甚至弱势群体。对于三线建设中的"人",学界已从前期对相关领导人的研究转变到对普通建设者的关注,围绕三线职工、移民、家属

---

① 张勇:《八年磨一剑:我与三线建设研究的不解之缘》,载徐有威、陈东林主编《小三线建设研究论丛(第六辑):三线建设研究者自述》,上海大学出版社2021年版。

工、"半边户"家庭进行了专题研究。此外，三线子弟、工程兵、民工以及周边农民等人群也应纳入研究范畴之中。

在三线建设研究中以"人"为核心，首先要避免"只见制度不见人""只见事件不见人""只见数据不见人"的倾向，透过制度、事件、数据来分析其背后的相关人群，不能仅仅停留在政策"制定－实施－效果"这样简单的逻辑模式之中，而是要深入把握政策背后的主体——"人"的行动与思想变化脉络及其与政府、企业的互动关系。

研究"人"，还要将历史上的众生还原成正常的人，并分析人在不同社会情境中的复杂性。以三线移民为例，他们内迁参加建设的动因是多样的，既有受国家号召感染的积极响应者，也有对自身情况理性思考的权衡者，还有无奈或"无知"的从众者。陈熙在研究三线移民时认为，人性是复杂的、多元的，三线移民"即使在高度政治正确的压力之下，个人趋利避害的本能仍在发挥着决定性的作用"[①]。因此，研究者应从人性角度出发，设身处地地进入当事人所处的环境中去，如此才能够更好地理解当事人的抉择，发现其中的合理性，从而更加接近历史的真实。

当然，学术研究对于"人"的观照，并不只是停留于对这些个体的记录与还原，更深层的目标是要探寻生活在社会中的人及人群与国家、社会互动之规律。在三线建设时期和"后三线建设"时期，国家制度、社会环境如何形塑了当代中国人的生活与命运，人们又是如何能动性地回应并做出了自己的抉择，这应当是从事三线建设等当代中国问题研究的学者心中始终萦绕的核心问题。

年鉴学派第二代代表人物布罗代尔曾经设想，所有的人文学科都对同一景观——人在过去、现在和将来的活动——感兴趣，并且

[①] 陈熙：《移民史视角下的三线建设研究》，载徐有威、陈东林主编《小三线建设研究论丛（第六辑）：三线建设研究者自述》，上海大学出版社2021年版。

这幅画面是前后连贯的，那么不同的学科就是这个全景画面的众多观察点，"每一个点都有独特的视角、不同的视野、色彩和编年记录"，它们就像儿童拼图玩具里的碎片一样，需要拼合成为一个整体的图案。① 无所不包的整体科学当然是一个"不可能的任务"，但跨学科带来的广阔的视野、比较的眼光和开放的心态，正是三线建设研究需要大力倡导的。来自不同学科的研究者们应以人为研究核心，采用文献分析和田野调查相结合的研究手段，从时间、空间、社会与主客位视角进行三线建设的综合研究。这种多学科综合研究的模式，或许对于当代中国的其他重大问题研究也具有借鉴意义。

---

① 费尔南·布罗代尔：《论历史》，刘北成、周立红译，北京大学出版社 2008 年版，第 61 页。

第二章

企业与社会

第一节　三线建设企业：介于城乡之间的单位社会*

三线建设，是中华人民共和国自1964年起，在当时中西部地区的13个省、自治区①进行的一场规模宏大的经济建设。它跨越三个五年计划，投入2000多亿元巨资，建起了近2000家工矿企业、科研单位和大专院校。近30年来，学术界对三线建设及相关问题展开了多方面的研究，取得了较为丰硕的成果。对于三线建设所形成的这类数量庞大、影响深远的企业，已有一些学者展开了研究。不过，这些研究或论述其发展历程，或关注其经济调整，或探讨其社会生活，大多侧重于对实际问题的论述，而没有从理论层面深入剖析三线企业的本质。笔者曾在《社会史视野中的三线建设研究》一文中提出，可以引入社会学领域的单位制理论来研究三线企业，指出它们是一种单位社会，但限于主题和篇幅，未能在该文中展开进一步的论述。② 因而，笔者拟续接该文，在探讨三线企业的形成背景、选址环境、社会特征的基础上，结合相关理论，深入剖析其社会本质，以深化三线建设及三线企业的研究。

---

* 本节原刊于《江西社会科学》2015年第10期，原标题为《介于城乡之间的单位社会：三线建设企业性质探析》，收入本书时略有修改。
① 此外，还有小三线建设地区。
② 张勇：《社会史视野中的三线建设研究》，《甘肃社会科学》2014年第6期。

一、三线企业的形成背景

三线建设,是在特殊的历史背景下进行的。20世纪60年代,以毛泽东同志为核心的党的第一代中央领导集体面对复杂的国际形势和国内条件做出了这一战略决策。20世纪60年代中期,中国周边的国际关系紧张,面临着来自苏联、美国等多方面的军事压力、战争挑衅和侵略威胁。中共中央和毛泽东主席出于国家安全的考虑以及对苏联卫国战争经验教训的总结,决定进行大规模的后方工业建设。因此,国防备战是三线建设的主要原因。三线建设的另一个主要原因是我国对工业布局调整的考虑。新中国成立之初,我国的工业集中分布在东北和东部沿海地区,西部地区工业尤其是国防工业基础薄弱。在均衡发展思想和备战形势的影响下,毛泽东等人试图通过以一、二线地区支援三线地区的方式来改变我国不合理的工业布局。除了备战和改变工业布局这两个动因外,还有一些学者提出,出于"反修防修"的考虑、优先发展重工业指导思想的影响也是国家进行三线建设的原因。[1]

中共中央、毛泽东做出三线建设的决策后,国务院会同有关部门对建设目标、总体布局和计划实施等做出了一系列的安排和部署,随之在三线地区展开了长达17年的大规模建设。三线建设大体可以分为两个阶段:1964~1970年为第一阶段,投入资金560亿元,占同期全国基本建设总投资的48.5%;1971~1980年为第二阶段,投入资金1492亿元,占同期全国基本建设总投资的36.4%。[2] 其

---

[1] 王培:《六十年代中期中共转变经济建设方针的原由》,《北京党史研究》1998年第3期;董宝训:《影响三线建设决策相关因素的历史透析》,《山东大学学报》(哲学社会科学版) 2001年第1期;黄荣华:《三线建设原因再探》,《河南大学学报》(社会科学版) 2002年第2期。

[2] 何郝炬、何仁仲、向嘉贵主编《三线建设与西部大开发》,当代中国出版社2003年版,第8页。

中，1965～1966年、1969～1971年出现了两次建设高潮。据不完全统计，仅1964年下半年到1965年，国家便在西南、西北部署了新建、扩建和续建的大中型项目300余项，从一线地区搬迁到三线地区的工厂约400个。① 当时的三线建设，是在高度集中的计划经济体制下，由中央政府直接主持，倾全国之力来进行的。因此，在短短的10多年内，中西部地区建设了包括交通、国防、原材料、能源、机械、纺织等产业在内的近2000个大中型工矿企业、科研单位和大专院校。在所有的三线建设项目中，建成的工矿企业的数量最多。

根据建成方式，三线企业可以大致划分为三类：新建型、迁建型和改扩建型。新建型是原本没有该企业，三线建设时期才在三线地区新建的企业。迁建型是将原一、二线地区的企业搬迁到三线地区所形成的企业。改扩建型是对三线地区原有的企业进行大规模改建或扩建后形成的企业。② 三线建设时期的口号是"好人好马上三线"，国家将东部地区最好的设备、技术、人员支援内地，采取老基地带新基地、老厂矿带新厂矿、老工人带新工人的办法，以争取在最短时间内建成一个完善的后方工业基地。当时，东部地区的工厂企业以"一分为二"或者全迁的方式迁入内地，或并入内地既有企业，或另建新厂，因此三线地区以新建型和迁建型的三线企业居多。例如，三线建设时期重庆地区有43家军工企业，其中，新建和迁建的就有32家。甘肃天水地区有37家三线企业，基本上都是新建型和迁建型。③ 这些新建和迁建的工矿企业在选址时要求严格，需遵循相应的选址原则。当然，不论哪种类型的三线企业，都是当时特殊历史背景下的产物。

---

① 薄一波：《若干重大决策与事件的回顾》（下），中共党史出版社2008年版，第845页。
② 这三种类型的划分并非绝对，有时新建型、迁建型、改扩建型互有交叉。
③ 段伟：《甘肃天水三线企业的选址探析》，《开发研究》2014年第6期。

二、三线企业的选址及环境

出于国防安全的考虑，三线企业在选址时普遍遵循"靠山、分散、隐蔽"的方针。根据毛泽东"大分散、小集中"和"依山傍水扎大营"的指示，周恩来、李富春等人提出了"靠山、分散、隐蔽"的选址原则。1964年7月1日，周恩来在接见越南国家计委副主任阮昆时说，工业布局问题，从战争观点看，要设想一、二、三线，不但要摆在平原，也要摆在丘陵地区、山区和后方。工业太集中了，发生战争就不利，分散就比较好。① 8月19日，李富春、薄一波、罗瑞卿在给中共中央、毛泽东的报告中提出："今后，一切新建项目不论在哪一线建设，都应贯彻执行分散、靠山、隐蔽的方针，不得集中在某几个城市或点。"② 当月，国家建委召开一、二线搬迁会议，提出要大分散、小集中，少数国防尖端项目要"靠山、分散、隐蔽"，有的还要进洞。③ 其总的精神是想使三线工业特别是国防科技工业适应现代战争的要求，远离大中城市，分散布点，做到即使在打核战争的情况下，三线企业和科研单位也打不烂、炸不垮，能够坚持生产和科研，支持前线。这个方针原本用以指导部分机密性强的军工企业选址，但后来被当作三线企业普遍的选址要求，在执行过程中还向着极端的方向发展，转变成"靠山、分散、进洞"（简称山、散、洞）的要求。

由于受"靠山、分散、隐蔽"选址方针的影响，大部分三线企业都远离城区，分散建在农村，甚至偏远的山区。例如，陕西新建的400多个三线项目，近90%远离城市，分散在关中和陕南山区的48个县、450多个点上，多数是一厂一点，有的甚至是一厂数点，

---

① 陈东林：《三线建设：离我们最近的工业遗产》，《中国国家地理》2006年第6期。
② 陈夕主编《中国共产党与三线建设》，中共党史出版社2014年版，第72页。
③ 陈东林：《三线建设：离我们最近的工业遗产》，《中国国家地理》2006年第6期。

被群众称为"羊拉屎""瓜蔓式""村落式"布局。汉中飞机工业基地下属的 28 家单位分散在两个地区、7 个县的 3000 多平方公里范围内，其中一个企业分散在 6 个自然村落中。①西南地区多山，三线企业更是分散到了各地的农村、山区。例如，原航空工业部在贵州省的 011 基地，下属 47 家企事业单位分布在毕节、安顺、遵义三个地区和贵阳市的 9 个县、区内，纵横 300 多公里。②重庆市的 118 个三线单位，也大多分布在周边的山区。③据南川县参与选址的人员回忆，国务院相关部门从 1965 年起，先后到南川的 14 个乡镇中有山、有河、有洞的地方选厂，一个多月就进沟 30 余条，钻洞 40 多个。④在广泛考察的基础上，南川兴建了宁江机械厂、天星仪表厂、红山铸造厂、红泉仪表厂、庆岩机械厂 5 个兵工厂，这些企业全都建在偏僻的山区，甚至山沟里。有学者指出，三线建设并没有带动整个三线地区城市化步伐的加速前进，原因之一便是受三线企业"靠山、分散、隐蔽"布局的影响。⑤总体来看，虽有少数三线企业建在城市，但一般都是在城市的郊区或者城乡接合部，而大部分工矿企业建在了偏僻的农村或山区，处于一种相对封闭的环境之中，这对社会结构、生活及文化都产生了深远的影响。

三、三线企业的社会特征

从地理位置和环境来看，三线企业大多位于农村地区。那么，作为一种社会组织形式，三线企业具有的是乡村社会的特点，还是

---

① 陈东林：《三线建设：备战时期的西部开发》，中共中央党校出版社 2003 年版，第 361 页。
② 李彩华：《三线建设研究》，吉林大学出版社 2004 年版，第 82 页。
③ 聂作平：《三线人生：渐行渐远的激情》，《中国国家地理》2014 年第 2 期。
④ 尹顺常：《"三线"企业在南川的发展情况》，载重庆南川市政协文史资料编辑委员会编《南川市文史资料》（第十四辑）（未刊）2001，第 3~4 页。
⑤ 徐有威、陈熙：《三线建设对中国工业经济及城市化的影响》，《当代中国史研究》2015 年第 4 期。

城市社会的特征呢？

　　对于乡村社会和城市社会的区别，人口学家、地理学家较多关注人口规模、人口密度和空间结构等外在形态。例如，国际统计学会以2000人为准，在此人口数以上的地方为城市，以下为乡村，这个标准为许多欧洲国家采用。美国人口学家韦尔考克斯主张每平方英里人口密度在千人以上的地方为城市，而美国地理学家耶弗逊主张每平方英里人口密度在1万人以上的地方为城市。① 社会学家则更多关注其组织形式、社会结构、功能发挥、社会关系等内部特征，并进行过许多比较研究。德国社会学家滕尼斯在《共同体与社会——纯粹社会学的基本概念》一书中，将社会区分为礼俗社会与法理社会，分别对应乡村和大城市两种人类生活的组织形式，认为后者是个人主义的，受法理和理性支配，而前者是集体主义的，受感情与传统习俗支配。② 法国社会学家涂尔干在《社会分工论》中将人们结合在一起的社会纽带分为"机械团结"与"有机团结"两类，以此来区分乡村社会和城市社会，开创了另一种城乡类型学分析模式。③ 另一位德国社会学家齐美尔则从居民的心理特征来区分城市与传统乡村，认为都市的社会结构和形态导致了都市生活的诸多特征，而乡村迟缓的生活节奏与其居民的心理特征相对应。④ 以帕克为代表的芝加哥学派不仅关注城市的空间布局，更注重城市各个结构组织部分相互之间的功能分化与联系。⑤ 美国城市社会学家路易斯·沃斯关注城市中的人际关系和生活方式，认为城市中人际关系主要为次级关系，社会关系趋于匿名、表面化和短暂化，居民及群体生活具有异

---

① 转引自蔡禾主编《城市社会学讲义》，人民出版社2011年版，第66页。
② 斐迪南·滕尼斯：《共同体与社会——纯粹社会学的基本概念》，林荣远译，商务印书馆1999年版。
③ 埃米尔·涂尔干：《社会分工论》，渠东译，生活·读书·新知三联书店2000年版。
④ 转引自刘豪兴主编《农村社会学》（第二版），中国人民大学出版社2008年版，第74页。
⑤ 转引自蔡禾主编《城市社会学讲义》，人民出版社2011年版，第67页。

质性。①

综合人口学家、地理学家、社会学家关于乡村社会和城市社会的对比研究,并结合中国的实际情况,我们可以从人口密度、生产方式、生活方式、户籍身份、社会差异、社会关系等方面来分析三线企业的社会特征。三线企业通常在一个较小的空间范围内汇集了几千甚至上万人,人口密度较大。这些企业主要从事工业化生产,区别于周边地区的农业生产,往往形成"墙内飞机导弹,墙外刀耕火种"的分隔状况。居住在厂区的人员,除了为数不多的民工和部分家属外,大部分人都拥有城镇户籍,显然官方将他们纳入城市人的管理体系中。由于我国在当时业已确立严格的城乡二元分隔体制,户籍制度的藩篱基本上使得周围农村人口进入三线企业成为产业工人的可能性丧失,导致三线职工与周边的农村人分属两个户籍世界。② 同时,"三线人"在吃、穿、住以及文化娱乐、福利保障等方面皆有别于周边的农村人,有着独特的厂区生活方式。三线企业内部的职业分工较为简单,职工们的工作与生活环境基本相同,社会角色也较为相似,因而社会内部的差异不大,具有很强的同质性。在同一个封闭的环境中,"三线人"相互之间比较熟悉,关系亦非常密切。有文章指出,"三线职工都生活在亲缘和地缘关系交织而成的这张关系网","每个职工家庭,便是关系网上的纽结,有的父子变成了同事,上下级变成了亲戚,谁和谁都不能不沾亲带故。血缘、姻缘、人缘形成了一个无法解开的关系网"。③ 可见,三线企业属于"熟人社会"的类型,这和乡村社会又有相似之处。

通过前述分析和表 2-1 可以看出,在人口密度、生产方式、户籍身份、生活方式等方面,三线企业具有城市社会的诸多特征;而

---

① With, L. "Urbanism as A Way of Life." *American Journal of Sociology*, 1938 (7).
② 徐有威、陈熙:《三线建设对中国工业经济及城市化的影响》,《当代中国史研究》2015 年第 4 期。
③ 禾夫:《人情·关系·网——三线企业内人际关系微观》,《中国职工教育》1994 年第 2 期。

从地理环境、社会差异、社会关系等方面来看，三线企业又具有乡村社会的部分特点。因此，在中国特殊历史背景下形成的三线企业，应该是一种介于城市和乡村之间的特殊社会组织形式。

表 2–1　三线企业各方面的社会特征

指标	人口密度	生产方式	户籍身份	生活方式	社会差异	社会关系
特征	较大	工业	城镇户口	厂区生活	同质性强	密切，熟人社会

四、三线企业：一种特殊的单位社会

对于三线企业这种特殊的社会组织形式，目前学界尚未有研究者专门剖析其社会本质。仅笔者在《社会史视野中的三线建设研究》一文中，简单指出它们是一种单位社会。下面将做进一步阐述。

单位，是1949年以来中国社会最基本的组织形式。一般认为，单位组织是我国在计划经济时期形成的一种特殊的社会组织，它是由国家兴办，相对独立地承担经济生产或社会事业发展职能，并代表政府对其成员实施管理、提供福利服务的组织的总称。[1] 它既是一个"就业场所"[2]，也是一种再分配体制[3]，还是整合社会成员的有效机制，因而具有政治动员、经济发展、社会控制三位一体的功能[4]，以及功能合一性、生产要素主体之间的非契约关系、资源的不可流动性等特征[5]。单位是一个小型社会，个人不可能脱离它而独立生存，而单位

---

[1] 《社会学概论》编写组编《社会学概论》，人民出版社、高等教育出版社2011年版，第168页。
[2] 路风：《中国单位体制的起源和形成》，《中国社会科学季刊》1993年总第5期。
[3] 李猛、周飞舟、李康：《单位：制度化组织的内部机制》，《中国社会科学季刊》1996年总第16期。
[4] 何海兵：《我国城市基层社会管理体制的变迁：从单位制、街居制到社区制》，《管理世界》2003年第6期。
[5] 路风：《单位：一种特殊的社会组织形式》，《中国社会科学》1989年第1期。

本身也是通过依靠国家来得以生存和发展的。① 在单位社会里，人们相互熟悉，没有陌生人，是一个"熟悉的社会"，一个"没有陌生人的社会"。同时，个人与单位的关系由于资源主要由单位垄断分配的机制而变得异常紧密，人们从摇篮到墓地，生生死死都离不开单位。②

单位主要包括我国的党和政府机关（行政单位）、国有管理及服务机构（事业单位）和国有企业（企业单位）三类组织③，国有企业是第三类单位。三线企业是计划经济时代，在国家大力支持下营建起来的国有企业，它和其他单位一样具有经济、政治、社会三位一体的功能。企业的全部经济活动，包括原料供应、生产销售、劳动力使用、报酬支付、利润分配，都由上级行政机构根据计划控制，严重依赖国家的调控。工厂通过健全的党群组织对工厂的行政管理进行监督，直接行使行政管理权，并通过政治思想工作和党员先锋模范作用来调动全体职工的积极性④，以起到政治动员的作用。在计划经济体制下，企业代表国家对职工负起生老病死的无限义务，向其提供就业、住房、医疗、娱乐等社会保障服务。加之地处偏僻的农村、山区，三线企业为寻求生存，不得不搞"小而全""大而全"，尽可能做到配套成龙，工厂里的各种生活、医疗、教育设施一应俱全，成为一个封闭的小社会。例如，四川彭州的锦江厂、岷江厂、湔江厂"都建了各自的子弟学校（及后来的技校）、托儿所、电影院、篮球场、商店、蔬菜店、煤店等等，生产、生活设施，应有尽有。锦江厂还建了一座很有点规格的招待所，让湔、岷两厂望尘莫及。湔、岷两厂也建了一座有一百张病床，占地25亩的职工医院"⑤。这

---

① 于显洋：《组织社会学》（第二版），中国人民大学出版社2009年版，第29页。
② 李汉林、渠敬东：《中国单位组织变迁过程中的失范效应》，上海人民出版社2005年版，第32页。
③ 李路路、苗大雷、王修晓：《市场转型与"单位"变迁：再论"单位"研究》，《社会》2009年第4期。
④ 路风：《单位：一种特殊的社会组织形式》，《中国社会科学》1989年第1期。
⑤ 潘祥鸭：《大三线有个"三江厂"的故事》，载倪同正主编《三线风云：中国三线建设文选》，四川人民出版社2013年版，第152页。

其实就是一个无所不包的单位社会。因此，究其本质，三线企业就是一种介于城市和乡村之间的单位社会。

由于地理环境和形成背景的影响，作为一种特殊的单位社会，三线企业有着不同于普通单位组织（包括其他国有企业）的一些特点。首先，其他类型的单位大多位于城市，而三线企业受选址方针的影响，大部分建在偏僻的农村、山区，甚至大山的山沟、山洞中，因而极为封闭。例如，贵州一个厂的车间建在远离交通干线的深山溶洞中，一到冬季，大雪封山，与世隔绝。群众感慨道："洞中方数月，世上已千年。"① 在这样的环境下，三线企业的封闭性和自给自足性就体现得更为明显，在某种程度上呈现文化孤岛的特征。② 其次，三线企业在兴建过程中，大多是新建或迁建的，由此产生了一个个分散的"嵌入式"企业。这些企业中有不少职工是迁来的外地移民，因而在企业内部的熟人社会中形成了颇具特色的移民文化。这与历史上的贵州屯堡③、新中国成立后的新疆生产建设兵团颇有相似之处。最后，除了外来移民外，后来三线企业也从当地大量招工，使得企业人员来源逐渐多元化④，外来文化与本地文化、城市文明与乡村文明在这里产生了碰撞与融合，形成了三线企业独特的"厂文化"。⑤ 有研究者指出，"三线人"在数十年磨合中，虽有老乡、校友、知青、农转非等亚群体，但整体意识、价值取向的一致性却使整体气质趋于保守、惰性，使得"三线人"具有内敛、祥和的"单位人"

---

① 陈东林：《三线建设：备战时期的西部开发》，中共中央党校出版社2003年版，第361页。
② 丁艳、王辉：《移民外来文化的土著化过程——以西南三线厂的"厂文化"为例》，《人文地理》2003年第6期。
③ 关于屯堡人与"三线人"的相似性，已有学者意识到，具体可参见吴斌、李建军《一个屯堡家族的变迁：在国与家之间》，载西南大学历史地理研究所编《中国人文田野》第五辑，巴蜀书社2012年版，第161~162页。
④ 三线职工主要由外迁职工、大中专毕业生、招工人员（包括知青）、退伍转业军人等构成。
⑤ 丁艳、王辉：《移民外来文化的土著化过程——以西南三线厂的"厂文化"为例》，《人文地理》2003年第6期。

"厂矿人"气质。①

改革开放以后,三线企业的社会状况发生了很大的变化。随着经济体制从计划经济体制向社会主义市场经济体制的转变,国有企业实行政企分开、扩大自主权,具有了相对独立的地位,"国家－单位－个人"之间的强制性依附关系急剧减弱。同时,在政企分开和市场化改革的背景下,国有企业所承担的住房、养老、医疗保险、社会福利等社会保障功能基本市场化,其政治功能和社会功能逐渐弱化。② 此外,在三线企业调整改造时,地理位置偏僻的工厂大多进行了搬迁或改造,和周边地区有了更多的交流和互动,不再是一个封闭的小社会。伴随着单位制的逐渐解体,原来"企业办社会"的多元化职能必将回归社区。③ 因此,一些三线企业正逐渐从单位社会向社区社会转变,这是三线企业社会变迁的一种主要趋势。当然,目前三线企业的情况十分复杂,或破产倒闭,或继续存在;或留在原址,或搬迁新址;或改制,或合并。不同处境的三线企业,其变迁情况也不一样。当代三线企业的社会变迁,是一个复杂而漫长的过程。

五、结论

综上所述,三线建设企业是在特殊历史背景下形成的产物。从地理位置来看,由于受"靠山、分散、隐蔽"选址方针的影响,三线企业大多建在农村、山区,处于一种偏僻而封闭的环境之中。从社会特征来看,三线企业在人口密度、生产方式、生活方式、户籍身份、社会差异、社会关系等方面分别呈现城市社会和乡村社会的

---

① 付令:《三线企业社会特征探微》,《科技广场》2006年第9期。
② 李路路:《"单位制"的变迁与研究》,《吉林大学社会科学学报》2013年第1期。
③ 华伟:《单位制向社区制的回归——中国城市基层管理体制50年变迁》,《战略与管理》2000年第1期。

某些特征。究其本质，三线企业是一种介于城市和乡村之间的特殊单位社会。同时，三线企业又有着自身的一些特点：和城市中的单位组织相比，三线企业的地理位置偏僻，封闭性和自给自足性更强，一定程度上呈现文化孤岛特征；作为"嵌入式"企业，其内部形成了颇具特色的移民文化；外来文化与本地文化、城市文明与乡村文明在这里进行碰撞与融合，形成了独特的"厂文化"。改革开放以后，三线企业的社会状况发生了极大的变化，其变迁过程复杂而漫长，主要趋势是逐渐从单位社会向社区社会转变。

在单位研究领域，目前学界一般都将单位作为一种全国性的、普遍的组织和制度纳入研究视野，对不同类别的单位组织研究较少。[①] 作为一种特殊但广泛存在的单位组织，三线企业相关研究能丰富单位社会的研究类型，进一步发展单位制理论，这理应引起更多的重视。

---

① 目前，仅见田毅鹏、漆思对东北老工业基地的"典型单位制"和刘平等对限制介入性大型国有企业等进行的探讨，参见田毅鹏、漆思《"单位社会"的终结——东北老工业基地"典型单位制"背景下的社区建设》，社会科学文献出版社2005年版；刘平、王汉生、张笑会：《变动的单位制与体制内的分化——以限制介入性大型国有企业为例》，《社会学研究》2008年第3期。

第二节 三线建设企业选址的变迁与博弈[*]

三线建设，是中华人民共和国自1964年起在中西部地区进行的一场规模宏大、影响深远的经济建设。它跨越三个五年计划，投入2000多亿元巨资，先后安排大中型建设项目1100多个，建成了近2000家大中型骨干企业。[①] 近30年来，学术界对三线建设及其相关问题进行了多方面的研究，取得了比较丰硕的成果。[②] 对于三线建设所形成的这类数量庞大的企业，目前学术界的研究或关注其发展历程，或探讨其经济调整，或论述其社会生活，对三线建设企业选址与布局的研究却较为少见，仅林凌、段伟、王毅等学者做过专门探讨。林凌、李树桂从经济学的生产布局角度，主要论述了三线建设的总体布局、三线生产布局的基本特征和三线生产布局的作用影响、经验教训等问题[③]；段伟从历史地理学的角度，先后研究了甘肃天水市三线企业和安徽宁国县小三线企业整体的分布与选址问题[④]；王毅

---

[*] 本节原刊于《贵州社会科学》2017年第5期，原题为《三线建设企业选址的变迁与博弈研究——以四川三家工厂为例》，合作者为肖彦。

[①] 国防科工委三线建设调整协调中心编《三线建设调整改造总结文集》（未刊），2006年，第18、28页。

[②] 关于三线建设的研究成果及现状，可参见李彩华《三线建设研究述评》，《社会科学战线》2011年第10期；段娟：《近20年来三线建设及其相关问题研究述评》，《当代中国史研究》2012年第6期；张勇：《社会史视野中的三线建设研究》，《甘肃社会科学》2014年第6期。

[③] 林凌、李树桂主编《中国三线生产布局问题研究》，四川科学技术出版社1992年版。

[④] 段伟：《安徽宁国"小三线"企业改造与地方经济腾飞》，《当代中国史研究》2009年第3期；段伟：《甘肃天水三线建设初探》，《中国经济史研究》2012年第3期。

同样从历史地理学的角度，分别探讨了重庆三线军工企业和化工企业的发展与布局问题。① 上述学者对三线建设企业布局的研究，都是从宏观视角入手分析全国或某一地区三线企业整体的布局情况，并未从个案研究的角度探讨三线企业具体的选址问题。三线建设企业的选址事关国防安全和企业发展，对职工的社会生活也有很大影响。因此，针对目前学界在此研究领域的阙如状况，本节拟在探讨三线企业的选址原则和部分企业厂址变更的基础上，以四川彭县（现称彭州）的三家三线工厂为例，深入分析三厂厂址的地理环境、选址的变化、博弈过程及行动策略，并进一步剖析博弈各方的关注重点、相互关系以及在选址中的作用。②

一、三线企业的选址原则与部分企业的厂址变更

目前，大多数研究认为中华人民共和国实施三线建设的首要原因是基于国防战备的考虑。除此之外，改变中国不合理的工业布局、出于"反修防修"的考虑、优先发展重工业指导思想的影响也是进行三线建设的原因。③ 在这些原因中，战备无疑是国家实施三线建设的最直接和最主要的动因。

基于战备的考虑，周恩来、李富春等领导人根据毛泽东的意见，

---

① 王毅：《三线建设中的重庆军工企业发展与布局》，《军事历史研究》2014年第4期；王毅：《三线建设中重庆化工企业发展与布局初探》，《党史研究与教学》2015年第2期。
② 陈超以其中一厂为考察对象撰写了博士学位论文，探讨了车间生产组长对工人的日常控制问题，这是从政治学的角度对工厂内部进行的研究，并未涉及选址问题，也未探讨企业与中央、地方之间的关系。参见 Chao Chen. "Group Governance in A Third Line Enterprise." NUS Phd Dissertation, 2015.
③ 参见何郝炬、何仁仲、向嘉贵主编《三线建设与西部大开发》，当代中国出版社2003年版，第3~6页；李彩华：《三线建设研究》，吉林大学出版社2004年版，第14~24页；董宝训：《影响三线建设决策相关因素的历史透析》，《山东大学学报》（哲学社会科学版）2001年第1期；黄荣华：《三线建设原因再探》，《河南大学学报》（社会科学版）2002年第2期。

提出了三线企业在布局和选址时需要遵循的方针——"靠山、分散、隐蔽"。"靠山、分散、隐蔽"六字方针，最早是由周恩来提出的。1964 年 1 月 31 日，周恩来主持的中央专门委员会在向毛泽东和中共中央做报告时提出，为了国防安全，应该尽快调整我国核工业的战略布局，根据"靠山、分散、隐蔽"的方针，建设后方基地。① 这个方针，起初只是针对核工业和国防工业的要求，但后来却成了大多数工业布局和选址的原则。1964 年 7 月 1 日，周恩来接见越南国家计委副主任阮昆，谈到建设经验时说，工业布局问题，从战争观点看，要设想一、二、三线，不但要摆在平原，也要摆在丘陵地区、山区和后方。工业太集中了，发生战争就不利，分散就比较好。② 可见，当时已经把六字方针扩展到整个工业布局了。8 月 19 日，李富春、薄一波、罗瑞卿在给中共中央、毛泽东提交的报告中提出："今后，一切新建项目不论在哪一线建设，都应贯彻执行分散、靠山、隐蔽的方针，不得集中在某几个城市或点。"③ 邓小平代表党中央签发了这个重要文件。

至此，六字方针成了三线企业普遍要贯彻的原则，从中央各部委到地方在进行三线建设时都会重点强调此原则。例如，1964 年 11 月，中共中央西北局在转发第一批搬迁至西北地区的工业企业建设项目名单时专门强调，所有搬迁项目和新建项目，都必须切实贯彻"靠山、分散、隐蔽"的方针和专业化协作的原则。④ 1965 年 4 月，时任国务院国防工业办公室副主任的赵尔陆写出了关于三线建设布局、厂址选择、工程施工和设计的三个文件上报中央。文件提出，三线建设企业的布局和选址，必须认真贯彻"靠山、分散、隐蔽"的六字方针，其

---

① 陈东林：《三线建设：备战时期的西部开发》，中共中央党校出版社 2003 年版，第 164 页。
② 中共中央文献研究室编《周恩来年谱（1949—1976）》中卷，中央文献出版社 1997 年版，第 654 页。
③ 陈夕主编《中国共产党与三线建设》，中共党史出版社 2014 年版，第 72 页。
④ 陈夕主编《中国共产党与三线建设》，中共党史出版社 2014 年版，第 109 页。

中关键是分散，分散是最大的隐蔽。为此，要缩小建设规模，多布点，不搞综合性大厂，执行中、小、专原则；离开城市、平原，星罗棋布分散布置，进山沟；小而专，以产品为对象搞专业化小厂，地区成套。后来，中央正式批转了这些文件，并指出其很有参考价值，要求引起各方注意。①此后，各工业行业的三线建设都按照这些原则执行。对于国防工业，在选址时甚至有进洞的要求。早在1964年8月，国家建委召开一、二线搬迁会议，就提出要大分散、小集中，少数国防尖端项目要"靠山、分散、隐蔽"，有的还要进洞。②"文化大革命"开始后，1966年10月，在中央工作会议上林彪的讲话中，"靠山、分散、隐蔽"被直接改为了"靠山、分散、进洞"（简称山、散、洞），并从此见诸中央文件。在选择厂址时，有些部门曾就这两种有所差异的选址方针产生过激烈的争论。③

　　三线建设是在加紧备战的情况下进行的，时间很急。为了抓紧时间，许多项目没有严格按照基建程序办事，未进行资源、环境、产品的调查和论证定型就匆忙动工，采取"边勘察、边设计、边施工"的方式（以下简称"三边"方式）④。这种"三边"方式没有进行可行性研究，片面强调"快、省"，追求工程进度，造成了严重的后果。一些工程只好中途下马，一些企业则因厂址有问题而另选他处。例如，陕西省有368个项目分散在48个县境内，其中有40多个项目由于选在地质条件很差、环境

---

① 郭常福：《航空工业基地选址》，载王春才主编《中国圣火》，四川人民出版社1993年版，第35～36页。
② 陈东林：《三线建设：备战时期的西部开发》，中共中央党校出版社2003年版，第164页。
③ 梁峰：《电子工业三线建设的成功与失误》，载王春才主编《中国圣火》，四川人民出版社1993年版，第64～65页。
④ 关于"三边"方式的另一种说法是"边设计、边施工、边投产"。这两种说法分别参见林凌、李树桂主编《中国三线生产布局问题研究》，四川科学技术出版社1992年版，第13页；陈东林：《三线建设：备战时期的西部开发》，中共中央党校出版社2003年版，第430页。

十分恶劣的山区，在建设过程中被迫弃点另建。① 除了被动另选厂址重建外，还有一些企业主动提出变更厂址，建在他处。例如，位于四川省彭县湔江边的三家三线企业在建厂之初就要求重选厂址，它们因为厂址问题经历了近4年的波折，其中一家企业更是两易其址。

那么，这些三线企业的厂址究竟处于什么样的地理环境之中？是否严格遵循了"靠山、分散、隐蔽"的选址方针？这些企业为何要求变更厂址？各方为厂址问题进行了怎样的博弈？选址博弈中各方关注的重点分别是什么？它们在选址过程中各自发挥着怎样的作用？要弄清这些问题，必须进行深入的个案研究。笔者选择了四川彭县的三家企业作为考察对象，根据有关地方志、厂志、回忆录和档案文献等资料，在实地考察和对当事人进行口述访谈的基础上②，对这些问题做初步探讨。

二、彭县三厂的初步选址情况

1964年，中共中央和毛泽东做出三线建设的重大决策后，国务院会同有关部门对建设目标、总体布局、计划实施等做出了一系列的安排和部署。四川省是大三线建设的重点地区，四川各地成立了相应的三线建设领导小组，国务院有关各部也在四川设立各自的指挥机构，负责本系统在西南三线地区的组织领导工作。③ 第八机械工业部（简称八机部）④ 从1965年开始，在四川的涪陵、彭县、成都和贵州的贵阳、息烽、遵义等地布局建设10多家大三线工厂，生产

---

① 《三线建设》编写组编《三线建设》（未刊），1991年，第226~227页。
② 笔者先后于2014年7月、2016年7月到四川彭州、新都等地进行了田野调查。
③ 陈东林：《三线建设：备战时期的西部开发》，中共中央党校出版社2003年版，第141页。
④ 原名农业机械部，1965年更名为第八机械工业部，1970年6月八机部与一机部合并为新的一机部。

柴油机及配套产品。① 八机部与中共中央西南局、四川省委商定，在四川彭县地区建设三家专业性工厂——锦江农业机械厂（简称锦江厂）、岷江齿轮厂（简称岷齿厂②）、湔江农业机械厂（简称湔江厂）。③ 正如后来湔江厂的初步设计说明书上所写，"部党委决定在四川省建立一个锻造厂，为附近新建立的岷江齿轮厂、锦江农业机械厂生产所需的锻造毛坯件供应"④，它们之间是协作配套关系。这三个厂（合称"三江厂"）分别由上海柴油机厂（简称上柴）、杭州齿轮箱厂（简称杭齿）、无锡柴油机厂（简称锡柴）包建。⑤

八机部做出在彭县兴建"三江厂"的决定后不久，便开始了具体的选址工作。1966年3月，八机部办公室主任刘昂、基建司司长邢安民来四川和时任西南三线建设委员会副主任程子华、阎秀峰等商议，为三厂选定厂址。其后，刘、邢二人率领上柴、杭齿、锡柴和八机部第一设计院的代表，驱车深入彭县北部的白水河地区考察，根据"靠山、分散、隐蔽"的方针，选定了"三江厂"的厂址：锦江厂在响水洞，岷齿厂在胥家沟，湔江厂在连盖坪。⑥

"三江厂"厂址都位于彭县北部的山地区。彭县位于成都平原西北部，地处成都平原与四川盆地西北边缘龙门山脉的过渡地带。彭县大体以谭家场、关口（现称丹景山镇）、万年场、红岩场一线为界，以北为"龙门山山地区"，以南属"成都平原区"。⑦ 关口地处

---

① 潘祥鸭：《大三线有个"三江厂"的故事》，载倪同正主编《三线风云：中国三线建设文选》，四川人民出版社2013年版，第143页。
② 关于岷江齿轮厂的简称有岷齿厂和岷江厂两种，都在使用，但岷齿厂用得多一些。
③ 《锦江油泵油嘴厂厂志》（未刊），1986年，第6页；《湔江机械厂厂志》（未刊），1983年，第12页。
④ 第八机械工业部第一设计院编制《第八机械工业部湔江农业机械厂初步设计说明书》（未刊），1966年，第1页。
⑤ 三线建设时，采取老厂对口包建新厂的方式，从老厂抽调人员、设备支援新厂建设，并且从设计、施工到生产一包到底。
⑥ 《湔江机械厂厂志》（未刊），1983年，第14页。
⑦ 四川省彭县志编纂委员会编纂《彭县志》，四川人民出版社1989年版，第73、128页。

山口，是许多河流的交汇处，其中一条河名为湔江。沿湔江北上，经新兴、通济、复兴（小鱼洞）等地，约28公里便至大宝镇（现称龙门山镇）（见图2-1）。大宝镇地处湔江上游沙金河与湔江支流白水河的汇合处，故一般多称其为白水河（场）。① 沙金河从银厂沟流出，"三江厂"依次坐落在沙金河北岸的响水洞、胥家沟、连盖坪（见图2-2）。

图2-1 三厂厂址变迁情况（制图：姜海涛）

三家工厂的厂址相隔不远，但地理条件有所差异。锦江厂最初所选的厂址位于进山最深的响水洞，四周地形复杂，三面为高山，

---

① 因此，白水河既是河流名，也是场镇名，参见《彭县志》，第106页。1963年设大宝镇，1975年撤销镇的建制。同时，大宝（白水河）也是大宝公社的驻地。

一面临河，有职工形容"整个厂址好似一个高靠背的大沙发"①，仅有一条乡间公路通向外面。当时计划以整个山体为厂址，1966年的设计图纸显示，从公路边海拔高度为1231米的工厂食堂到海拔1347米的工具车间，落差达116米，坡度为23～25度。②该地气候潮湿，常年云雾缭绕，对产品生产影响极大。岷齿厂所在的胥家沟属大宝公社三大队十生产小队地界。厂区建于沙金河河滩边的小块平地上，平均海拔1123米。该厂背依大山，河对岸也是群山。生活区则建在

图2-2 三厂初步选址情况（制图：姜海涛）

---

① 尹长耕：《先行者的足迹——锦江厂数易其址的回忆》，载锦江油泵油嘴厂退管站编《锦江岁月》（第一册）（未刊），2006年，第27页。
② 《锦江油泵油嘴厂厂志》（未刊），1986年，第6～8页。

离厂区300多米的一个"沙发式的山坳里"。① 湔江厂位于连盖坪山下，离大宝镇最近，仅3公里。该厂址原为彭县钾肥厂旧址，海拔约1075米。北靠山坡，南临沙金河，厂房分布在比较平缓的坡地上。② 该块平地约60亩，在该厂职工看来它是大山沟里"一块难得的宝地"。③ 从地理条件来看，湔江厂的位置、地形相对较好，岷齿厂次之，锦江厂在三个厂中条件最差（见图2-2）。

从工厂的位置与环境来看，彭县三厂都遵循了"靠山、分散、隐蔽"的选址方针。根据企业的产品关系，这三个配套协作工厂原本可合成一个厂，却兴建为三个工厂，遵循的便是"分散"方针；三厂最初的厂址分别位于沙金河畔的响水洞、胥家沟、连盖坪，皆处在大山深处，又符合"靠山"和"隐蔽"方针。虽然这样的厂址符合了战备的要求，但企业作为一个生产组织，更为关注产品生产和企业发展，它们希望寻找更适合生产和生活的厂址。从这个角度来看，"三江厂"的厂址都不尽如人意，尤其是锦江厂的厂址条件最差。因此锦江厂职工迟迟没有动工，并将意见反映到八机部，由此拉开了"三江厂"为变更厂址而进行博弈的序幕。

三、彭县三厂变更厂址的博弈过程

从1966年下半年开始，彭县"三江厂"为了厂址的选择和变更问题，与中央部门、地方政府以及相关机构、人员进行多次交涉，并采取各种行动，各方围绕此问题展开了多次博弈，最初形成了锦江厂迁至关口，湔江厂、岷齿厂维持原址的结局。下面将综合运用各种文献资料和田野调查获得的信息，复原"三江厂"变更厂址的

---

① 潘祥鹍：《大三线有个"三江厂"的故事》，载倪同正主编《三线风云：中国三线建设文选》，四川人民出版社2013年版，第146页。
② 《湔江机械厂厂志》（未刊），1983年，第4页。
③ 潘祥鹍：《大三线有个"三江厂"的故事》，载倪同正主编《三线风云：中国三线建设文选》，四川人民出版社2013年版，第145页。

博弈过程。

在锦江厂向八机部反映问题后不久的1966年10月15日，八机部副部长杨立功来彭县为三个厂厂址最后定点、破土。他实地考察，调研了响水洞附近，认为响水洞建厂条件太差。在当晚召开的"三江建设指挥部"会议上，他否定了锦江厂的响水洞厂址，同意锦江厂不出关口另选厂址，三个厂也不能相距太远。① 湔江厂、岷齿厂的厂址当时就确定下来在原处，并率先破土动工，抓紧搞"三通一平"的建设。② 随后不久，锦江厂新选的厂址确定在小鱼洞的梅子岭。③

小鱼洞（又名复兴）位于彭县西北35公里的湔江边，是一块方圆五六平方公里的开阔地带，有公路和小铁路通往外界。梅子岭离小鱼洞约5公里，由山岭、山沟和台地组成，仅有一块篮球场大小的平坡地，比开阔的小鱼洞更符合选址的六字方针（见图2-1）。虽然梅子岭海拔低于响水洞，但气候依然潮湿，云雾缭绕。锦江厂新厂址四面环山，位于梅子岭一侧长1公里、宽0.5公里的四个小平台和斜坡上。④ 该处自然条件和岷齿厂差不多，在锦江厂人看来仍不适宜建厂。

当锦江厂厂址选在小鱼洞梅子岭后，其他两厂受锦江厂更改厂址和"文革"的影响，要求变更厂址，而锦江厂仍不满意梅子岭厂址，也要求重新选址。三厂为厂址问题与中央部门、地方政府的博弈逐渐展开。以1968年6月八机部"北京会议"为界，选址梅子岭后的博弈过程大体可分为前后两个阶段。

---

① 潘祥鹍：《大三线有个"三江厂"的故事》，载倪同正主编《三线风云：中国三线建设文选》，四川人民出版社2013年版，第146页；《锦江油泵油嘴厂厂志》（未刊），1986年，第6页。
② 《湔江机械厂厂志》（未刊），1983年，第14页。
③ 《锦江油泵油嘴厂厂志》（未刊），1986年，第212页。
④ 尹长耕：《先行者的足迹——锦江厂数易其址的回忆》，载锦江油泵油嘴厂退管站编《锦江岁月》（第一册）（未刊），2006年，第28页；倪同正：《锦江厂，一个三线企业的传说》，《国家人文历史》2014年第18期；《锦江油泵油嘴厂厂志》（未刊），1986年，第7页。

从 1966 年 12 月开始,在"文革"运动的浪潮下,"三江厂"职工对于各自的厂址越来越有意见,并通过"造反""上访"等方式要求重新选址。当月,湔江厂成立了红旗兵团,召开现场职工大会,"广大干部和工人认为,一个铸锻毛坯配件厂建在交通极不方便、自然环境条件差,而且原材料必须从 100 公里乃至上千公里的外地运至深山沟,加工成毛坯又运出去很不方便,经济效益差",大部分干部、工人"一致主张向部里反映,请求部领导变换厂址"。后来,他们以湔江厂赴川筹小组的名义向八机部做了书面报告,并"选派代表进京向部领导陈述厂址上存在的问题"。岷齿厂也多次派人进京向部里反映问题,要求重新选址。1967 年 5 月,八机部在成都召开"抓革命,促生产"三线建设会议,会上湔江、岷齿两厂做了措辞激烈的发言,但均遭到八机部领导拒绝。①

锦江厂选址小鱼洞的梅子岭后,就开始进行"三通一平"的基础建设,但隶属于八机部的洛阳设计院与工厂指挥部、筹建职工之间的矛盾日益明显。设计院与指挥部存在思想观念上的尖锐冲突,工厂职工也不同意设计院的方案。为此,1967 年 5 月,锦江厂职工专门成立了一个群众组织——"审查工厂设计革命委员会"(简称"审委会"),反对设计院的总图和设计方案,要求设计院从保证产品质量、方便生产和职工生活方面更改其设计方案。双方的纷争逐步白热化,造成建筑施工队伍迟迟不能进场施工,并使得梅子岭的大规模投资中断。1967 年 10 月,在梅子岭现场的锦江厂职工和"审委会"成员经过两天的讨论,达成一项共识:梅子岭厂址不适合建厂,并派代表分别到成都找四川省革筹、到北京找八机部反映意见。当年 12 月,包建锦江厂的上柴厂也派代表团到梅子岭支持现场职工要求重选厂址的行动。②

---

① 《湔江机械厂厂志》(未刊),1983 年,第 16 页。
② 尹长耕:《先行者的足迹——锦江厂数易其址的回忆》,载锦江油泵油嘴厂退管站编《锦江岁月》(第一册)(未刊),2006 年,第 28~29 页。

根据锦江厂反映的问题，1967年11月八机部军管会派陈国华等五人专家组来梅子岭现场考察。在听取汇报并参观现场后，专家组支持否定梅子岭厂址的意见，并要求锦江厂执行"靠山、分散、隐蔽"六字方针在关口以内寻找新址。他们还会同锦江厂"审委会"成员和职工代表到小鱼洞平坝、桂花、庆兴、关口进行踏勘。1968年1月下旬，八机部军管会表态同意锦江厂厂址从梅子岭调整到小鱼洞平坝，但遭到四川省革筹生产指挥部选址人员的反对，国家建委也不同意，为此拖了几个月。① 其间，八机部又派李维先、王沛杰两位干部到四川调查"三江厂"建设问题。②

1967年底，涌江、岷齿两厂的建设因为厂址问题和"文革"武斗升级全面停顿，职工纷纷返回老厂。1968年初锦江厂调整梅子岭厂址的消息震动了两厂，一些职工又组织起来向部里反映厂址问题。③ 1968年初到1968年6月期间，两厂仍在反映问题，要求重新选址，而锦江厂则在催促和等待八机部早日下文确定新址。

针对厂址问题，"三江厂"的主管部门——八机部一方面派人前往四川现场考察，听取意见；另一方面则向国务院领导汇报，获得了总理、副总理的指示。在此基础上，八机部于1968年6月在北京召开了彭县三厂和包建厂的座谈会，对厂址问题"定了调子"。八机部军管会主任周特夫表态，根据李富春副总理"三线厂已经动工的，一般厂址不动；没有动工的可以适当考虑"的指示，锦江厂没有动工，可以考虑调整；涌江、岷齿两厂已经动工，厂址原则上不动。④ 他的讲话明确了彭县三厂厂址问题的处理结论。

---

① 尹长耕：《先行者的足迹——锦江厂数易其址的回忆》，载锦江油泵油嘴厂退管站编《锦江岁月》（第一册）（未刊），2006年，第28~29页。
② 于学文：《锦江厂厂址变迁记》，载锦江油泵油嘴厂退管站编《锦江岁月》（第一册）（未刊），2006年，第16页。
③ 潘祥鸭：《大三线有个"三江厂"的故事》，载倪同正主编《三线风云：中国三线建设文选》，四川人民出版社2013年版，第147页。
④ 于学文：《锦江厂厂址变迁记》，载锦江油泵油嘴厂退管站编《锦江岁月》（第一册）（未刊），2006年，第22~23页。

1968年6月八机部"北京会议"后,"三江厂"的厂址问题几成定局。锦江厂的新厂址经过勘察得以初步确定。1968年9月,八机部再派以李维先为首的工作组到四川进行重新选址。工作组和四川省革委会代表、彭县革委会的代表、四机部代表以及锦江厂职工等70余人,在彭县范围内的万年、红岩、军屯、庆兴、桂花、关口等地踏勘选址,"一致对关口比较满意"①。后来,工作组和四川省革委会共同研究决定,将锦江厂新址定在关口原砖瓦厂。关口新厂址出山口数公里,便是龙门山脉和成都平原的过渡地带。厂区背靠山麓,面对平川,距彭县县城仅13公里,地理条件远好于此前诸厂址(见图2-1)。

但到1968年12月,锦江厂的选址问题又生波折。关口砖瓦厂附近有另一家三线企业中和厂,其主管部门四机部以工厂保密性为由,不同意锦江厂迁至关口。为此,锦江厂多次派人到成都找四川省革委会和到北京找八机部反映问题。四川省表示"很为难",让锦江厂代表"到北京去找八机部与四机部重新统一意见"。当锦江厂职工到北京向八机部和四机部反映厂址矛盾时,他们遇到了八机部、四机部、计委、建委等中央各部委以及四川省的相互推诿。② 最后,直到国务院副总理做出批示,此事才交由八机部和四川省定夺、办理。经过八机部和四川省的商定,1969年四川省革委会下文定锦江厂厂址在彭县砖瓦厂,1970年初八机部正式下达(70)八机军建字044号文件确认该厂址。③

1968年6月八机部"北京会议"后,湔江厂、岷齿厂两厂仍有职工要求更改厂址。但随着1968年12月军管会的进厂,两厂职工的行动日趋式微。在军管会的高压之下,湔江厂、岷齿厂两厂再没

---

① 《锦江油泵油嘴厂厂志》(未刊),1986年,第8页。
② 尹长耕:《先行者的足迹——锦江厂数易其址的回忆》,载锦江油泵油嘴厂退管站编《锦江岁月》(第一册)(未刊),2006年,第30页。
③ 《锦江油泵油嘴厂厂志》(未刊),1986年,第9、212页。

人敢言厂址之事，两厂的建设得以全面展开。① 至此，从1966年到1970年初，历时近4年，"三江厂"为变更厂址所采取的行动结束，各方之间的博弈也基本落下了帷幕。②

四、选址博弈中各方的行动策略

"三江厂"的选址问题牵涉国家（中央）、地方、企业三方。在国家层面，八机部是主管"三江厂"的中央部门，同时四机部、计委、建委等部委，甚至国务院领导也参与其中；在地方层面，主要涉及四川省、彭县两级地方政府（或革委会）；在企业层面，除了三家工厂的领导和职工外，各自的包建厂也有所参与。在博弈过程中，博弈的主体双方是中央部委八机部和三线企业"三江厂"，所以下面简要分析双方为选址问题各自所采取的行动策略或博弈方式。

作为部属的三线企业，"三江厂"就厂址问题和主管部门八机部博弈时，采取了拖延、"上访"、"造反"等多种行动方式。拖延，即这些工厂在对厂址有意见时，并未按计划进行动工、建设，而是设法使工厂的建设拖后甚至停滞。其中，最明显的是锦江厂。锦江厂搬迁到小鱼洞的梅子岭后，仅搞了"三通一平"的基础建设，却没有进一步进行车间厂房的修建，这就意味着它并未正式动工。工厂职工还成立"审委会"以反对设计院，造成建筑施工队伍迟迟不能进场施工，并使得梅子岭的大规模投资中断。湔江厂、岷齿厂两厂也曾因职工反对厂址，导致基建工作全面停顿。拖延策略给职工"上访"争取了时间，也为改换厂址保留了一定的余地。锦江厂一直

---

① 潘祥鹊：《大三线有个"三江厂"的故事》，载倪同正主编《三线风云：中国三线建设文选》，四川人民出版社2013年版，第148页。
② 20世纪80年代以后，在三线建设调整改造的背景下，许多三线企业都进行了调整搬迁。湔江厂搬迁至德阳，岷齿厂并入川齿厂迁到双流，锦江厂则在新都建起了分厂。该时期三线企业与中央部门、地方政府之间仍存在博弈，但这是后话，此处不做专门探讨。

没有破土动工，这成为后来中央部委做出锦江厂可以重新选址决定的重要依据。湔江厂、岷齿厂两厂虽也延缓了建设进程，但却是在动工之后，前期已有较大投资，中央部委据此理由维持其原址。

"上访"，即向主管部门和属地政府反映问题，表达意见。这是"三江厂"采取的最主要的行动方式之一。在"上访"前，锦江厂职工"仔细分工，搜集资料，包括地貌、地质、水文、气象等，还购置了自动温度测绘仪日夜监测并做好记录"①。他们将搜集来的材料整理好，数次进京向八机部反映问题，还派人到成都向四川省政府汇报。除了正常的渠道外，他们还寻找各种机会进行问题的反映，希望引起上级领导的重视。据锦江厂职工回忆，当年借国务院总理周恩来接见技校学生的契机，分配到该厂的一名技校生在其他职工的授意下，向总理反映了厂址不合理的问题。②湔江厂、岷齿厂两厂也多次派人向八机部和四川省表达意见。

此外，"三江厂"尤其是锦江厂还采取了其他一些颇具策略性的行动。一是利用"文化大革命"期间的特殊政治氛围，成立名义上的"造反派"组织（如红旗兵团、"审委会"），以反对现厂址。二是团结工厂中的各种力量。锦江厂除了普通职工外，一些厂领导也在暗中支持重选厂址的行动，包建厂上柴厂还派人前来进行支持。三是"站好队"。在1968年"北京会议"前不久，锦江厂得知该厂厂址暂时未定，而湔江厂、岷齿厂两厂厂址不能改动，因而锦江厂刻意将自己与两厂区分开来，"努力不使自己和湔、岷两厂搅到一起，耐心等待时机"③。

可见，三线企业的职工为变更厂址所采取的各种行动策略，对

---

① 吕培堂：《大宝山建厂之回顾》，载锦江油泵油嘴厂退管站编《锦江岁月》（第一册）（未刊），2006年，第34页。
② 单土旺：《记周恩来的一次接见》，载锦江油泵油嘴厂退管站编《锦江岁月》（第二册）（未刊），2007年，第20页。
③ 于学文：《锦江厂厂址变迁记》，载锦江油泵油嘴厂退管站编《锦江岁月》（第一册）（未刊），2006年，第22页。

最终的选址产生了一定的影响。一方面，他们频繁"上访"反映问题，引起了中央部门及领导的重视。另一方面，通过拖延、"造反"等方式，争取了时间，为改换厂址保留了一定的余地。当然，在选址问题上发挥着决定性作用的则是中央主管部门。

作为主管部门，八机部在"三江厂"选址问题上，采用的是政府部门的一般性处理策略：向下听取意见、向上请示、同级交涉。向下，八机部在接收"三江厂"更改厂址的汇报文件和听取进京职工意见的同时，还派人到四川彭县工厂现场考察，听取意见。八机部曾先后派以陈国华、李维先等为代表的工作组到彭县，目的在于掌握厂址的具体情况，摸清职工的基本想法，以作为解决厂址问题的参考。向上，对于三线企业悬而未决的选址问题，八机部领导通过向国务院领导汇报的方式请求指示。正如八机部军管会主任周特夫所说，"每次到富春总理那里去都要谈三线建设问题"，"今年一月份你们来时我就去请示了一次"。他得到了李富春副总理"三线厂已经动工的，一般厂址不动；没有动工的可以适当考虑"的指示，并据此做出了"三江厂"厂址问题的处理决定。[①] 就厂址问题，八机部还需要与地方政府和其他部门进行沟通交涉。在计划经济的条块分割体制和三线建设的特殊背景下，地方政府对于中央企业的选址与建设仅起协调、配合作用，八机部在选址时虽也会邀请四川省和彭县地方政府人员提供参考意见，但决定权通常在部里。当涉及其他部委的企业时，八机部还与四机部等其他中央部门进行交涉，以统一意见。当意见无法统一时，这些部门便会向上反映，寻求更高层领导的决断。因此，八机部在一定程度上参考了"三江厂"和地方政府的意见，以最高层领导的指示为决策依据，做出了三厂厂址的最终决定。

[①] 于学文：《锦江厂厂址变迁记》，载锦江油泵油嘴厂退管站编《锦江岁月》（第一册）（未刊），2006年，第22~23页。

通常情况下，下属企业都会遵照上级主管部门的决议执行，但如果企业职工仍存在异议并有过激行动，国家有关部门就会采取其他一些方式解决问题。例如，在"三江厂"因厂址问题"造反"和"文革"冲突升级而建设停顿时，中央部门、地方政府便与部队协商，派军管会进厂，以维持工厂局势的稳定和建设的开展。

五、结论

在三线建设时期，三线企业的选址关系重大，为此国家制定了相应的选址方针予以指导，中央、地方、企业都参与到选址活动中来。通过对四川三家三线工厂选址及博弈的考察，可以看出三线建设选址方针执行的具体情况、博弈双方对选址问题的关注重点、中央-地方-企业三者的关系及作用。

"靠山、分散、隐蔽"六字方针是国家领导人提出的关于三线企业选址和布局的基本方针。在三线建设时期，从中央部门到地方政府都在竭力贯彻这一方针。在本节的案例中，四川彭县的"三江厂"就是由八机部和相关人员根据"靠山、分散、隐蔽"的方针选择的沙金河畔的三处厂址，在工厂设计等文件中也对该方针加以强调。[①] 即使后来为锦江厂重新选址，但也会首先考虑这一原则。例如，锦江厂第二次的厂址小鱼洞梅子岭，仍旧选在四面环山的山区之中，符合选址的六字方针。八机部陈国华工作组到彭县调查时，也要求锦江厂"执行六字方针在关口以内寻找新址"。李维先工作组在和地方政府的人员共同踏勘关口以内的军屯、庆兴、桂花、关口四地时，军屯、桂花两处就因不靠山而被当场否决。[②] 最终的厂址关口砖瓦厂，虽出山口数公里，但属于山地和平原的过渡带，这可看作在具

---

① 《第八机械工业部湔江农业机械厂初步设计说明书》，第7页。
② 尹长耕：《先行者的足迹——锦江厂数易其址的回忆》，载锦江油泵油嘴厂退管站编《锦江岁月》（第一册）（未刊），2006年，第29页。

体执行六字方针过程中所做的微调。因此，除了个别工厂的局部微调外，三线企业的选址基本都遵循了"靠山、分散、隐蔽"的方针。

在选址问题上，中央部门和三线企业是博弈的两大主体，两者采用了不同的行动策略，各自的关注重点也不一样。中央部门重点考虑的是备战，兼顾生产；而三线企业主要关注的是生产，兼顾生活。在紧张的国际形势背景下，中央部门在实施三线建设计划时，首要考虑的就是布局要符合战备要求，要遵循"靠山、分散、隐蔽"的选址方针；在符合战备要求的前提下，再考虑选址是否有利于企业生产。而三线企业作为一个生产组织，自然首先会关注选址是否便于其正常生产，是否具有经济效益。锦江厂人认为梅子岭厂址不适合建厂的主要原因是"空气湿度太大保证不了产品质量，车间支离破碎不利于生产调度管理，造成的往复运输既浪费投资又加大生产成本"①。企业职工也会为建厂之后他们的生活考虑，正如有的领导坦言，"工厂今后将发展到1500名职工，加上家属不会低于2000人，我们也不能不为这些人今后的衣、食、住、行是否方便考虑"②。锦江厂职工反对梅子岭厂址，理由之一便是"影响职工身体健康"，"职工生活环境太差"。③

中央与地方的关系一直为海内外学者所关注，但对我国计划经济时期企业与中央、地方关系的研究却相对较少。通过本案例可以发现，中央部门（如八机部）、地方政府（如四川省政府）、三线企业（如"三江厂"）都参与到三线建设的选址中，并形成相互之间的关系，发挥着各自不同的作用。三线企业的职工为变更厂址所采

---

① 尹长耕：《先行者的足迹——锦江厂数易其址的回忆》，载锦江油泵油嘴厂退管站编《锦江岁月》（第一册）（未刊），2006年，第29页。
② 于学文：《锦江厂厂址变迁记》，载锦江油泵油嘴厂退管站编《锦江岁月》（第一册）（未刊），2006年，第16页。
③ 于学文：《锦江厂厂址变迁记》，载锦江油泵油嘴厂退管站编《锦江岁月》（第一册）（未刊），2006年，第16页；尹长耕：《先行者的足迹——锦江厂数易其址的回忆》，载锦江油泵油嘴厂退管站编《锦江岁月》（第一册）（未刊），2006年，第29页。

取的各种行动，对选址产生了一定的影响。不过，三线企业隶属于中央各部委，它们是国家计划的执行者，尽管可以反映一些具体的意见，但这些意见仅供上级部门参考，在选址等问题上并无自主权。① 而中央是国家建设计划的制定者和决策者，因此在三线企业选址问题上，中央部门拥有决定权，发挥着主导作用。地方政府也参与选址和建设，但更多地起协调和辅助作用。"地方党委政府不必要也无权进行项目的规划、设计与审批；需要做的工作是在中央的决策部署与规划设计下，进行辅助性的工作，以执行好中央决策。"② 可见，在计划经济体制下的三线建设时期，中央部门是选址与建设的决策者，拥有决定权；地方政府是建设的参与者，仅起着协调、辅助作用；三线企业是被管理者，没有自主权。三者相互间的关系与作用，正是条块分割、自上而下的管理体制的反映。

改革开放以后，企业与中央、地方之间的关系发生改变，三者各自的地位与作用也有所变化。胡悦晗曾以中部地区两个三线工厂为例，考察了三线调整改造阶段工厂迁入城市的问题。他研究发现，随着国家权力的收缩，企业与地方政府均成为具有明确利益目标的功能主体，相对于计划经济时期而言，企业的自主权开始增大，而地方政府也拥有了干预企业的能力。③ 类似研究多集中于改革开放时期，本节对三线建设时期企业与中央、地方关系及作用的探讨，希冀能为计划经济时期相关问题的研究起到抛砖引玉的作用。

---

① 林凌、李树桂主编《中国三线生产布局问题研究》，四川科学技术出版社1992年版，第184页。
② 江红英：《三线建设与西部大开发中的中央统筹与地方执行关系》，载中共四川省委党史研究室、四川省中共党史学会编《三线建设纵横谈》，四川人民出版社2015年版，第53页。
③ 胡悦晗：《地缘、利益、关系网络与三线工厂搬迁》，《社会学研究》2013年第6期。

第三节　围墙内外：三线建设企业 与地方社会之区隔[*]

1971年，在中国内陆腹地的四川省江津县的一个大山沟中，时年27岁、从部队转业而来的国营5057厂的保卫科干部李治贤，正和他的同事们一起筹划一件事情——修建工厂的围墙。为了修建围墙，他们多方协调，颇费周折。据李治贤回忆，1971年，在工厂主要工程完工后，他们便在生厂区周围打上水泥桩，拉起铁丝网，建起了围墙。到1975年，"厂里组织人用钢筋把废铁皮焊起来"，又建起了铁皮围墙，但没过多久，就被周边村民推倒了。"实在没有办法，由厂办和保卫科派人去和大队、公社及区里联系，政府派人做工作"，又重新建起了围墙。到20世纪80年代，他们还砌起了砖墙。[①] 从1971年到20世纪末国营5057厂从这个山沟搬走之前，围墙都一直横亘在工厂和周边村民之间。

国营5057厂（又名晋江机械厂）是一家典型的三线军工企业。从20世纪60年代中期开始，中华人民共和国便在中西部地区展开规模宏大、影响深远的三线建设，兴建了1945家大中型工矿企业、

---

[*] 本节原刊于《江海学刊》2021年第6期。人大复印报刊资料《中国现代史》2022年第4期转载。

[①] 李治贤口述，张勇等采访整理《从军代表、三线职工到大学教授》，载张勇主编《多维视野中的三线建设亲历者》，上海大学出版社2019年版，第29页；李治贤口述资料，张勇采访，2019年8月20日。

图 2-3 晋江厂遗留的围墙（2016 年 10 月，张勇摄）

科研单位和大专院校①。这些三线建设企业绝大多数都在各自的厂区周围建起了围墙。相对于三线建设过程中的诸多重要历史事件而言，围墙的修建似乎微不足道。不过，在研究者看来，历史上"墙是一个区分体，由墙而有内外"，"墙的功能是权力空间的界定、分隔和防御"，"墙"与安全、权力、等级、管控、身份、城乡等诸多意涵相关，具有丰富而复杂的功效。② 这道横亘在三线企业和周边人群之间的围墙亦如此，它将两者从地理空间上分隔开来，成为三线企业与地方社会③区隔的有形标志，透过这道围墙能够一定程度窥探中国计划经济时代的城乡关系、工农关系与土客关系。而实际上，三线

---

① 国防科工委三线建设调整协调中心编《三线建设调整改造总结文集》（未刊），2006 年，第 18、28 页。
② 任放：《从历史的视角看中国城市的"墙"》，《武汉大学学报》（人文科学版）2016 年第 3 期；杨东平：《城市季风：北京和上海的文化精神》，东方出版社 1994 年版，第 254 页。
③ 和地方社会相近的概念还有区域社会和地域社会。在本节中，三线企业和地方社会相互区隔，是互相对应的一对概念；而区域社会或地域社会通常作为一个整体性的概念使用，包括地方社会和三线企业。故本节使用地方社会这一概念更为准确。

企业与地方社会区隔的主要成因则是无形之藩篱——中国的城乡二元体制和三线企业的社会特性，这些制度和社会的深层次因素导致围墙内外形成了两种截然不同的世界。

目前学界对三线建设的研究成果已较为丰富[①]，但对于三线建设进程中的工农关系、城乡关系与土客关系，关注的学者并不多。崔一楠、赵洋考察了三线建设初期三线单位对当地农村在资金、技术、生活等方面的带动作用，以及农村、农民对三线建设在建材、蔬菜、劳动力等方面的支援。[②] 陈熙以上海小三线建设为重点，深入分析了三线工厂与农村的互动关系，包括三线工厂对农村的援助、农民对三线建设的反馈，以及双方的相互影响，认为双方的关系是多向性且随着时间而变化的。[③] 他们对三线企业与农村的关系研究，更多在探讨双方的互动情况，而较少关注20世纪60年代中期到80年代之间三线企业与周边社会的区隔状态。同时，对于中国历史上的墙，学术界的研究集中于古代城市的墙和传统院落的墙等类型。尽管詹纳（W. Jenner）、薄大伟（David Bray）、张羽佳等海内外学者曾论及当代中国单位的墙，但都尚未关注三线企业这类特殊单位组织的围墙。[④] 因此，本节拟以多家三线企业围墙的修建为切入点，分析三线企业与地方社会之间区隔的多重表现和主要成因，进而反思中国计

[①] 关于三线建设的研究成果及现状，可参见段娟《近20年来三线建设及其相关问题研究述评》，《当代中国史研究》2012年第6期；徐有威、周升起：《近五年来三线建设研究述评》，《开放时代》2018年第2期；张勇：《回溯与前瞻：多维视角下的三线建设研究述评》，《宁夏社会科学》2020年第2期。

[②] 崔一楠、赵洋：《嵌入与互助：三线建设中工农关系的微观审视》，《华南农业大学学报》（社会科学版）2016年第1期。

[③] 陈熙：《三线厂与农村的互动关系——以上海小三线建设为中心》，《二十一世纪》2019年总第171期。

[④] 在已有对围墙的研究中，一部分学者将墙解读为中国传统文化的象征，认为其代表着封闭、保守；而另一部分学者则强调由墙围合而成的空间布局和社会实践。参见薄大伟：《单位的前世今生：中国城市的社会空间与治理》，柴彦威、张纯、何宏光、张艳译，金毅、刘天宝校，东南大学出版社2014年版，第18~33页；张羽佳：《"墙"的空间政治学》，《中国社会科学报》2016年8月10日。

划经济时期的城乡关系。①

一、有形之标志：三线企业围墙的修建

三线建设期间兴建的三线企业近2000家，但它们修建围墙的时间先后不一。原因之一在于这些三线企业的开工建设时间和建设周期本就不同。三线建设始于1964年，结束于1980年左右②，在此期间三线企业开工建设的时间前后不一。同时由于各种因素的影响，它们的建设周期也不尽相同。有的三线工厂在极短的时间内就建成投产，如位于重庆北碚的浦陵机器厂，从迁建到投产，总共只用了两个月时间；红岩机器厂从1965年2月开始施工，10月便建成投产，只用了8个月时间。③ 有的三线工厂则历经数年方才建成，如国营5057厂在1966年5月就开始选址，同年8月山西、重庆的建设者便奔赴建设现场，但后来却受到"文化大革命"和选址纷争、职工离厂等事件的影响，直到1971年6月才正式投入生产，耗费了5年时间④；国营5007厂从选址、定点、筹建，到初建、扩建、投产，也历时4年之久⑤。

原因之二在于这些三线企业选择修建围墙的时间节点存在多种

---

① 笔者曾撰文分析三线建设企业的社会性质，认为它是介于城乡之间的一类特殊的单位社会。在该文中，笔者尚未进一步剖析三线企业与地方社会之间的区隔形成与互动关系。参见张勇《介于城乡之间的单位社会：三线建设企业性质探析》，《江西社会科学》2015年第10期。
② 关于三线建设的结束时间，一般有三种说法：一是1978年，以党的十一届三中全会召开和1979年初决定国民经济调整为标志；二是1980年，以第五个五年计划结束为标志；三是1983年，以中央确定三线建设调整改造政策为标志。采用第二种说法的学者较多。参见陈东林《三线建设：备战时期的西部开发》，中共中央党校出版社2003年版，前言第1页。
③ 方大浩等：《长江上游经济中心重庆》，当代中国出版社1994年版，第182～183页。
④ 陈志强、明德才主编《晋江风采》，团结出版社2016年版，第3～28页。
⑤ 《国营第5007厂厂史（1966—1985）》（未刊），1987年，第7页。文献资料中多称国营第5007厂，本书使用国营5007厂或5007厂，其他工厂亦如此。

情况。一部分三线企业在建厂初期（正在修建厂区的时候）即着手修建厂区周围的围墙，如四川锦江油泵油嘴厂"边建车间边造围墙"①。另一部分三线企业则是工厂建成之后才修筑围墙，如5057厂是在生产区和生活区都完工，并于1971年正式投产后，才打上水泥桩，拉起铁丝网，修建围墙的。

此外，还有少数工厂受三线建设初期"厂社结合"思想的影响，一开始并未计划建围墙。厂社结合是"把工厂附近的公社交给工厂去带，实行以厂为主的厂县双重领导"②，以达到工农业并举发展。这种模式最早在四川省广安县华蓥山的明光仪器厂酝酿产生，并在华蓥山地区的多家三线企业进行试点，后来一度在三线地区推广。厂社结合提倡工厂带动公社，工业、农业相互支援，相互促进。③ 在此背景下，工厂是否建围墙成为当时争论较大的一个问题。据到华蓥山总结厂社结合经验的亲历者回忆：

> 工厂是否建围墙？是当时争论较大的一个问题。工厂要建围墙是天经地义的事。三线建设的厂子建在大山里头，很分散，建围墙需要很多钱，能不能不建围墙，工厂由周围公社的农民群众来保护？搞一个厂社结合？工厂领导就和县、区领导、公社领导一起来讨论，大家一致认为，只要做好周边农民的工作，使农民把工厂也当作自己的家，就可以不修围墙。于是大家都到周围农民中去做工作，取得农民的支持。④

---

① 倪同正口述资料，张勇采访，2019年8月19日。
② 阎秀峰：《关于试行厂社结合的初步情况和体会》，1966年2月14日，档案编号：IIA0476，四川省攀枝花市档案馆藏。
③ 李德英、粟薪樾：《三线建设初期"厂社结合"模式检视（1965—1966）》，《史林》2020年第5期。
④ 林凌：《我所经历的三线建设》，载陈夕主编《中国共产党与三线建设》，中共党史出版社2014年版，第552~553页。所引原文如有误，为表尊重，不对其做修改，全书同。

由于这些工厂"在农民中做了广泛而深入的政治思想工作","群众就自觉地起来保卫工厂",围墙最初没有修。不过此种情况未能一直持续,"时间长了就不行了,后来还是修了围墙"。① 可见,对于是否修建围墙,在一些三线企业中曾经出现过争论,个别工厂在建设初期受厂社结合的影响,选择了不修围墙。但后来出于种种现实因素的考虑,仍不得不建起了围墙。

虽然"工厂要建围墙是天经地义的事",但是三线工厂修建围墙自有其现实的考量。最直接的原因有两点,一是出于保护工厂物资和安全的需要。尽管三线企业周边的农民与工厂、工人并未发生较大的矛盾,但有些地区仍然会出现盗窃事件。据记载,从1970年至1979年,5007厂共发生刑事案件60起,其中盗窃案件就达44起。② 李治贤在回忆5057厂修建围墙时,也谈到当时厂里经常发生偷盗,"我们这里完全是农村包围工厂","有一些不法分子进厂来偷东西",把一些生产用的钢件甚至是产品"偷出去卖了"。③ 修建围墙可以在一定程度上减少工厂物资、产品的被盗情况,保护工厂及职工的人身、财产安全。

二是出于保密的需要。三线建设是基于战备的考虑而实施的,因而三线企业大多具有军工性质,或者是为军工、国防配套的企业,一般需要对外保密。许多三线工厂都有代号,对职工会进行保密教育,并专门发放保密费。李治贤说,5057厂建围墙的原因之一是"原来周围没有围墙,四通八达,外边来的人都可以进出。加上我们当时生产的都是军品,军品要求保密。我们生产的是100毫米高炮,当时来说还是保密的,是国家机密"④。因此三线企业纷纷建起围墙,限制外人

---

① 林凌:《我所经历的三线建设》,载陈夕主编《中国共产党与三线建设》,中共党史出版社2014年版,第553页。
② 《国营第5007厂厂史(1966—1985)》(未刊),1987年,第444页。
③ 李治贤口述,张勇等采访整理《从军代表、三线职工到大学教授》,载张勇主编《多维视野中的三线建设亲历者》,上海大学出版社2019年版,第29页。
④ 李治贤口述,张勇等采访整理《从军代表、三线职工到大学教授》,载张勇主编《多维视野中的三线建设亲历者》,上海大学出版社2019年版,第29页。

进入工厂，尤其是生产区。许多周边村民根本不知道一墙之隔内的工厂究竟生产何物，甚至有的人一辈子都没有踏进过三线厂区。笔者在重庆双溪机械厂旧址考察时，有附近村民就坦言，当时他们只知道该厂是兵工厂，但"不清楚什么三线企业"，该厂"有驻厂部队，厂区有人站岗，外人不能随便进出，到工厂挑粪也需要有通行证"。①

出于战备的考虑，三线企业选址时尽量遵循"靠山、分散、隐蔽"的方针，多建在偏僻的山区、农村。受地形和生产等因素影响，大部分三线企业生产区和生活区的划分甚为明显。② 同时，根据"先生产，后生活"原则，生活区（包括家属区和服务区）往往要比生产区晚建。两者的差异也反映在围墙的修建上，三线企业的生产区一般都修建有围墙，而生活区除了托儿所、子弟校等部分场所外，大部分区域都不修建围墙。

三线企业大多因地制宜，利用当地和工厂的材料修建围墙。锦江油嘴油泵厂边建车间边造围墙，最早的围墙是"土打垒"，采用泥土做墙体，外面涂以石灰。多年后被雨水、山洪冲刷，倒塌了一大截，后来就全部改成红砖墙。③ 5057厂围墙的修建经历了三个阶段，每一阶段都使用了不同的材料：1971年起，工厂拉铁丝网做成围墙；1975年"用钢筋把废铁皮焊起来"，建起了铁皮围墙；到1980年代，又砌起了如今仍部分存在的砖墙。④ 位于安徽皖南祁门县的小三线企业，"厂区和生活区是与当地隔开的，或是用上面布满锋利的碎

---

① 张勇：《山沟中的"小社会"——重庆双溪机械厂考察札记》，载张勇主编《多维视野中的三线建设亲历者》，上海大学出版社2019年版，第266页。
② 近年来，建筑学界也有研究者涉足三线建设的研究。谭刚毅等国内学者和英国学者萨姆·雅各布、程婧如合作，引入"集体形制"概念来探讨中国的单位大院、人民公社和三线建设厂矿的社会模式、组织机制与空间形式，为三线建设研究提供了一个崭新的研究视角。参见《新建筑》2018年第5期专栏"集体形制之远去与归来"的多篇文章。
③ 倪同正口述资料，张勇采访，2019年8月19日。
④ 李治贤口述，张勇等采访整理《从军代表、三线职工到大学教授》，载张勇主编《多维视野中的三线建设亲历者》，上海大学出版社2019年版，第29页；李治贤口述资料，张勇采访，2019年8月20日。

玻璃砌起的围墙围起，或是用长长的竹篱笆隔开"①。

修建围墙后，许多三线企业还采取了建立通行证制度和组织警卫巡查等配套措施。围墙建成后在工厂和周边形成了隔断，工厂为了对人员的出入进行管理，通常会发放通行证供进出人员使用。例如，5057厂按工作范围、出入厂区的需求制作并发放各类通行证：第一类是普通的通行证，供工厂职工及家属出入之用；第二类是机密的通行证，机要重地有此证才能进去；第三类是给当地人发放的通行证。第三类通行证"不是所有农民都发的，一是给他们队的干部，他们要进来和我们商量事情，有些什么事情我们还要依靠他们；二是给要经过我们厂里面去生产、种地的农民，这个发得不是很多"②。在改革开放前，三线工厂大都对凭证进厂（生产区）执行得比较严格，例如华光仪器厂"职工每天上班都要亮出通行证才能进厂，临时工入厂必须办临时通行证或出入证"，门口处有民兵"每天持枪上岗，负责职工早上和下午上班时的执勤任务，不论是谁，都得凭通行证才能入厂上班"。③ 后来情况才逐渐改变，有的三线企业"管理有所松懈，进出生产区主要看是否面熟，住在厂区后的村民有时回家也穿生产区而过"④。为加强保卫工作，许多工厂还专门配有门岗，并组织警卫人员进行巡查。例如，皖南祁门县的一些三线工厂会在工厂门口安排门卫带着大狼狗看门⑤，5057厂"成立了一个几十人的警卫连，轮流在厂区巡逻值班，几道门都由他们站岗巡逻，农民就不可以随便地来翻围墙"⑥。围墙的修建和配套措施的实施，在保障工厂的安全和机密的同时，也使得三线企业与周边农民的区

---

① 徐国利：《我记忆中的皖南上海小三线》，《世纪》2013年第6期。
② 李治贤口述，张勇等采访整理《从军代表、三线职工到大学教授》，载张勇主编《多维视野中的三线建设亲历者》，上海大学出版社2019年版，第29页。
③ 杨晓虹口述资料，张勇采访，2019年8月20日。
④ 蒙庆口述资料，张勇采访，2019年8月20日。
⑤ 徐国利：《我记忆中的皖南上海小三线》，《世纪》2013年第6期。
⑥ 李治贤口述，张勇等采访整理《从军代表、三线职工到大学教授》，载张勇主编《多维视野中的三线建设亲历者》，上海大学出版社2019年版，第29页。

隔在空间上充分显现出来。

工厂修建围墙似乎是"天经地义"之事，然而从城乡关系、土客关系的视角来看，这道围墙却是三线企业与周边农村相区隔的直接表现与有形标志。由墙而有内外，"墙的功能是权力空间的界定、分隔和防御"①，"墙"与安全、权力、等级、管控、身份、城乡等诸多意涵相关，也是"社会治理的元器件"②。三线企业的围墙造成两者在地理空间上的显著隔离，并进一步强化和凸显了这种区隔，形成了围墙内外两种截然不同的世界。

二、三线企业与地方社会区隔的多维表现

三线企业外围所修筑的围墙只是它与地方社会相区隔的外在表现之一，两者的区隔还存在于经济、社会、文化等更深层面，具有诸多甚为明显的表现。

首先，三线企业与地方社会的区隔表现为双方在生产方式、户籍与身份、收入与福利、生活水平、生活方式以及文化习俗等方面的巨大差异。三线企业是在备战背景下兴建的各类工矿企业，这些企业从事的都是工业化生产，与周边农村的农业生产方式迥然不同，因而往往形成"墙内飞机导弹，墙外刀耕火种"③这种对比鲜明的分隔状况。居住在三线厂区的人员，除了为数不多的民工和部分家属外，大部分职工及家属都拥有城镇户籍，官方将他们纳入城市人的管理体系中。由于我国在当时业已确立严格的城乡二元体制，户籍制度的藩篱基本上使得周边农村人口进入三线企业成为产业工人的可能性丧失，导致三线企业的职工与周边的农村人具有不同的社

---

① 杨东平：《城市季风：北京和上海的文化精神》，东方出版社1994年版，第254页。
② 任放：《从历史的视角看中国城市的"墙"》，《武汉大学学报》（人文科学版）2016年第3期。
③ 潘乃谷、马戎主编《边区开发论著》，北京大学出版社1993年版，第216页。

会身份，分属截然不同的两类群体。

在20世纪六七十年代城乡二元体制背景下，城里的工人与农村的农民在收入、福利、消费水平等方面本就差距较大。据研究者估算，70年代中国实际的城乡收入差距达3∶1，甚至更大。① 三线企业地处农村，但仍按城市职工的标准发放工资及福利。从上海、天津、东北等一线地区内迁而来的大三线职工，普遍比迁入地其他企事业单位的职工工资要高②，更不用说当地收入极低的农民。就连小三线企业亦如此，如江苏盱眙县的小三线企业职工"工资待遇在盱眙来说是最高的，盱眙县的一般小干部和企事业单位职工的待遇都比不过"。三线职工的福利待遇和生活水平更是当地居民无法比拟的。盱眙县的小三线企业淮河化工厂职工讲道："我们厂职工的生活水平是周边居民比不了的，我们的物资是保证供应的，粮油不用担心。穿的方面，我们不仅有布票，厂里面还会发两套工作服。"③ 在他们眼中，周围农村的生活水平和三线企业相比，相差太大了。

> 当时厂里包吃包住，工资一个月36元，到时候就发，此外还有各种奖金。年终和节日会发很多福利，过去连肉、鱼、香烟、酒都发过。那时待遇太好了，什么都发。当时不但发放工作服和劳保服，另外还发一些皮夹克等衣服……厂里待遇比农村好太多了，在村里连油都没有，厂里面每月还给我们补四两香油，我们吃不完就带回老家吃。④

---

① 朱庆芳：《城乡差别与农村社会问题》，《社会学研究》1989年第2期。
② 王毅、钟谟智：《三线企业的搬迁对内迁职工生活的影响——以重庆的工资、物价为例》，《中共党史研究》2016年第4期。
③ 王来东：《江苏淮安小三线职工口述史选编》，载徐有威、陈东林主编《小三线建设研究论丛（第四辑）：后小三线时代与档案资料》，上海大学出版社2018年版，第88页。
④ 王来东：《江苏淮安小三线职工口述史选编》，载徐有威、陈东林主编《小三线建设研究论丛（第四辑）：后小三线时代与档案资料》，上海大学出版社2018年版，第129页。

大三线企业多建于西部偏僻、落后的地区，和周边农村的对比更为鲜明，两者之间的区隔还表现为生活方式与文化习俗上的显著差异。三线企业的职工及家属在吃、穿、住以及文化娱乐等方面皆有别于周边的农村人，有着独特的厂区生活方式。而三线地区的农村普遍经济、文化发展比较缓慢，有的地方"农民甚至连汽车、火车都没有见过"①，其服饰、饮食、卫生习惯等自然与"三线人"存在较大差异。例如，贵州绥阳县的当地人坦言，"我们绥阳人不管是男是女，是老是少，身穿的都是些粗布补丁衣服，绝大多数还是土白布染的。人们不但衣衫褴褛，满身补巴，站得远远地就能闻到一身汗臭味，常年头顶上还都包裹着一盘白布帕子"。此外，当地的"绥阳人吃的就更差劲"，"当地的农民根本没有洗澡的习惯"，直到后来才发生了变化。② 需要注意的是，三线企业将单位社会的空间位置从城市转移至农村，使得工人和农民的空间距离更近，因而两者在生产方式、社会身份、生活水平、文化习俗等方面的反差也更大，如此便形成"墙内飞机导弹，墙外刀耕火种"的分隔状态。

其次，两者的区隔还表现为"三线人"社会关系和三线企业社会服务的封闭性。生活在一个孤立的地方，三线企业中的职工及其家属的社会关系（包括家庭、同事、朋友等关系）基本局限在工厂之内，具有较强的封闭性。户籍制度的藩篱基本上使得周围农村人口进入三线工厂成为产业工人的可能性丧失，虽然有少部分职工（主要是复员转业军人）的配偶是农村人，但这种"半边户"家庭③数量不多，并未改变工厂婚姻关系整体性的封闭格局。三线工厂

---

① 杨尔萍口述，孙清林等采访整理《为航天事业奉献一生的女战士》，载张勇主编《多维视野中的三线建设亲历者》，上海大学出版社2019年版，第92页。
② 胡元先:《润物细无声》，载政协贵州省绥阳县委员会编《绥阳三线建设》（未刊），2016年，第328～329页。
③ "半边户"家庭即夫妻中一方为工人、一方为农民的家庭。

"职工的配偶来源更多的是本厂内部，和外部结婚的少"①。偏僻、闭塞、孤立的环境导致人们寻找婚姻伴侣的圈子极小，不得不在内部"解决"。就如晋江厂职工所言：

> 因为圈子小的原因，我们厂双职工的比例很高。其实厂内也像一个小社会一样，绝大部分的交往甚至通婚都是在厂内进行的，因为也没有办法出去。如果来了一个男大学生，所有的职工家属和年轻姑娘会特别关注。这就是我们内部的关系网，越编越厉害。②

经过长期的积淀，企业内部的社会关系呈现熟人化和网络化的特点，"职工都生活在亲缘和地缘关系交织而成的关系网中"，"每个职工家庭，便是关系网上的纽结，有的父子变成了同事，上下级变成了亲戚，谁和谁都不能不沾亲带故"。③ 有的家庭在同一企业中的各种亲戚多达几十甚至上百人，人们相互依存的关系非常明显。④ 在三线企业内部，亲缘、业缘、朋辈关系相互交织，形成了一个错综复杂的"关系网"。当然，这种"关系网"仅局限在工厂内部，并未向外扩展。

三线企业远离城市，地处山沟，各类生活、医疗、教育等社会服务设施一应俱全，一般都建有各自的商店、粮店、蔬菜店、煤店、职工医院、子弟校、托儿所、技校、电影院、篮球场等，几乎应有尽有，俨然一个"小社会"。⑤ 但是，"小社会"所配套的医院、子弟校等设施，在为本厂职工和家属提供廉价甚至免费的社会服务时，

---

① 蓝勇口述，张勇等采访整理《一位历史地理学者眼中的三线企业》，载张勇主编《多维视野中的三线建设亲历者》，上海大学出版社2019年版，第112页。
② 陈志强口述资料，张勇采访，2019年4月14日。
③ 禾夫：《人情·关系·网——三线企业内人际关系微观》，《中国职工教育》1994年第2期。
④ 四川锅炉厂政研会：《三线企业的文化困惑》，《思想政治工作研究》1994年第5期。
⑤ 潘祥鸭：《大三线有个"三江厂"的故事》，载倪同正主编《三线风云：中国三线建设文选》，四川人民出版社2013年版，第152页。

却并不对外开放。在很长一个时期内"周边农村的孩子不能到子弟校读书"①，直到 20 世纪 90 年代以后，基于资金和生源的考虑，一些子弟校、技校才开始招收农村学生②。

此外，三线企业与地方社会的区隔不仅存在于企业与农村、工人与农民之间，也存在于三线企业与地方经济、地方政府、其他单位和城里人之间。由中央投资和一线地区迁建的三线企业，在很大程度上是脱离当地经济而独立运作的。③ 三线企业在生产上具有高度封闭性，不仅生产原料由外地输入，产品也由中央部门统一计划调配，并不与地方经济在生产和销售上产生联系。④ 此外，三线企业追求"小而全""大而全"，职工的社会福利等一般均由三线企业负责，这减弱了三线企业与地方经济产生联系的必要性。⑤ 三线企业实行高度集中的计划管理体制，从选址布局到生产建设乃至生活配套等都由中央主管部门指挥，沿着"条条"运作，地方政府对三线企业没有直接的管理权限。在 20 世纪 80 年代前，地方政府也无法从三线军工企业获得相应的税收。⑥

生活在三线企业里的职工及其家属，不仅与周边农民区隔明显，与当地的城里人也往来甚少。三线厂里的人"有自己的生活圈子，很少与县城里的人来往"，本地人"觉得他们是生活在另外一个世界的人"。这种区隔更集中反映在他们彼此的身份观念与认同上。作为分布有多家小三线企业的安徽祁门县的本地人，徐国利教授把祁门

---

① 张勇：《山沟中的"小社会"——重庆双溪机械厂考察札记》，载张勇主编《多维视野中的三线建设亲历者》，上海大学出版社 2019 年版，第 266 页。
② 王世铭口述、张勇等采访整理《三线企业的厂办教育》，载张勇主编《多维视野中的三线建设亲历者》，上海大学出版社 2019 年版，第 47 页。
③ 徐有威、陈熙：《三线建设对中国工业经济及城市化的影响》，《当代中国史研究》2015 年第 4 期。
④ 陈熙：《三线厂与农村的互动关系——以上海小三线建设为中心》，《二十一世纪》2019 年总第 171 期。
⑤ 李树桂：《我国三线生产布局的基本特征》，《中国工业经济研究》1992 年第 3 期。
⑥ 汪德贵：《三线建设为绥阳发展注入新动力》，载政协贵州省绥阳县委员会编《绥阳三线建设》（未刊），2016 年，第 265 页。

人大致划分为当地农民、政府部门与企事业单位的干部和工人、三线厂的上海人三类。最低等级的是农民，他们的实际社会地位和物质文化生活与工人无法相比，许多人辛勤劳动一年，还是吃不饱、穿不暖；第二等级的是政府部门与企事业单位的干部和工人，每个月有肉、豆腐、鸡蛋等，逢年过节还有品种和数量更丰富的副食品享用；第三等级的是三线厂的上海人，"他们才是县里真正的上等人"，最令人羡慕。在当地人眼中，"他们的物质生活可谓是相当'优厚'"，不仅穿得好，还吃得好，文娱生活也是小县城的居民享受不到的。因此，三线厂的人在"当地居民面前普遍有一种优越感，不屑于与之交往"；而本地人觉得外地来的上海人"可恶"和"可恨"，因此用不友善的"上海佬"来称呼上海人。①

相似的情形也出现在其他的三线建设地区。贵州凯里在20世纪六七十年代分布有多家隶属于中央部门的三线厂矿，据在该地有10多年生活经历的葛兆光先生观察，外地来的"三线人"和本地人的身份认同感始终泾渭分明。

> （"三线人"）保持着外地人的口音、衣着、圈子，本地人对他们的敬畏，又增加了他们的自负。特别是，当时从下乡的知识青年里招工，因为是中央级厂矿，又是保密的电子设备生产单位，所以要选根红苗正的，只有本土优秀和纯粹的年轻人，才有可能进入这些地方。这种优选法包括地区的差异和出身的差异，又加上了文明（技术）的差异，更激发了他们的倨傲和狂妄。②

贵州凯里三线厂矿的"三线人"有着"城市人对本地人的无端傲慢"，这种心理上的优越感使得他们不仅连当地农村人，甚至是城

---

① 徐国利：《我记忆中的皖南上海小三线》，《世纪》2013年第6期。
② 葛兆光：《非青非红》，《贵阳文史》2009年第5期。

里人（凯里老街上的本地人和州委子弟）都瞧不上。①"三线人"和当地居民（包括农民和城里人）这种泾渭分明的身份认同感，更加深了外来的三线企业、"三线人"和地方社会之间的区隔②，这也是当时土客关系的一种表现。

三线企业与地方社会之间虽然区隔明显，但并非完全没有互动。③在三线建设的初期，特别是工厂的筹建、征地和厂区建设阶段，农村、农民从土地、劳动力、建材、食品等方面支援三线企业，而三线企业也为当地农村提供了物资、资金与技术等方面的援助，彼时互动较为频繁，在围墙修建过程中双方也会打交道。工厂建成后，两者虽然在进行物品买卖等经济活动时有交往，以及在饮食、语言、穿着打扮、生活习惯等文化层面相互影响④，但这种交往与互动并未改变两者在制度和社会等更深层面的根本性差异，三线企业与地方社会之间深度互动的"大门"长期关闭，两者的区隔状态在20世纪六七十年代一直占据主流。直到八九十年代以后，在改革开放和三线建设调整改造的背景之下，这种区隔才逐渐减弱。

三、无形之藩篱：三线企业与地方社会区隔形成的根源

从上述分析可以看出，三线企业与地方社会之间的区隔有多重表现，既表现为生产方式、户籍与身份、收入与福利、生活水平

---

① 葛兆光：《非青非红》，《贵阳文史》2009年第5期。
② "三线人"有着强烈的身份认同感和优越感，以及与当地人的群体区隔感，参见郭旭、刘博《"我们"与"他们"：三线人的自我认同与群体区隔》，《宁夏社会科学》2020年第2期；张勇：《三线建设移民的内迁、去留与身份认同——以重庆地区移民为重点》，《贵州社会科学》2019年第12期。
③ 需要说明的是，区隔和互动并非一对反义词，区隔的反义词是融合。互动更多是一种过程，而区隔和融合更趋向于一种状态或结果。也就是说，两个对象经历一定的互动过程后，可能会出现区隔或融合两种不同的结果。
④ 对于三线移民与地方社会在文化层面的相互影响，参见张勇《区隔与融合：三线建设内迁移民的文化适应及变迁》，《江海学刊》2020年第1期。

以及生活习俗等方面的巨大差异,也表现为"三线人"社会关系和三线企业社会服务的封闭性;不仅存在于三线企业与周边农村、工人与农民之间,也存在于三线企业、"三线人"与其他单位和城里人之间。显然,形成此种显著区隔的原因不在于有形围墙的修建,也不在于外来文化和本地文化的差别,而在于三线企业与地方社会之间的无形藩篱——中国的城乡二元体制和三线企业的社会特性,这些制度性和社会性的深层次因素才是导致围墙内外迥然不同的根源。

中国的城乡二元体制形成于20世纪五六十年代,根本原因在于工业化优先发展战略和高强度的积累模式。中华人民共和国成立初期,尚是一个以传统农业为主、工业比重较低的农业国。为了实现从落后的农业国向发达的工业国的快速转变,政府选择了工业化优先发展战略。迅速发展的工业化首先遇到了同落后的农业生产力之间的矛盾,这就造成了粮食危机,迫使国家实行农产品的统购统销政策。同时,工业化所引发并因粮食问题而加剧的农村向城市的人口流动,对城市和整个社会经济带来了巨大冲击,在此情况下政府开始实施严格的城乡户籍管理政策,限制农民向城市流动。为了把农民固定在农村里,并保证农村长期稳定地向城市提供廉价的农产品,国家在农村建立起人民公社制度。与此同时,在城市建立起劳动就业和社会保障制度。这样,最终形成了影响深远的城乡二元体制。① 城乡二元社会结构的存在和维持具备四个方面的条件:一是分离条件——户籍管理制度;二是交换条件——统购统销制度;三是农村社会稳定条件——人民公社制度;四是城市社会稳定条件——劳动就业和社会保障制度。正是这四个制度的结合,保证了中国城

---

① 参见刘应杰《中国城乡关系与中国农民工人》,中国社会科学出版社2000年版,第43~67页;张海鹏:《中国城乡关系演变70年:从分割到融合》,《中国农村经济》2019年第3期;武力:《1949—2006年城乡关系演变的历史分析》,《中国经济史研究》2007年第1期。

乡二元社会结构的长期存在。①

城乡二元体制带来城市和农村在社会结构、社会组织形式以及文化等方面的二元化，使得城市里的工人和农村的农民在收入消费、生产方式、生活方式及社会地位等方面都存在较大的差异。1964年城镇居民消费234元，农民消费95元，两者之比为2.5；1978年城镇居民消费383元，农民为132元，两者之比扩大为2.9。② 工人和农民的社会地位差别也十分明显。工人一般同全民所有制相联系，由所在的单位即企业管理，被纳入国家劳动就业和社会保障制度之中，享受着衣食住行、生老病死等诸多方面的社会福利；而农民一般同集体所有制相联系，被排除在这种社会保障制度之外，实行个人自我保障。这就从根本上使工人和农民、城市人和农村人具有不同的身份和待遇，从而具有不同的社会地位，而且这种身份和社会地位具有不可转换性，工人和农民之间社会地位的差别越发显著。此种城市与农村、工人与农民的差异投射到三线地区，便使得空间距离更近的三线职工与周边农民之间的生产、生活、收入及身份上的反差更为明显。

城乡二元体制的巨大鸿沟还造成了城乡之间的流动趋于停滞，使得工农之间的交往与互动较为缺乏。城乡流动的停滞直接体现在我国城镇和农村人口比例的波动上，1958年全国城镇人口占总人口的16.2%，农村人口占83.8%；1968年全国城镇人口占总人口的17.6%，农村人口占82.4%；1978年全国城镇人口占总人口的17.9%，农村人口占82.1%。③ 从1958年到1978的20年里，城镇人口和农村人口的比例几乎没有出现大的变化。原因就在于，城乡

---

① 刘应杰：《中国城乡关系与中国农民工人》，中国社会科学出版社2000年版，第64页。

② 刘应杰：《中国城乡关系与中国农民工人》，中国社会科学出版社2000年版，第93—94页。

③ 《当代中国》丛书编辑部编辑《当代中国的人口》，中国社会科学出版社1988年版，第493页。

二元体制下的城市和农村处于封闭状态,农民被剥夺了向城市自由流动的机会,被限制在农村里。此时期农民的基本特征就是保持固定和不变,无法向外流动,同外部也很少交流。

在我国的城乡二元体制中,单位制也是不可或缺的一种重要制度。单位是我国在计划经济时期形成的一种特殊的社会组织,由国家兴办,相对独立地承担经济生产或社会事业发展职能,并代表政府对其成员实施管理,提供福利服务。它既是一个"就业场所",也是一种再分配体制,还是整合社会成员的有效机制,因而具有政治动员、经济发展、社会控制三位一体的功能。单位是一个小型社会,个人不可能脱离它而独立生存,而单位本身是通过依靠国家而得以生存和发展的。计划经济时代的单位组织将城市中的绝大部分社会成员吸纳到"国家-单位-个人"的社会联结之中,形成了和农村区别明显的管理模式。三线建设企业虽地处农村,但仍是来源于城市的一种单位组织[①],因此中国城乡二元分割、对立的社会结构自然也深刻影响着三线企业与周边农村、三线职工与当地农民的关系,这是导致三线企业与地方社会区隔形成的根源。

然而,和城市中的单位组织(包括其他国营企业)相比,为何三线企业与地方社会之间的区隔表现得更为明显呢?这自然与三线企业的社会性质有关,因为三线企业是一种在备战背景下由国家主导而形成的"嵌入式"单位组织,此种性质使其具有某些突出特征——地理位置的偏僻性、军工单位的保密性、管理的垂直性、外来"嵌入性"以及职工对单位的超强依赖性,在这些特征的共同作用下,三线企业与地方社会之间形成了更为显著的区隔。

首先,三线建设主要是出于备战的考虑而实施的,因而企业在选址时尽量遵循"靠山、分散、隐蔽"的方针,大多建在偏僻的农

---

① 参见张勇《介于城乡之间的单位社会:三线建设企业性质探析》,《江西社会科学》2015年第10期。

村与山区，不易从城市和周边地区获得生活物资。其次，因备战而出现的三线企业大部分具有军工性质，或者是为军工、国防配套的企业，需要对外严格保密，从而会刻意和外界保持距离。最后，在国家主导下形成的三线企业在高度集中的计划体制下，实行自上而下的垂直化管理模式，从选址布局到生产建设乃至生活配套等均受中央主管部门统辖，地方政府对三线企业没有直接的管理权。① 这些由中央投资和一线地区迁建的三线企业，在很大程度上是脱离当地经济而独立运作的。② 此外，三线企业是依靠国家的强大力量，将外地的设备、技术、人员迁移至三线地区而建立起来的，外来"嵌入式"的特征非常鲜明。如此种种，都使得三线企业必然要和外部世界保持一定的隔离，并依赖于自身内部的供给。

由此，和城市中的工厂相比，三线企业内部的组织依赖性更加突出。虽然在计划经济时代城市中的工人对工厂的组织依赖是单位制度的一个结果，但这种依赖并非如想象中那样强。有学者认为，单位能给职工带来直接经济利益、社会服务和社会关系三类利益，不过工人们在城里能找到第二、第三类利益的替代者。以医疗为例，即便每一个工厂都有这种服务，工人仍然可以在城里的公共医院寻求医疗服务。然而三线企业位置偏僻，不可能从外界获得替代性的社会服务和娱乐设施。在交友和婚姻等社会关系方面，工人们的选择也主要局限在厂内。因此三线工人除了对工厂有经济与物质的依赖外，还有对社会服务、社会关系的严重依赖，他们对单位的整体依赖性远远超过城市中的工人。③

---

① 张勇：《三线建设企业选址的变迁与博弈研究——以四川三家工厂为例》，《贵州社会科学》2017 年第 5 期。
② 徐有威、陈熙：《三线建设对中国工业经济及城市化的影响》，《当代中国史研究》2015 年第 4 期。
③ Chao Chen. "Labeled Clanization: The Social Structure in a Third Line Enteprise." *Labor History*, Vol. 57, 2016 (5): 671-694. 论文中文版参见陈超《标签化的族群：一个三线企业中的社会结构》，周明长译，《江苏大学学报》（社会科学版）2018 年第 5 期。

位置的偏僻性、单位的保密性、管理"非地方化"、外来"嵌入性"以及工人对单位的超强依赖性,这些因素相互影响,交织作用,使得三线企业不得不搞"小而全""大而全",尽可能做到配套成龙。工厂里的各种生活、医疗、教育设施一应俱全,基本能做到自给自足,于是工厂成了一个封闭的单位"小社会"。正如原晋江厂厂长田学良所言:

> 处于山沟的三线厂,远离城市,远离其他配套厂,一切生产、生活都很自然地落到工厂自身头上,工厂必须自己办社会。除了火葬场外,全厂职工和家属子女的吃喝拉撒睡、生老病痛、入学就业、托儿所、幼儿园、冰糕房、牛奶场、面包房、小学、中学、大学等等,事无巨细,别无依靠和出路,什么都要靠工厂自己操心解决。三线工厂说是一个企业,其实就是一个小社会。①

这种自给自足的"小社会"特性,进而将三线企业及其职工对地方社会的依赖减至最弱,他们普遍缺乏与周边农村、村民交往的动力。实际情况也的确如此,工厂建成后,三线职工在日常生活中除了购买蔬菜等必要的活动外,大部分人和周边村民的交往少之又少。可见,在城乡二元体制背景下,由于三线企业位置偏僻,强调保密,垂直管理,嵌入地方,工人对单位的依赖极强,企业具有极强的内部自给自足性和对外封闭性等社会特性,导致它与地方社会之间的区隔更加明显。

四、余论:三线建设与当代中国城乡关系

城乡关系是人类社会发展进程中的一个重大问题。1949年之前,

---

① 田学良:《峥嵘岁月三十年》,载陈年云、吴学辉主编《晋江记忆》(上),团结出版社2016年版,第7页。

中国的城乡关系大体经历了早期的城乡"共生"关系、传统的城乡"依附"关系、近代以来的城乡"分离"关系等几个阶段。① 近现代中国的城乡分离状态,使得工农关系成了城乡关系中非常重要的组成部分。

中国共产党在新民主主义革命时期采取的是"农村包围城市"的革命道路,农民成为革命的主要力量。1949年新中国成立后,工农关系、城乡关系一直是党和政府高度重视的问题。具有临时宪法效力的《中国人民政治协商会议共同纲领》将工农联盟作为新中国的政治基础,将"城乡互助"作为基本的经济纲领。1953年12月17日,针对当时工农关系中存在的问题,中共中央发出《关于在春节期间进行工农联盟教育和组织工农联欢的指示》,要求通过对工人和农民的教育,让他们"懂得工人阶级的领导责任和模范作用,懂得农民是工人阶级的巩固的同盟军","了解工人和农民、农业和工业、城市和乡村相互支援的道理"。② 毛泽东也提出:"城乡必须兼顾,必须使城市工作和乡村工作,使工人和农民,使工业和农业,紧密地联系起来。"③ 他在著名的《论十大关系》中指出,只有兼顾农业、轻工业、重工业的关系,才能长久地发展,要处理好农业、轻工业、重工业三者的比例问题。

但是,从20世纪50年代开始中国的城乡关系、工农关系并未朝理想的方向发展。由于受工业化优先发展战略和高强度积累模式的影响,它们之间的裂痕不断加深,最终走向分离。1953年开始建立统购统销制度,1958年又建立严格的户籍管理制度,加上农村人民公社制度和城市劳动就业和社会保障制度的实施,中国的城乡二元体制最终得以建立,由此形成了城乡各自封闭,严重分割、对立

---

① 潘晓成:《论城乡关系:从分离到融合的历史与现实》,人民日报出版社2019年版,第5~18页。
② 《中共中央文件选集》第十四册,人民出版社2013年版,第487~488页。
③ 《毛泽东文集》第七卷,人民出版社1999年版,第241页。

的二元结构。这种城乡二元体制的巨大鸿沟使得农村的农民和城市的工人在生产方式、生活方式、收入消费以及社会地位等方面都存在较大的差距，还造成城乡之间的流动停滞、工农之间的交往与互动缺乏。

对于如何消除城乡之间的差别，陈云等领导人从工业企业布局的角度进行了思考。他于1959年3月1日在《红旗》杂志上发表《当前基本建设工作中的几个重大问题》一文，提出："企业布置的集中和分散，不仅是工业内部的问题，而且是工业和农业、城市和乡村的关系问题。……在社会主义制度下，我们完全有可能在全国各地平衡地分配大工业，使工业和农业密切地结合起来，使农业从手工劳动逐步改变为机器生产。"他认为，"如果我们能够根据工农结合、城乡结合的原则，把企业适当分散地建设在全国广大地区"，对于加速社会主义建设是有利的。[①] 从1964年开始的三线建设，将沿海、沿边地区大中城市中的工矿企业、技术工人迁移到内地，并分散到广大的农村地区。这似乎为改变当时中国分割的城乡关系、工农关系提供了新的契机。

那么，将城市中的工矿企业等单位组织分散转移到农村地区，在更近距离的空间之中，地处农村的这些工矿企业和周边农村之间是否还会形成原来横亘在城市和农村、工人和农民之间的巨大鸿沟呢？三线企业的出现，恰好为这种探讨提供了可能性。

在三线建设初期，三线企业和农村、三线职工和当地农民之间的分隔、对立并不明显，原因在于受政策导向和现实考量的影响，双方的互动较为频繁。在建设初期，许多三线地区实行"亦工亦农"劳动制度，招收部分农民为轮换工，推广厂社结合模式，以促进工农业的相互支援。"为了换取地方政府、公社以及农民对三线厂的支持和配合"，三线企业为农村提供了物资、资金与技术等方面的援

---

① 《建国以来重要文献选编》第十二册，中央文献出版社1995年版，第101页。

助，还开放部分设施和社会福利。① 当地农村也从土地、劳动力、建材、食品等多方面支援三线企业。不过，这些互动只是暂时遮掩了计划经济时期城乡、工农之间的分割与对立。

随着"文化大革命"的到来，厂社结合模式未再继续推行。实际上，在当时的城乡二元体制下，厂社结合也无法长期维持。在工厂的基本建设结束后，三线企业与当地农村之间频繁互动的"大门"开始关闭，两者之间本就存在的鸿沟得以突显。如前所述，三线企业与地方社会的区隔不仅表现为双方在生产方式、户籍与身份、收入与福利、生活水平、生活方式以及文化习俗等方面的巨大差异，更体现为"三线人"社会关系和三线企业社会服务的封闭性。并且，区隔不仅存在于企业与农村、工人与农民之间，也存在于三线企业与地方政府、其他单位和城里人之间，"三线人"与本地人泾渭分明的身份认同感，更加深了他们之间的区隔。显然，三线建设并未能改变当地城乡、工农的分隔状态。

有形之围墙是三线企业与周边农村相区隔的直接表现，它还造成两者在地理空间上的隔离，并进一步强化和凸显了这种区隔，形成了围墙内外两种截然不同的世界。但导致三线企业与地方社会区隔形成的主要原因却是中国城乡二元体制和三线企业的社会特性。作为一道无形之藩篱，中国城乡二元体制深刻地影响着三线企业与周边农村、三线工人与当地农民的关系，它是三线企业与地方社会区隔形成的根本原因，也是这种区隔得以继续存在的制度条件。三线企业是在备战背景下由国家主导而形成的"嵌入式"单位组织，相对于其他的国营企业，它的地理位置偏僻，强调保密性，管理"非地方化"，"嵌入式"特征明显，工人对单位的依赖性极强，成为一种具有极强封闭性和自给自足性等特性的单位"小社会"。三线

---

① 陈熙：《三线厂与农村的互动关系——以上海小三线建设为中心》，《二十一世纪》2019年总第171期。

企业的这些社会特性交织作用，是导致区隔形成的直接原因，也是区隔得以维持的现实条件。这些制度性和社会性的深层次因素是三线企业与周边社会区隔形成的根源，并保证了两者区隔的继续存在。

改革开放之后，导致区隔存在的这些因素逐渐消失。家庭联产承包责任制将农民从人民公社制度中解放出来，农产品市场改革取消了统购统销制度，城市国有企业改革也改变了城市原有的劳动就业和社会保障制度。随着改革的持续深入，城乡二元体制被打破，城乡关系逐渐走向融合。[①] 三线企业在改革中个人对单位的依附性急剧减弱，其社会职能更多转交给地方社会；同时，位置偏僻的工厂大多进行了搬迁或改造，和周边地区有了更多的交流和互动，已不再是以前那样封闭的"小社会"。伴随着城乡体制的改革和三线企业的变化，原来三线企业和地方社会之间的区隔逐渐消失，三线企业和"三线人"也更多融入地方社会中。

---

① 张海鹏：《中国城乡关系演变70年：从分割到融合》，《中国农村经济》2019年第3期。

第三章
人群与文化

第一节　三线建设移民的内迁、去留与身份认同[*]

近 30 多年来，学术界对三线建设及其相关问题展开了多方面的研究，取得了较为丰硕的成果。不过对于三线建设中的移民问题，目前仅有为数不多的几篇论文进行了研究。其中，陈熙、徐有威从人口迁徙过程的角度，对上海皖南小三线移民的动员、迁入、安置、回城等问题进行了探讨，认为上海小三线移民尽管在皖南落地 20 余载，却始终未能在当地生根。[①] 王毅等以重庆为例，主要依据档案资料，从工资、物价、劳动福利、生活物资供应等方面探讨三线内迁职工面临的社会生活问题，以及相关部门针对这些问题的解决措施。[②] 董志凯从宏观层面对三线建设企业搬迁的总体部署、项目实施以及经验教训进行了论述，但并未研究搬迁中的移民问题。[③] 因此，有关三线移民的诸多问题，有待学术界做进一步的探讨。

在三线建设期间，三线移民的迁出地和迁入地为内迁进行了哪些方面的准备？三线内迁职工及其家属经历了怎样的迁移过程？在

---

[*] 本节原刊于《贵州社会科学》2019 年第 12 期，原标题为《三线建设移民的内迁、去留与身份认同——以重庆地区移民为重点》。《历史与社会（文摘）》2020 年第 1 期转载。

[①] 陈熙、徐有威：《落地不生根：上海皖南小三线人口迁移研究》，《史学月刊》2016 年第 2 期。

[②] 王毅、钟谟智：《三线企业的搬迁对内迁职工生活的影响——以重庆的工资、物价为例》，《中共党史研究》2016 年第 4 期；王毅、万黎明：《三线建设时期重庆地区内迁职工社会生活问题探析》，《当代中国史研究》2019 年第 1 期。

[③] 董志凯：《三线建设中企业搬迁的经验与教训》，《江西社会科学》2015 年第 10 期。

改革开放和三线建设调整改造后,三线移民又面临怎样的去留抉择?当今的三线移民有着什么样的身份认同?要想解答这些问题,研究者必须选择一个重点区域,在收集各类资料和进行田野调查、口述访谈的基础上展开深入研究。重庆是三线建设的重点地区,伴随着大量企事业单位的内迁,重庆涌现了数十万名三线移民。因此,本节拟以重庆地区的三线移民为研究重点,兼及其他地区的三线移民,对他们的内迁准备与过程、去留抉择、身份认同等问题进行探讨,以促进三线建设及三线移民研究的进一步深入。

一、内迁准备与过程

(一) 内迁准备

在企业及人员内迁之前,从中央到地方,从一线到三线,从主管部门到搬迁企业,都做了大量的准备工作。1964年8月,毛泽东强调要从新的战略方针出发重新布局工业,明确提出:一线要搬家,二线、三线要加强。[①] 1964年8月到10月,李富春、薄一波、罗瑞卿多次就迁建问题向中共中央写出书面报告,要求加快沿海企业内迁的进度,加强对迁建工作的领导,并提出了迁建的设想、实施意见、指导思想和步骤安排。[②] 国务院各部委也分别提出了初步的迁厂方案。[③] 1964年12月,国家计委、国家经委发布《关于搬迁工作分工管理问题的通知》,明确指出,各部和各省、自治区、直辖市都在积极地进行选厂、迁厂的各项工作,要求搬迁工作必须按照统一计划、统一行动的原则进行,并就各系统搬迁计划的组织执

---

① 陈夕总主编《中国共产党与三线建设》,中共党史出版社2014年版,第73页。
② 详见方大浩等《长江上游经济中心重庆》,当代中国出版社1994年版,第181页;陈东林:《三线建设:备战时期的西部开发》,中共中央党校出版社2003年版,第142~144页。
③ 董志凯:《三线建设中企业搬迁的经验与教训》,《江西社会科学》2015年第10期。

行进行了分工。① 同时，国务院所属的10多个部、委、办（包括国家计委、国家建委、国防工办和一机部、八机部、铁道部、冶金部、煤炭部、石油部、化工部、水电部、建工部、建材部等），都分别由负责干部带领有专家参加的工作组到西南实地踏勘，进行搬迁和新建项目的选址工作。②

各地方政府也在为企业搬迁进行组织和准备。例如，作为企业搬迁的重点地区，上海市对三线建设搬迁工作做了严密的组织安排。上海在市委领导下成立了支援内地建设工作领导小组和办公室，对上海三线建设的整个搬迁工作进行统筹规划；各有关工业局也成立了搬迁办公室，组织工作队到批准内迁的企业指导工作，负责检查督促、研究政策、解决矛盾。③ 虽然时间紧迫，但内迁企业自身仍为搬迁做了细致的准备工作，包括制定搬迁方案、进行搬迁动员、确定内迁人员以及前期实地调研、随迁家属安置、各方协调等。

重庆作为三线建设的重点地区，早在1964年10月便初步编制了关于重庆地区的三线建设规划。该规划根据国家计委已定的项目和重庆现有工业需要配套的状况，提出以重庆为中心迁建、新建200多个大三线建设项目。当时计划从上海地区迁入122个，从华北地区迁入43个，从东北地区迁入27个，从广州、南京等城市迁入20个到重庆。其中，有分属兵器工业部、船舶部、电子工业部、航天工业部、核工业部等的90个国防企事业、科研单位，还有与之配套的机械、冶金、化工、仪器仪表、橡胶、交通等行业的企事业单位。④ 同时，三线建设期间还对重庆原有的一批企业进行了改建和扩

---

① 甘肃省三线建设调整改造规划领导小组办公室、《甘肃三线建设》编辑部编纂《甘肃三线建设》，兰州大学出版社1993年版，第376页。
② 方大浩等：《长江上游经济中心重庆》，当代中国出版社1994年版，第181页。
③ 详见李浩《上海三线建设搬迁动员工作研究》，华东师范大学硕士学位论文，2010年，第12页。
④ 方大浩等：《长江上游经济中心重庆》，当代中国出版社1994年版，第177~178页。后来实际迁建的项目与规划有一定出入。

建。不论是迁建、新建还是改扩建，都必然带来相关企事业单位及大量人员的内迁。下面以杭州汽车发动机厂（简称杭发厂）内迁重庆新建机械厂（简称新建厂）为例，说明搬迁前有关企业所做的准备工作。

1964年，一机部决定将杭发厂一分为二，将部分设备和职工搬迁到新建厂。杭发厂在接到中央主管部门的内迁任务后，按照上级部门的安排，于1965年9月13日制定了《关于一分为二支援内地建设的工作计划》，确定了内迁的工作步骤、方法和旅途的组织工作等内容。在思想动员方面，采取层层发动，反复动员，先党内、后党外，先干部、后群众的方法，对全厂职工进行动员教育，并从经济和物质上给予困难职工帮助。在内迁人员的选定上，先通过摸底排查，由杭发厂人事部门根据生产技术配套的原则提出内定名单，再由四川省公安厅指派政治部门干部逐个政审，最后由杭发厂党委研究决定，先后两次张榜公布。① 对于中层干部的选择，还专门召开联席会议，机械工业部汽车局、南京汽车分公司、重庆汽车分公司、杭发厂、新建厂等各方都派代表参加了此次会议，并进行了名单的审核确定。②

在此期间，一方面，杭发厂还多次与新建厂联系，并派人前往重庆进行实地调查。1965年3月，杭发厂派厂长黄家琪带队，到重庆的新建厂做企业状况调查。③ 同年10月，再由副厂长蒋正栋带队，共7人前往重庆，分三个组开展调研工作：一个组"搞工艺"，安排车间的工艺流程、设备安装、生产准备工作；第二个组了解重庆地区的生活情况；还有一个组安排内迁工作。同时，调查队对内迁职

---

① 傅时华主编《重庆康明斯发动机有限公司志·重庆新建机械厂篇》（未刊），2005年，第109～113页。
② 孙叶潮口述，张勇等采访整理《歌乐山下支内的杭州人》，载张勇主编《多维视野中的三线建设亲历者》，上海大学出版社2019年版，第64页。
③ 孙叶潮口述，张勇等采访整理《歌乐山下支内的杭州人》，载张勇主编《多维视野中的三线建设亲历者》，上海大学出版社2019年版，第65页。

工配偶的工作预先进行了安排。

> 内迁当中有厂外的家属,有的是棉纺厂的,有的是丝纺厂的,有的是造纸厂的。这些外单位的职工,来了以后你不给他安排工作,怎么办呢?所以有丝纺厂来的直接安排到丝纺厂,有一部分安排在小龙坎棉纺厂,最远的在化龙桥对面,河边有个造纸厂,像这种大概有三十几个人。①

另一方面,迁入地重庆的新建厂,也为接收杭发厂的内迁职工做了安排。新建厂制定了《关于接待安排内迁职工的工作计划》,成立了由党委书记负责的接待工作领导小组,对原厂职工进行动员教育,要求热情接待、搞好团结,并提前安排好内迁职工的工作和生活等多方面事宜,例如专门为内迁职工修建了甲乙两栋新家属宿舍(俗称"杭州大楼")。② 新建厂是三线改扩建企业,其他在重庆新建的三线企业则没有如此条件,必须"边设计、边施工","先生产、后生活"。

(二)内迁过程

经过中央主管部门的规划安排,以及地方政府和企业的组织准备,一线地区迅速开展了搬迁工作。1964 年就有少数企业开始内迁到重庆,如重庆浦陵机器厂就是 1964 年从上海迁建到重庆北碚的。据时任华东局经委副主任兼国防工办副主任钱敏回忆:

> 重庆的浦陵机器厂,是从上海浦江机械厂搬过去的。一半

---

① 韩阿泉口述,张勇等采访整理《他乡是故乡》,载张勇主编《多维视野中的三线建设亲历者》,上海大学出版社 2019 年版,第 72 页。
② 傅时华主编《重庆康明斯发动机有限公司志·重庆新建机械厂篇》(未刊),2005 年,第 111、113 页。

人留在上海，一半人去重庆，从厂长、副厂长到科室干部、技术人员到工人，都是如此。搬去的设备有四百多台……上海厂里谁调到重庆去开这部机器，谁就跟着这部机器一起走。一点不乱，也不会窝工。效率非常之高。在上海拆卸包装只用了一个星期，运到重庆，也只用了一个多星期就开始生产。①

重庆浦陵机器厂从1964年10月29日确定搬迁之后，仅用40天，就全部完成了土建工程。从迁建到投产，总共只用了两个月时间，效率很高。因而它被西南三线建设筹备小组确定为内迁企业的成功典范，向整个西南三线内迁企业推广，以做好搬迁工作。②

沿海企业大规模内迁是从1965年开始的。搬迁以部分内迁或一分为二为主，也有少数是整厂搬迁的。其中，重庆红岩机器厂是由无锡动力机厂全迁而成的。当时国家部委决定将无锡动力机厂迁至重庆北碚歇马厂原北碚钢铁厂旧址新建重庆红岩机器厂。1965年从无锡搬迁设备440台，新增357台，内迁职工1494人。另外还从洛阳拖拉机配件厂迁来339人。重庆红岩机器厂在迁建时成立了中共现场委员会和现场指挥部，统一领导搬迁工程现场施工工作，效果良好。因此，重庆红岩机器厂被确定为继重庆浦陵机器厂之后，整个西南三线建设迁建工程中的又一个典型，向三线建设内迁企业推广经验。③杭发厂则是部分内迁到重庆的。据该厂职工回忆，内迁人员确定后，在启程之前要先通过火车托运行李。

内迁之前，就要把每一个家庭的家具、行李，都打包好。然后厂里面要派汽车给它装，每一个家庭都要帮他们装车。装

---

① 钱敏口述，程中原、夏杏珍访问整理《西南三线建设》，载朱元石主编《共和国要事口述史》，湖南人民出版社1999年版，第323~324页。
② 方大浩等：《长江上游经济中心重庆》，当代中国出版社1994年版，第182页。
③ 方大浩等：《长江上游经济中心重庆》，当代中国出版社1994年版，第183页。

完车以后，要把它送到一个集结点，一个铁路的货运站，那个时候有很多货运车厢。现场都有人管在那边的，不能把内迁职工家的家具损坏了，东西搞丢了，那不行的，工作做得非常非常细致。①

行李托运完后，杭发厂内迁职工就正式启程。他们于1965年11月23日从杭州乘火车到上海，24日傍晚再包船乘坐"丹阳"号客轮离开上海驶往重庆，中途在南京、武汉、万县共停靠了三次。到达重庆后，他们受到了当地组织的热情接待。

> 12月7日中午，当内迁职工到达朝天门码头后，市委工交政治部、市总工会、市团委、市妇联、市机械局党委、省公安厅劳改局、重庆汽车分公司等单位的领导以及厂领导和其他干部共计120多人前往迎接。当天晚上，市委举行了欢迎晚会，由市委工交政治部李主任代表市委致欢迎辞，会后观看电影。②

第二天上午，杭发厂内迁职工到达了新建厂，住进了为其修建的两栋家属宿舍"杭州大楼"。针对刚到的内迁职工，作为迁入厂的新建厂做了一系列工作，如组织参观生产区、生活区，做关于内地建设意义、汽车工业建设远景报告等。

内迁初期，多数职工情绪基本稳定，但仍有部分职工的思想波动较大，产生了各种消极的想法，比如认为重庆的地形、气候条件不好，生活条件艰苦等。③ 通过工厂不断做思想工作，并经历了最初

---

① 孙叶潮口述，张勇等采访整理《歌乐山下支内的杭州人》，载张勇主编《多维视野中的三线建设亲历者》，上海大学出版社2019年版，第66页。
② 傅时华主编《重庆康明斯发动机有限公司志·重庆新建机械厂篇》（未刊），2005年，第111~112页。
③ 傅时华主编《重庆康明斯发动机有限公司志·重庆新建机械厂篇》（未刊），2005年，第112页。

几年的磨合适应期之后，内迁的职工才逐渐适应三线企业的社会、工作与生活。①

二、内迁单位及人员

经过几年的搬迁，三线地区迁入了一大批企事业单位，出现了数量可观的一类政府主导型移民——三线移民。以重庆地区为例，据不完全统计，仅从1964年到1966年，涉及中央15个部的企事业单位从上海、北京、南京、辽宁、广东等12个省市内迁到重庆地区，内迁职工就达4万多人。② 该时期内迁到重庆的具体企事业单位及其职工人数见表3-1。

表3-1 1964~1966年内迁重庆的企事业单位及其职工统计情况

单位：家，人

所属工业部门	企事业单位名称	单位数量	职工人数
冶金部	重钢四厂、第一冶金建设公司、第六冶金建设公司	3	8387
煤炭部	煤炭工业科学院重庆研究所、中梁山煤炭洗选厂	2	535
一机部	四川汽车发动机厂、重型机械厂、华中机器厂、重庆仪表厂、杨家坪机器厂、江北机器厂、汽车工业公司、北碚仪表公司、四川汽车制造厂、花石仪表材料研究所	10	2517
五机部	陵川机器厂、平山机器厂、双溪机器厂、晋林机械厂、明光仪表厂、华光仪器厂、金光仪器厂、红光仪表厂、益民仪器厂、宁江机器厂、川南工业学校	11	3994
六机部	新乐机械厂、清平机械厂、江云机械厂、长平机械厂、永平机械厂、武江机械厂	6	1523
八机部	红岩机器厂、浦陵机器厂、海陵配件一厂、海陵配件二厂、第三设计院	5	3287

---

① 对于三线移民内迁后的社会文化适应问题，笔者有另文探讨。参见张勇《区隔与融合：三线建设内迁移民的文化适应及变迁》，《江海学刊》2020年第1期。
② 方大浩等：《长江上游经济中心重庆》，当代中国出版社1994年版，第184页。

续表

所属工业部门	企事业单位名称	单位数量	职工人数
石油部	一坪化工厂	1	331
化工部	长江橡胶厂、西南制药二厂、重庆油漆厂、四川燃料厂、西南合成制药厂	5	613
地质部	地质仪器厂、探矿机械厂、第二地质勘探大队	3	1146
交通部	交通科学院重庆分院、第二服务工程处	2	420
纺织工业部	阆中绸厂、重庆合成纤维厂	2	219
建材部	嘉陵玻璃厂	1	76
建工部	土石方公司、江苏三公司、华北直属处、第一工业设备安装公司、中南三公司、渤海工程局	6	20566
铁道部	第一大桥工程处	1	2480
邮电部	上海邮电器材厂	1	100
合计		59	46194

资料来源：方大浩等：《长江上游经济中心重庆》，当代中国出版社1994年版，第184～185页。

需要指出的是，这仅仅是1964～1966年内迁重庆的部分企事业单位和职工，三线建设给重庆带来的外地移民数量远远不止于此。一是除了上述内迁的企事业单位外，1964年下半年至1967年国家还在重庆地区安排了59个大的骨干项目和配套项目的新建和改扩建工作。① 三线建设时期重庆地区实际安排有118家三线企业及科研单位，分布于市属8个区和10个县。② 这些新建和改扩建的项目同样需要迁入很多外地的技术工人和领导干部。例如，位于歌乐山脚下的新建厂，在三线建设时从长春第一汽车制造厂、杭发厂抽调管理干部和技术工人，仅杭发厂就内迁了职工及家属534人。③ 二是表3-1仅仅

---

① 方大浩等：《长江上游经济中心重庆》，当代中国出版社1994年版，第185页。
② 重庆市城乡建设管理委员会、重庆市建筑管理局编《重庆建筑志》，重庆大学出版社1997年版，第19页。
③ 傅时华主编《重庆康明斯发动机有限公司志·重庆新建机械厂篇》（未刊），2005年，第113页。

统计了 1964 年至 1966 年的内迁职工人数，1966 年之后内迁的三线职工，以及分配来的大中专毕业生和转业军人并未统计在内。三是除了内迁职工之外，还有大量的职工家属也陆续搬迁到三线地区，和家人共同居住生活。据估算，三线建设期间由外地迁入重庆地区的职工在 10 万人左右，再加上随迁家属，全部迁入人口当在 30 万人左右。①

在三线建设过程中，作为老工业基地的重庆也向其他地区如攀枝花、泸州、成都、自贡、绵阳等地输送了不少的技术力量与熟练工人。②他们迁移到这些地区，负责包建或支援当地的三线企业。如自贡空压机厂由重庆水轮机厂空压机车间负责包建，资中矿山机械厂由重庆通用机械厂负责包建，乐山通用机械厂由重庆二机校、重庆电机厂支援，先锋机床附件厂由重庆二机校支援。③这些厂里都有因三线建设而前来工作的重庆移民。当然，相比于迁入本地的三线移民，重庆外迁的移民数量则要少很多。

三、三线移民的去留抉择

在改革开放与三线建设调整改造之后，三线移民及其后代面临着离去、留守以及返回家乡等多种选择。进入 20 世纪 80 年代后，我国的国内外形势发生了很大的变化。中国实行改革开放，经历了一个由计划经济向有计划的商品经济，再向市场经济转变的过程。国家根据一部分地区先富起来带动全国共同富裕的大政策，重点实施了开发东部沿海地区的战略，东西部经济发展水平更加悬殊。一些三线企业亏损严重，职工生活困难。另外，三线企业军工任务不

---

① 吴家农、马述林：《重庆工业简史》，中共党史出版社 2023 年版，第 214 页。
② 何瑛、邓晓：《重庆三峡库区"三线建设"时期的移民及文化研究》，《三峡大学学报》（人文社会科学版）2012 年第 3 期。
③ 《重庆市机械工业志》编纂领导小组编《重庆市机械工业志》，成都科技大学出版社 1993 年版，第 302 页。

足，资源闲置，导致许多三线企业科技人员感到无用武之地。再加上国家改革人事制度，实行人才流动，于是三线企业技术人才大量流向东部沿海和大城市，出现了"一江春水向东流""孔雀东南飞"的潮流。不仅科研技术骨干"孔雀东南飞"，一般技术人员也纷纷"向东流"。此外，还有不少职工要求返回迁出地。因此，三线企业职工的流失率一度居高不下。据调查，当时三线企业人才流失比例一般达30%至50%，个别严重的甚至高达80%。例如，贵阳车辆厂是铁道部所属从事货车修理的大型企业，由于地处山沟，产品单一，80年代初期连年亏损。到1985年，5000多名职工中有1/3要求调离，400多名技术人员走得只剩下100多人。[1] 四川锦江油泵油嘴厂80年代"申请调离工厂的人员越来越多，以至于形成一种趋势，一种潮流"。到1984年4月，从该厂调离的职工达582人，其中技术干部81人，具有工程师职称的51人。仅在1986年4月的一次人事劳资会议上提出研究的调离申请人员就有146名，涉及该厂的15个车间、科室。[2]

重庆地区的三线企业同样面临着人才大量外流和职工返回迁出地的问题。尽管国家出台了对企业调整改造和解决三线职工困难的一系列政策，工厂也制定了种种规定，但并未产生预期效果。例如，重庆晋江机械厂（5057厂）在给上级部门的报告中写道："三线养不住人。建厂20多年来，工厂在山沟里生产、生活条件差，许多实际问题难以解决，导致职工不安心工厂建设。"这就造成"职工队伍不稳定，部分职工对工厂前途忧心忡忡，缺乏信心，工作、生活缺乏动力，人心涣散，专业技术骨干流失严重"[3]。据调离该厂的一位职工回忆："想从山沟到城里边来，这可能是当时大部分从三线企业跑出来的人重点考虑的一个原因。很多人都想从山沟到城市，在我

---

[1] 陈东林：《三线建设：备战时期的西部开发》，中共中央党校出版社2003年版，第386~387页。
[2] 于学文：《关于锦江厂兴衰的思考》，载倪同正主编《三线风云：中国三线建设文选》，四川人民出版社2013年版，第249~250页。
[3] 陈志强、明德才主编《晋江风采》，团结出版社2016年版，第174、197页。

之前已经走了不少，包括调到广州的，调回上海的，还有安徽的，太原的老职工调回去的还不少。"①

"三线人"离开三线企业主要有两类情形。一类是上述情况，即三线职工尤其是技术人员流向东部沿海地区和大城市。改革开放之后，这些地区的经济率先发展起来，并兴起了许多"三资企业"和乡镇企业，急需技术人才，"这对内迁职工是一个很好的机会"②，因而很多人纷纷选择前去工作。另一类则是内迁职工返回自己的家乡。进入20世纪90年代后，身在他乡的"支内"职工们大多已退休或无奈"内退"，加之对家乡的思念之情与日俱增，于是最终踏上了返乡之路。例如，当年从杭州汽车发动机厂内迁重庆的职工，"回去的占了多数"③。一位从上海到川渝地区参加三线建设的支内职工讲述了90年代后他们返回故乡的缘由。

> 随着国有企业改革的深入发展，进入90年代以后，原本就缺乏地理、资源、市场的大多数三线企业效益急剧下滑，工厂停产或半停产，职工大批下岗，支内职工也在劫难逃。当年来内地的小青年，如今一个个都已年过半百。企业为了实现所谓的减员增效，女四十、男五十的基本实行了"一刀切"。于是，多数人只能走"内部退养"或"提前退休"的无奈之路了。退休退养了，身在他乡的支内职工，就开始思念生养自己的故乡……在这种情况下，不少上海当年的支内职工打起了回家的主意。④

---

① 李治贤口述，张勇等采访整理《从军代表、三线职工到大学教授》，载张勇主编《多维视野中的三线建设亲历者》，上海大学出版社2019年版，第35页。
② 孙叶潮口述，张勇等采访整理《歌乐山下支内的杭州人》，载张勇主编《多维视野中的三线建设亲历者》，上海大学出版社2019年版，第68页。
③ 韩阿泉口述，张勇等采访整理《他乡是故乡》，载张勇主编《多维视野中的三线建设亲历者》，上海大学出版社2019年版，第76页。
④ 马兴勇：《故乡的云——一个上海支内职工的回家之路》，载倪同正主编《三线风云：中国三线建设文选》，四川人民出版社2013年版，第260页。

可见，在社会发生巨大变迁的情况下，很多当年的三线建设内迁移民在退休之后选择了返回家乡。不过，即使返回迁出地后，曾经的"三线人"也面临着户口、住房、养老、医疗、子女就业和社会再融入等诸多方面的问题。① 此外，由于收入有限、子女留居以及身体条件等种种原因，仍有一部分三线内迁移民选择留在当地，继续他们的晚年生活。如有一位当年从杭州内迁重庆的退休职工谈道：

> 在工作期间或者退休后有大部分人都想回杭州，但是我是不想了，为什么呢？我的娃儿全部都来了，全家都来了，在杭州只有姐姐；也没房子了，住的地方也没有了，就不想回去了。我在重庆待了有50年了，我现在84岁，只在杭州呆了三十几年，回去也没意思了。②

而三线内迁职工的子女，除一部分留守在三线企业或定居在重庆外，大部分都不愿意继续待在三线企业里，一些随父母返回家乡，另一些则散落到海内外各地。三线移民及其后代选择离去、留守或返回家乡的原因不尽相同，总体而言受到地区发展水平、企业及个人经济状况、个体发展、家庭及子女、生活习惯、故乡感情等多种因素的影响，也与他们的身份认同有一定关系。

四、三线移民的身份认同

身份认同是指主体对自身的一种认知和描述，是人们对"我是

---

① 详见唐宁《娘家行，未了情》，载倪同正主编《三线风云：中国三线建设文选》，四川人民出版社2013年版，第501~504页；傅晓莲：《落叶归根：返沪"三线人"生活状况调查》，载张勇主编《多维视野中的三线建设亲历者》，上海大学出版社2019年版，第294~303页。
② 韩阿泉口述，张勇等采访整理《他乡是故乡》，载张勇主编《多维视野中的三线建设亲历者》，上海大学出版社2019年版，第76页。

谁"的追问。从三线建设之初一直到如今,三线移民都面临着身份认同的问题。他们的身份认同主要包括地域身份认同和群体身份认同。

(一) 地域身份认同

地域身份认同是主体对"我是哪里人"的回答与认知。由于三线移民都是从外地迁到三线企业所在地的,家乡与居住地不一致,他们对于"我是哪里人"这个问题往往有着不同的答案。三线移民的地域身份认同大体可分为三类情况。①

第一类,认同自己是迁出地(故乡)人。中国人有着浓厚的故土情结,有的三线移民尽管已内迁并居住在重庆几十年,但依旧对家乡怀有很深的感情,加之亲戚、朋友大多也在家乡,因此他们年老或退休后,仍然想返回故乡。例如,有从天津内迁重庆的三线职工谈道:

> 我退休以后就和我老伴返回天津了。那时候我妈妈身体一直不是很好,我就想一退休马上就买火车票回去,还能多陪我妈妈一些日子。我老伴也是天津人,我俩就是要回家乡。我孩子都在重庆市,我小儿子顶替我去工厂上班了,我大女儿也在该厂上班。我把我的子孙献给了祖国三线建设,我和老伴也完成了任务。我们想回家乡看看,我大儿子在天津工作,回去也有个照应。②

一部分内迁到重庆的天津人"总认为自己不属于这里",认为他们"是天津人,最终要回到故乡"。尽管这些三线移民认为自己是迁出地(故乡)人,但他们毕竟在三线地区居住了很长时间,因而对

---

① 关于这三类情况,可参见林楠、张勇《三线建设移民二代地域身份认同研究——以重庆 K 厂为例》,《地方文化研究》2018 年第 2 期。
② 王玥:《第一代"三线人"身份认同研究——以 C 市 Q 厂为例》,长春工业大学硕士学位论文,2016 年,第 33 页。

迁入地重庆有了很深的感情,将其视为"第二故乡"。

第二类,认同自己是迁入地(重庆)人。一些三线移民由于在迁入地工作、生活了几十年,对当地的社会与文化已有了较好的适应,并在重庆安居乐业,因此对迁入地重庆的认同感很强,认为自己现在就是重庆人。有的天津内迁职工及子女返津后,仍然认同自己是重庆人。

> 我老伴在天津税务局,没跟我去支援三线。我刚回来的时候也是找不到地方,变化太快了。我这天津话也不太流利了,在重庆市呆久了,反而是那边的话说得溜一些。我家大儿子跟我回来以后也不愿意说自己是天津人,总说自己是重庆人。这不,现在又回重庆市了吧。①

第三类,既认同自己是故乡人又认同自己是重庆人。这部分人多是三线移民二代,他们受到童年记忆和父辈的影响,对故乡有较强的认同感。同时从孩提时开始,他们便同重庆孩子一起学习、玩耍,且人际关系圈多以本地人为主,因而对重庆亦有归属感。有些杭州内迁重庆的职工子女认为,"如果我回杭州,就是杭州人;如果我留重庆,就是重庆人"。他们既习惯吃杭州菜,又能吃重庆菜;既会讲杭州话,又会说重庆话。不管回到故乡,还是留在重庆,他们都能够较好地适应当地生活。笔者在四川等地调查时,发现有的三线移民及其后代存在双地认同的情况,如四川锦江油嘴油泵厂的上海移民二代便将其自身称为"川沪人"。②

三线移民及其子女的地域身份认同存在较大的代际差异。三线移民一代大多更认同自己是故乡人,而移民二代、三代中认同自己

---

① 王玥:《第一代"三线人"身份认同研究——以 C 市 Q 厂为例》,长春工业大学硕士学位论文,2016 年,第 41 页。
② 王晓华口述资料,张勇采访,2014 年 7 月 26 日。

是重庆人或两地人的比例则比一代更高。正如有的杭州内迁职工所言:"我们第一代过来的觉得自己是杭州人,我们脑海里面都会是杭州的影子。他们(二代)已经无所谓了,他们对杭州没什么感觉了,让他们回杭州住,他们还住不习惯。"①

此外,对于"我是哪里人"这个问题,有的三线移民的认识则较为模糊。例如,重庆晋江厂的支内职工陈志强谈道:

> 很多人问过我觉得自己是哪里人。首先我是在天津待了十八年的天津人,其次我又是在北京待了五年的北京人,然后我也是在太原待了两年的山西人,最后我是在重庆待了五十多年的重庆人。你说我算哪里人,连我自己也不知道。②

由于居住过多个地方,他对自己是哪里人没有明确的答案,有些模棱两可。这种情况不限于少数三线移民,有的人甚至对此深感困惑。例如,一位从山东内迁贵州的三线移民二代写道:

> 身份,这个问题多年困扰着我们这批三线二代。我相信我和我厂里的大多数朋友一样,被这个问题多年困扰,每每填写表格资料的时候,面对祖籍一项总会感到茫然。我是上大学后才清楚了我的几个亲姑姑分别是几姑,才知道我原来还有那么多表兄弟姐妹、堂兄弟姐妹。山东,对我似乎失去了意义。但久居的广州也会因为自己一口普通话将我拒绝,就算你在这里度过了漫漫的十几年。在贵州,拒绝我的原因也是一样的,因为一口流利的普通话,也因为不懂说方言,将我划分为外地(人),全然不曾有过归属,似乎只有对"折耳根"能找到些许

---

① 孙叶潮口述,张勇等采访整理《歌乐山下支内的杭州人》,载张勇主编《多维视野中的三线建设亲历者》,上海大学出版社 2019 年版,第 68 页。
② 陈志强口述资料,张勇采访,2019 年 4 月 14 日。

共同点。我们这些三线子女就像泰戈尔所说:"就像那永恒的异乡人,追逐这无家的潮水。"①

在这位三线移民二代心中,故乡山东对她"似乎失去了意义",而迁入地贵州又因为语言的原因将她划分为"外地人",使她"不曾有过归属",现在其居住的广州同样将她拒绝。可见,他们对故乡认识模糊,对迁入地也没有归属感,觉得自身的地域身份认同处于比较尴尬的境地。

(二) 群体身份认同

虽然三线移民对地域身份认同存在多种情况,但对群体身份的认同则较为一致,基本都认同"三线人"的身份。如前面提及的晋江厂支内职工陈志强认为:"大家都喜欢称呼我们这些人为'三线人',其实我也觉得我算'三线人',因为我的一辈子都奉献给了三线建设。"② 参加过三线建设或在三线企业工作过多年的人,大多对"三线人"这一群体身份认同感较强。

已有研究表明,"三线人"的群体身份认同经历了一个变化和构建的过程。③ 三线建设时期国家通过制度的形式对移民进行了强制性安排,因而在建设初期三线移民是"机械地、依借外力地对个体身份的消除和对群体身份的建构,群体的集体身份认同尚处于萌芽状态"④。在迁入地居住、生活了较长时间后,"三线人"集体身份的

---

① 闫菲:《我自豪,我是三线二代》,载《沧桑记忆——〈三线人家〉集萃》(未刊),2016年,第105页。
② 陈志强口述资料,张勇采访,2019年4月14日。
③ 参见施文《"三线人"身份认同与建构的个案研究——以陕西省汉中市回沪"三线人"为例》,华东师范大学硕士学位论文,2009年;余娇:《单位制变迁背景下"三线人"身份认同的转变与重构——以贵州军工国企S家属社区为例》,四川省社会科学院硕士学位论文,2015年。
④ 施文:《"三线人"身份认同与建构的个案研究——以陕西省汉中市回沪"三线人"为例》,华东师范大学硕士学位论文,2009年,第16页。

社会定义与个体身份认同之间逐渐随着时代的变化，从存在差异性转向产生某种契合点。但由于七八十年代有关三线建设的信息并未完全解密，加之单位制仍具有强大的控制力和深远的影响力，因此这一时期三线移民更认同自己是某某厂人，如认为自己是"晋江（厂）人"或"天兴（厂）人"，以和当地人相区别，但还没有明确提出"三线人"这一群体身份认同概念。

进入20世纪90年代，随着改革开放的进一步深入，单位制社会开始消解，同时第一代三线移民已进入老年时期，退休、下岗或返回故乡，他们开始追忆过往，更面临着自我认同的拷问。在他们与当地人、故乡人的交往、互动中，逐渐形成了"三线人"这个群体身份认同概念。笔者在许多场合，包括网络媒体、会议活动、实地访谈中都观察到许多三线建设者使用并认同"三线人"这一概念。

三线移民还通过聚会活动、撰写回忆文集等方式来强化"三线人"的群体身份。返回故乡的三线移民会举行定期聚会，他们通过互相倾诉、寻求身份归属感的重要方式，强化其"三线人"这一群体身份印记，对这一群体身份有了新的感知与重构，让"三线人"这一特殊的群体身份能在个体化与多元化的时代语境中得以维系。① 不论是返回家乡的上海人、天津人，还是杭州人，都采用这种方式来维系"三线人"这一群体身份。例如，当年从杭州内迁到重庆发动机厂的三线移民在返回杭州后，每年都会举行"岁月留下两代情"的主题聚会，"聊聊近来各自的状况，回忆当年在重庆的往事"②。2015年11月28日，在重庆的歌乐山上举行了"杭发厂支内来渝五十周年庆典"聚会，共有200多人参加，其中从杭州赶来参加聚会

---

① 施文：《"三线人"身份认同与建构的个案研究——以陕西省汉中市回沪"三线人"为例》，四川省社会科学院硕士学位论文，2015年，第36~38页；王玥：《第一代"三线人"身份认同研究——以C市Q厂为例》，长春工业大学硕士学位论文，2016年，第42~43页。
② 江飞波、冉文：《歌乐山"杭州大楼"的光辉岁月》，https://www.163.com/news/article/D22JLPGA00018AOR.html，2017年10月31日。

的"杭一代""杭二代"就有50多人。

除了聚会外,"三线人"还撰写了大量的回忆录、文学作品,在贴吧、QQ群、微信群等网络平台传播,甚至结集出版。在全国其他地方,已有三线建设者编撰了诸如《锦江岁月》《卫东记忆》《三线风云》《三线岁月》等回忆文集。重庆也有许多"三线人"编撰了本厂的厂史文集,如晋江厂的几位退休老职工共同编撰了《晋江记忆》《晋江风采》等文集。如今,一些"三线人"还与地方政府、媒体和学者合作,拍摄影像作品,保护和开发三线工业遗产。① 三线移民以各种形式和活动,来缅怀他们的青春,书写自己的历史,强化三线移民和"三线人"的群体身份认同。

五、结语

尽管三线移民数量庞大,涉及地域较广,但作为一种政府主导型移民,其搬迁速度较快,在短短数年间就已基本完成迁移。这与中央和地方、主管部门和企业、迁出地和迁入地的动员、组织以及前期准备有着密切的关系。三线移民在内迁之初对环境、工作与生活多有不适,经历了几年的磨合适应期之后,内迁的职工逐渐适应了三线企业的社会、工作与生活。但在改革开放与三线建设调整改造之后,三线移民及其后代又面临着离去、留守以及返回家乡等多种抉择,其抉择受到地区发展水平、经济状况、个体发展、家庭及子女、生活习惯、故乡感情等多种因素的影响。虽然三线移民对自身的地域身份认同仍存在差异,但他们对群体身份的认同却较为一致,基本都认同自己"三线人"的身份,并通过一些活动与形式来强化三线移民和"三线人"的群体身份认同。

---

① 详情参见张勇《历史书写与公众参与——以三线建设为中心的考察》,《东南学术》2018年第2期。

第二节　区隔与融合：三线建设内迁移民的文化适应及变迁*

　　三线建设，是中华人民共和国自 1964 年起在中西部地区进行的一场规模宏大、影响深远的经济建设。建设期间，大量一线地区（沿海和东北地区）和部分二线地区的工厂、工人及家属迁移到内地，由此产生了数百万名的三线移民①。这场大规模的移民迁徙运动，无论是对这些迁移者的命运与生活，还是对迁出地和迁入地的社会、经济及文化，乃至对整个国家和社会都产生了极其深远的影响。

　　近 30 多年来，学术界对三线建设及其相关问题展开了多方面的研究，取得了较为丰硕的成果。② 不过对于三线建设中的移民问题，目前仅有为数不多的几篇论文进行了研究。其中，陈熙、徐有威从人口迁徙过程的角度，对上海皖南小三线移民的动员、迁入、安置、回城等问题进行了探讨，认为上海小三线移民尽管在皖南落地 20 余载，却始终未能在当地生根。③ 王毅等以重庆地区为例，主要依据档

---

　*　本节原刊于《江海学刊》2020 年第 1 期。《高等学校文科学术文摘》2020 年第 3 期转载。
　①　如果加上三线移民的后代，数量则更多，当在千万人以上。
　②　关于三线建设的研究成果及现状，可参见段娟《近 20 年来三线建设及其相关问题研究述评》，《当代中国史研究》2012 年第 6 期；张勇：《社会史视野中的三线建设研究》，《甘肃社会科学》2014 年第 6 期；徐有威、周升起：《近五年来三线建设研究述评》，《开放时代》2018 年第 2 期；张勇：《历史书写与公众参与——以三线建设为中心的考察》，《东南学术》2018 年第 2 期。
　③　陈熙、徐有威：《落地不生根：上海皖南小三线人口迁移研究》，《史学月刊》2016 年第 2 期。

案资料，从工资奖金、物价、劳动福利、生活物资供应等方面论述了三线内迁职工面临的社会生活问题，并分析了重庆市委及相关部门针对这些问题的解决措施。① 这些学者的研究并未专门关注三线移民的文化问题，而实际上在长达几十年的时间里三线移民经历了诸多方面的文化适应，其文化也产生了巨大的变迁。

那么，内迁之后三线建设移民进行了哪些方面的文化适应？各自有什么样的具体表现？三线移民文化与三线厂矿文化是什么关系？三线移民文化及厂矿文化是否就是迁出地文化和迁入地文化的嫁接与融合？要想解答这些问题，研究者必须选择一个重点区域，在收集各类资料和进行实地调查、口述访谈的基础上展开深入研究。重庆是三线建设的重点地区，拥有数十万名三线移民。因此，本节主要以重庆地区为重点，兼及其他地区，通过阐述三线移民在迁入地的文化适应及表现，来剖析三线移民文化和三线厂矿文化的本质，并讨论不同移民类型和迁入地的区隔与融合问题。

一、三线移民内迁初期的不适

三线移民大多来自沿海地区或发达城市，他们基于不同的考虑内迁到三线地区②，由于迁入地与迁出地在气候、地形等自然环境以

---

① 参见王毅、钟谟智《三线企业的搬迁对内迁职工生活的影响——以重庆的工资、物价为例》，《中共党史研究》2016年第4期；王毅、万黎明：《三线建设时期重庆地区内迁职工社会生活问题探析》，《当代中国史研究》2019年第1期。她探讨的是三线建设初期内迁职工面临的社会生活问题，并且更多依据档案资料从政府层面分析解决措施，并未从民间视角关注三线移民在三线建设及调整改造几十年中的社会文化适应及变迁问题。

② 三线移民内迁参加建设的动因各不相同，既有受国家号召感染的积极响应者，也有对自身和家庭的理性权衡者，还有无奈或"无知"的从众者。关于三线建设内迁移民的动因、选择与顾虑，可参见施文《"三线人"身份认同与建构的个案研究——以陕西省汉中市回沪"三线人"为例》，华东师范大学硕士学位论文，2009年，第13~14页；李浩：《上海三线建设搬迁动员工作研究》，华东师范大学硕士学位论文，2010年，第14~15页。

及工作环境、生活条件等方面都存在极大差异，因而他们在内迁初期多有不适。

从外地迁入重庆地区三线企业的移民，首先最不适应的就是当地的气候和地形。许多从外地迁入重庆的三线职工觉得这里的气候非常潮湿、酷热，而他们怕热、怕潮。① 位于大山深处的重庆晋林机械厂"因为海拔高，有 1000 多米，天天都是下毛毛雨"，职工很不习惯。② 江津的晋江厂同样建于山沟中，这里的内迁职工大多来自山西，他们发现"山沟里冬季阴冷潮湿，出太阳的日子少，阴天或雾天多，往往连续几天绵绵雨""每到夜晚，就让在冬季有暖炕的北方人着实难受一番"。③ 重庆地区属于山区，许多三线军工企业更是建在大山深处，群山环绕、崎岖不平的地形超出了他们的预想，艰苦"情况比预想的要困难得多"④。一名大学毕业被分配到重庆晋林机械厂的职工说："这里交通非常不方便。我后来到厂里，登到山顶，所看到的全是小馒头山，除了山没有别的，真的是大山深处!"⑤ 就连重庆市郊改扩建企业的三线内迁职工，一时也对此无法适应，认为"这里夏天热得要命，蚊子毒咬人疼，冬天又潮又冷""这边全是山路，每天走路都要很小心，更别说骑自行车了"。⑥

三线移民在迁入初期对工作条件、生活状况极为不适和失望。重庆晋林机械厂"在那个洞子里头，第一看不清楚，第二关节炎很

---

① 王毅、万黎明：《三线建设时期重庆地区内迁职工社会生活问题探析》，《当代中国史研究》2019 年第 1 期。
② 陈宏逵口述，张勇等采访整理《我与重庆三线建设的调整改造》，载张勇主编《多维视野中的三线建设亲历者》，上海大学出版社 2019 年版，第 8 页。
③ 吴学辉：《吃喝拉撒睡那些杂碎事》，载陈年云、吴学辉主编《晋江记忆》（上），团结出版社 2016 年版，第 196 页。
④ 涂建勋：《我在三家军工企业的三线生涯》，载张勇主编《多维视野中的三线建设亲历者》，上海大学出版社 2019 年版，第 117 页。
⑤ 陈宏逵口述，张勇等采访整理《我与重庆三线建设的调整改造》，载张勇主编《多维视野中的三线建设亲历者》，上海大学出版社 2019 年版，第 6 页。
⑥ 王玥：《第一代"三线人"身份认同研究——以 C 市 Q 厂为例》，长春工业大学硕士学位论文，2016 年，第 28 页。

严重"①。从天津内迁到重庆的改扩建企业——重庆起重机厂的职工发现，到了该厂，"工作条件真的是差呀"，"（它）不是一个国营企业工厂，而是几个私营老板合资搞的一个条件简陋的厂，虽然工人也很多，规模也不小，但生产效率极低，生产水平也不高"。② 三线企业遵循"先生产，后生活"的原则，因而初期三线职工的生活条件普遍很差。他们坦言："在那么困苦的情况下白手起家，条件很差。说老实话，我们在山沟里生活非常苦！没有正常的生活渠道，副食品特别缺少，当年一个月一斤肉。"③ 尤其是从沿海发达城市来的三线移民，更会对迁入地的生活条件不满意。有的内迁职工觉得宿舍条件差，如内迁人口较多的重庆机电厂职工及家属认为他们的"宿舍小，家具摆不下。宿舍质量差，大小便很不方便"④。甚至有人说："重庆在我们眼中不过就是个大县城而已。而那时候这种落差，让我们对重庆的环境、各种生活条件都很不满意。"⑤ 内迁到重庆晋江厂的职工陈志强在回忆建厂初期的艰苦生活条件时，更是感慨颇多：

> 我们当时的生活条件相当不好。第一，重庆气候太潮湿了，睡一晚上起来连被子都是湿的；第二，喝水没有自来水，只有田坎里的稻田水，生活极其不方便；第三是没有厕所，我们有时候上厕所都只有去农民家，或者就在没人的地方解决了，当

---

① 陈宏逵口述，张勇等采访整理《我与重庆三线建设的调整改造》，载张勇主编《多维视野中的三线建设亲历者》，上海大学出版社2019年版，第13页。
② 王玥：《第一代"三线人"身份认同研究——以C市Q厂为例》，长春工业大学硕士学位论文，2016年，第28页。
③ 陈宏逵口述，张勇等采访整理《我与重庆三线建设的调整改造》，载张勇主编《多维视野中的三线建设亲历者》，上海大学出版社2019年版，第8页。
④ 重庆市经委：《重庆电机厂内迁工作情况简报（第一期）》，重庆市档案馆藏，卷宗号：1102-3-429。
⑤ 王玥：《第一代"三线人"身份认同研究——以C市Q厂为例》，长春工业大学硕士学位论文，2016年，第30页。

时真的没有办法；第四，当地没有设置蔬菜队，我们吃的菜都是汽车从外面运进来的，我第一次吃到的藤菜是汽油味的，因为拉菜的车要拉汽油回来，所以就染上味儿了。当时真的是物资缺乏，粮食要跑到二十里地外去买，买菜都要去7公里外的夏坝或去10公里外的广兴买……不习惯的地方太多了，吃、住、行种种都不适应！①

迥异的环境和艰苦的条件，使得晋江厂的很多支内家庭最初都不愿意搬迁过来。② 即使是已经内迁到重庆的三线职工，仍有一些出现了思想上的波动。由于远离家乡、条件差、生活不习惯，有的企业"部分职工到厂后不够安心"，甚至"要求调回老厂"。③ 通过有关部门的政策解决和工厂多次做思想教育工作，并经历了最初几年的磨合之后，内迁职工才逐渐适应了三线企业的环境、社会与文化。

二、三线移民的文化适应及其表现

三线移民内迁之后的文化适应，既有对迁出地文化的继承，也有与迁入地文化的融合，这在语言、饮食、风俗习惯、文化娱乐、社会关系、群体心态等方面体现得较为明显。

（一）语言

语言是人类最重要的交流工具。外地移民迁到三线地区之后，首先面临的就是语言问题。大多数内迁职工及家属原本的方言与迁入地重庆的方言存在较大的差别。因而他们与重庆本地的职工和周

---

① 陈志强口述资料，张勇采访，2019年4月14日。
② 赵双龙：《三线时期父亲在晋江厂的经历》，载陈年云、吴学辉主编《晋江记忆》（上），团结出版社2016年版，第77页。
③ 《国营第五六四厂厂史》（未刊），1988年，第46页。

边居民在使用各自的方言进行交流时，就会存在一定的障碍，甚至产生了一些笑话或误会。不过，这种语言交流的尴尬随着时间的推移出现的次数越来越少。在后来长期的交往过程中，外地移民和本地职工及居民相互学习，使得工厂内外的语言交际发生了变化，并形成了极具三线特色的"厂矿普通话"。

来到一个新的环境中，三线移民为了减少对外交流中的障碍，会对其所使用的语言进行相应的调整，常常会根据不同的对象和场合使用不同的语言。在家庭内部以及老乡之间，他们会以家乡话进行交流。如从杭州内迁而来的职工，"相互之间都是讲杭州话"，"在家里面就更要讲杭州话，跟孩子也是说的杭州话"。[1] 在工厂中同从其他地方来的职工交流时，通常会使用带有各自地方口音的"厂矿普通话"。"大家相互交流说普通话，对外窗口、正规场合都说普通话。"[2] 在和当地居民打交道时，则会使用普通话，或者学说当地话。正如晋江厂的支内职工所说："在厂里，职工们一般用普通话进行交流。但在私底下面对自己的老乡的时候，我们还是会讲家乡话。在重庆待的时间长了以后，我在面对重庆人的时候，偶尔也会说些重庆话。"[3]

三线移民的迁入使得三线单位内部及周边人群中形成了移民迁出地的方言、迁入地的方言和"厂矿普通话"等多种语言形式，并相互产生影响。如在以上海人为移民主体的工厂周边，当地农民之间流行着"鸡毛菜""塔菇菜""不搭界"等上海方言词汇。[4] 一些从上海来的三线移民也会积极地向当地人学习方言，因而他们的上海话中时常夹杂着一些当地方言。[5]

---

[1] 韩阿泉口述，张勇等采访整理《他乡是故乡》，载张勇主编《多维视野中的三线建设亲历者》，上海大学出版社 2019 年版，第 74 页。
[2] 陈登义口述资料，张勇采访，2016 年 5 月 18 日。
[3] 岳云鹏口述资料，张勇采访，2019 年 6 月 16 日。
[4] 蓝卡佳、敖钰：《三线建设言语社区语言生活》，《小说评论》2013 年第 S1 期。
[5] 倪同正口述资料，张勇采访，2017 年 9 月 8 日。

三线移民不论是一代还是二代，大部分都会讲几种语言。据调查，在有的三线单位，双语型的厂矿职工比例占了 78.5%，多语型的厂矿职工占了 21.5%。① 三线移民一代和二代所使用的语言都会随着时间的推移而发生变化，晋江厂就是很好的例子。

> 在 70 年代以前，基本上都是（讲）普通话比较多一些；到 70 年代以后，重庆人、四川人多了以后，说本地话就比较多一些了。由于外地人在重庆、在晋江厂待的时间比较长了，基本上本地话他们也能听得懂。老一辈的人呢，他们听得懂（重庆话）了，基本上还是不怎么说，他们的后代就要说得多些了。三线建设者的下一代，在重庆长大的这批人，小孩一般都是家长是哪个地方的人，就说哪里的话。到后来时间长了，跟大家在一起了，有时候也会重庆话了。②

从代际差异来看，三线移民一代所使用的语言主要以家乡话和普通话为主，虽然有的也能讲一些迁入地方言，但多半"乡音难改"，有少数人至今仍只会讲家乡话。三线移民二代所使用的语言则主要以普通话和迁入地方言为主。他们由于从小就在三线单位所在地生活，从幼儿园到中学，"厂矿普通话"已经成为他们的日常交际语言，所以他们学习和使用普通话的机会大大增加，许多三线移民二代能讲一口流利的"厂矿普通话"。如晋江厂的小孟到重庆的时候才两岁，如今她已经不会说家乡话了，"她的口音是那种混着东北话、山西话及重庆话的普通话"③。三线移民二代也在当地的环境中

---

① 蓝卡佳、敖钰：《三线建设言语社区语言生活》，《小说评论》2013 年第 S1 期。
② 李治贤口述，张勇等采访整理《从军代表、三线职工到大学教授》，载张勇主编《多维视野中的三线建设亲历者》，上海大学出版社 2019 年版，第 31 页。
③ 孙晓筠：《17 年大移民——三线建设调查报告》，载倪同正主编《三线风云：中国三线建设文选》，四川人民出版社 2013 年版，第 235 页。

学会了重庆话，有的甚至说得很"地道"。①

语言社会学认为，人们所使用的语言与社会环境之间会相互作用并产生社会效应。有研究者指出，在三线工厂相对封闭而又相对多元化的语言环境中，人们会因为频繁的语言接触而发生语言行为和语言态度的转变，进而导致自身语言的变异；抑或形成一种新的交际语言，即带有极强语言特征的"厂矿普通话"。②迁出地的家乡话、迁入地的方言和"厂矿普通话"三者在这一特殊群体中长期相互影响和融合。

（二）饮食

饮食是三线移民面临的另一个需要适应的问题。从东北、沿海等地区内迁而来的移民，饮食口味与迁入地的重庆人差别较大。例如，内迁到重庆起重机厂的天津人更习惯北方口味，"由于饮食的差异，我们喜欢吃面，南方喜欢吃米饭"，"吃不惯辣椒"。③内迁到晋江厂的山西职工"喜欢吃面食和醋"，他们发现"重庆人喜欢吃腊肉和豆花，口味偏辣"。④内迁过来的上海人最初在饮食上也不习惯，"吃不惯重庆麻辣，也不像重庆人那样大块吃肉，大碗喝酒，更不会在餐桌上扯起喉咙、唾沫横飞地划拳"。在有的上海人看来，"麻辣伤胃，烈酒伤肝，大块吃肉不利养身，饭桌上划拳不卫生"⑤。内迁到重庆的杭州人亦如此，因为"杭州饮食偏甜，口味较清淡纯鲜；重庆饮食多麻辣"⑥。

---

① 孙晓筠：《17年大移民——三线建设调查报告》，载倪同正主编《三线风云：中国三线建设文选》，四川人民出版社2013年版，第230页。
② 蓝卡佳、敖钰：《三线建设言语社区语言生活》，《小说评论》2013年第S1期。
③ 王玥：《第一代"三线人"身份认同研究——以C市Q厂为例》，长春工业大学硕士学位论文，2006年，第32页。
④ 岳云鹏口述资料，张勇采访，2019年6月16日。
⑤ 向军、贺怀湘：《中梁山有个上海村》，《重庆晚报》2009年1月16日。
⑥ 颜研：《三线建设内迁职工的社会适应研究——以重庆K厂为例》，《大东方》2017年第5期。

除了饮食口味外，一些三线移民的饮食习惯也与迁入地的重庆人有较大的出入。从山西内迁到重庆的职工觉得，当地的饮食比较丰富，"家家都可以做一桌很丰富的宴席；北方人就不行，吃得很简单，观念不一样"①。重庆本地人认为，上海职工"请客很讲究，每道菜虽然分量不多，但品种丰富，而且少而精，一顿饭下来，既能吃饱吃好，还不浪费"②。杭州人买菜、做菜的习惯也不一样，"在买菜的时候，重庆人习惯大块大块地买，但是杭州人就是半斤几两地买。杭州人做的饭菜都是盛小碟就上桌了，有精巧细致、江南人家的秀气之处，不像重庆人这般豪放"③。

　　很多三线移民保持着一些家乡的饮食习惯，因而来自不同地方的职工都会做一些具有地域特色的食物，风味各异。例如，据重庆晋江厂有的职工回忆，在春节期间大家轮流坐庄，各显身手，"到我家，我动手做上两道苏州的传统菜——熏鱼和蛋饺来招待大家。到张发春家，他的拿手好菜——烧白和夹沙肉也颇受欢迎。到了校长顾锡生家，他让女儿顾丽娜包上山西水饺，使我们南方人品尝到了北方味道"④。除了主菜外，三线职工也会做很多家乡口味的小吃。

　　面对饮食习惯的差异，有一些三线移民仍保持着自己的家乡口味。例如，有的上海人认为"麻辣伤胃，烈酒伤肝，大块吃肉不利养身，饭桌上划拳不卫生"，因此一直在饮食上"保持着上海餐饮的清淡"。⑤ 时至今日，有的杭州内迁职工的厨房依然是杭州风格，"有白砂糖，但没有豆瓣酱，也没有花椒、辣椒等调料"⑥。而另一

---

① 陈志强口述资料，张勇采访，2019 年 4 月 14 日。
② 向军、贺怀湘：《中梁山有个上海村》，《重庆晚报》2009 年 1 月 16 日。
③ 颜研：《三线建设内迁职工的社会适应研究——以重庆 K 厂为例》，《大东方》2017 年第 5 期。
④ 卢季川：《山沟里的春节》，载陈年云、吴学辉主编《晋江记忆》（上），团结出版社 2016 年版，第 214 页。
⑤ 向军、贺怀湘：《中梁山有个上海村》，《重庆晚报》2009 年 1 月 16 日。
⑥ 江飞波、冉文：《歌乐山"杭州大楼"的光辉岁月》，https://www.163.com/news/article/D22JLPGA00018AOR.html，2017 年 10 月 31 日。

些移民家庭，在部分保留家乡口味的同时，也逐渐接受了当地的口味和食品。一位上海移民在讲到家庭饮食习惯的变化时说：

> 我家保留了比较有特色的上海菜，像油面筋包肉、荠菜馄饨等。我知道重庆人嗜辣，但我不太能吃辣，所以家里的口味还是以清淡为主。在重庆待久了，我也逐渐接受了以前不食用的食物，如折耳根、火锅等，但太辣的食物我还是不能接受。由于儿子们从小在重庆长大，所以他们比我们老两口更能吃辣。①

在长期的交往过程中，三线移民和当地人的饮食习惯必然会相互影响，并随着时间的流逝和交往的增多，逐渐发生变化。在吃的食物方面，外地移民和本地人原来各有偏好。例如，上海人、杭州人喜欢吃螺蛳、河虾，而重庆本地人以前不吃。"本地人不爱吃虾，但在外省人眼中，却是不可多得的高蛋白佳肴。但凡农贸集市有卖，那些南方老乡便蜂拥而上，一抢而光。慢慢地，四川（重庆）职工也开始买给孩子吃，再慢慢地，小小的河虾价格便暴涨起来。"② 后来受外地人影响，重庆本地人也开始吃这些东西。

迁入地的饮食口味及习惯对三线移民的影响则更为明显。外来移民们慢慢适应了重庆当地的口味，有的也能吃一些麻辣口味了。尤其是单身职工在与本地人结婚后，饮食习惯开始发生变化。有的移民表示，"在与妻子结婚之后，虽然妻子做饭口味会迁就着他，但生活中免不了会做一些重庆口味的饭菜"，因此他也开始适应重庆的口味了。③ 双职工家庭大多数时候是买菜在家做饭的，因此家乡的饮

---

① 岳云鹏口述资料，张勇采访，2019年6月16日。
② 岳云鹏：《桃子沟轶事》，载陈年云、吴学辉主编《晋江记忆》（上），团结出版社2016年版，第163页。
③ 颜研：《三线建设内迁职工的社会适应研究——以重庆K厂为例》，《大东方》2017年第5期。

食习惯沿袭得较多,但他们的子女基本都已习惯了重庆口味。正如杭州内迁三线职工坦言:"我们以前做菜做出来都是杭州口味的,现在我和夫人有的时候吃杭州口味,有的时候也能吃稍微带点辣的,但是不能多吃,我们下一代基本上是重庆口味。"①

这种饮食上的适应其实是外地职工及家属和本地人相互学习、文化融合的结果。四川锦江厂的上海支内职工"向非沪籍邻居传授了烧红烧肉、香葱烤大排、煎炒素鸡"的技艺,而他们也"向四川邻居学会了自制川味香肠、烟熏肉,学成了烧炒多道川菜",自觉受益匪浅。② 在重庆晋江厂,山西人向邻居学习刀削面,当地人向山西人学习包饺子,还有山西特别的"合子饭"——把所有菜和饭混在一起乱炖,最后重庆本地人也习惯这样吃了。③ 外地移民在三线地区饮食方面的适应和变迁,就是一个文化相互融合的过程。

(三) 风俗习惯与文化娱乐

风俗是特定社会文化区域内人们共同遵守的行为模式或规范,包括群体性格、节日、婚姻、丧葬等方面的内容。三线移民内迁后,一方面延续了家乡的一些习俗,另一方面受迁入地文化影响,习俗趋于在地化,并在此基础上形成了具有三线厂矿特色的一些习俗。

三线移民在三线单位工作、生活时,仍延续迁出地的一些习俗传统。例如,晋江厂重庆本地的职工发现,一些从山西内迁而来的职工吃饭时仍保持着北方人的传统习俗:用饺子招待客人,以表示对客人的尊重;吃饭时,女性和孩子都不得上桌。④

---

① 韩阿泉口述,张勇等采访整理《他乡是故乡》,载张勇主编《多维视野中的三线建设亲历者》,上海大学出版社 2019 年版,第 73 页。
② 饶启良:《难忘锦江邻里情》,载锦江油泵油嘴厂退管站编《锦江岁月》(第一册)(未刊),2006 年,第 270~271 页。
③ 陈志强口述资料,张勇采访,2019 年 4 月 14 日。
④ 吴学辉:《吃喝拉撒睡那些杂碎事》,载陈年云、吴学辉主编《晋江记忆》(上),团结出版社 2016 年版,第 191 页。

在群体性格方面，上海人的"精明"在其与当地人打交道时展现得十分明显。在本地人眼中，上海人"不论男女，购物买菜砍价都很厉害"。不仅如此，"八成人家都备有一副杆秤，每次买菜回家，他们不忘称一下是否缺斤少两"，如果吃亏了，"准会提着菜篮返回论理"。因此，本地人"几十年与'阿拉人'打交道，不仅领略了'阿拉人'的精明，还学会了'阿拉人'的节约习惯"。①

三线移民在长期社会交往中，也受到当地文化因素的影响，性格、习俗逐渐具有当地的一些特点。例如，一名重庆青山公司的子弟在谈到该厂习俗变化时说道：

> 重庆人耿直豪爽，外地来到青山公司的成员也受到一定熏陶与感染；又如当地重"礼尚往来"，久而久之青山公司的员工和家属也就入乡随俗了；在节气习俗方面，已有部分青山人大年十四过元宵和璧山人一致，但也有保持大年十五的；婚丧习俗则完全本地化，依当地风俗行事。②

三线单位里人们的节日习俗，既有迁出地文化的影子，也深受本地习俗的影响，并且在三线厂矿独特的社会环境中，还形成了具有鲜明厂文化特色的一些习俗。以春节为例，三线厂矿在进行贴春联、守岁、吃饺子、拜年等传统春节活动的同时，还出现了其他一些颇具厂矿特色的习俗形式，如做花灯。晋江厂人"一般都用薄竹片和皱纹纸制作"，然后"牵上电线，接一个25W的小灯泡放在灯笼之中，把它挂在门口的过道上"。③厂里的团拜和拜年活动其乐融

---

① 向军、贺怀湘：《中梁山有个上海村》，《重庆晚报》2009年1月16日。
② 付令：《三线企业社会特征探微》，《科技广场》2006年第9期。
③ 邓玉霞：《过年》，载陈年云、吴学辉主编《晋江记忆》（上），团结出版社2016年版，第218~220页。

融，并与一般的农村和城市社会不同。① 它是在三线企业的熟人化关系网络中和社会主义集体化生活背景下，由移民文化、本地文化与集体性的厂文化混合而成的。正是在这种社会文化背景下，"三线厂的人们大都没有什么迷信风俗讲究，一切从简，简简单单，朴朴素素。风俗文化经过混合后变得十分简单，没有满月、三岁、圆锁、搬家等那么多麻烦的名堂，结婚单位车间一顿席，葬礼厂里一个追悼会，人们在简单的仪式中表达着更纯洁的情意"②。

三线工厂内的文化娱乐活动颇有特色，一些活动具有"鲜明的地域特色"。例如，学生玩游戏，"四川籍同学喜欢抓子"，"北方来的同学则玩一种丢布包的游戏"，"跳皮筋是天南地北的同学共同的项目"。③

三线厂矿大多位于偏远之地，加之时代的限制，因而"三线人"在文化生活方面比较匮乏，"除了8个样板戏和屈指可数的几个电影以及千篇一律的报纸内容，其他都是严禁的"④。为了丰富职工的业余生活，工厂也会组织一些体育比赛和文艺汇演。当然，最吸引职工及其家属的就是看电影。"放电影可是山沟文娱生活的一件大事。每逢影期，每个职工家庭全体出动去广场观看露天电影。孩子们更是早早地吃完晚饭，拿着小板凳到广场占据一个好位置。"⑤ 在那个物资和文化都十分匮乏的年代，工作之余看一场露天电影，对"三线人"来说自然是一种享受。他们认为，那时看露天电影，"尽管夏

---

① 详情参见唐良竹《难以忘怀的记忆》，载陈年云、吴学辉主编《晋江记忆》（上），团结出版社2016年版，第86页。
② 胥磊：《我的第一故乡——三线分指》，载张勇主编《多维视野中的三线建设亲历者》，上海大学出版社2019年版，第232页。
③ 田丽芳：《桃子沟的故事》，载陈年云、吴学辉主编《晋江记忆》（上），团结出版社2016年版，第227页。
④ 唐良竹：《难以忘怀的记忆》，载陈年云、吴学辉主编《晋江记忆》（上），团结出版社2016年版，第84页。
⑤ 岳云鹏：《桃子沟轶事》，载陈年云、吴学辉主编《晋江记忆》（上），团结出版社2016年版，第164页。

天蚊叮虫咬，冬天寒风刺骨，不过比起封闭的山沟，赶个场都要走七八里地的三线人而言，还是非常值得的"①。

三线移民和其他的职工及其家属一样，过的都是三线厂矿里封闭而又独特的集体文化生活。他们的文化娱乐活动与工作、生活一样都带有浓厚的三线厂矿集体生活的色彩。最明显的莫过于所有人的工作与生活节奏都统一于工厂里的军号声和广播。

> 作息时间大多就是靠这每天早中晚的军号。上班的工人、干部是如此，上学的学生是如此，就连在家的家属、老人也是如此。只要军号声一响，整个工厂就开始伴随着动人的《东方红》乐曲苏醒，踏着《三大纪律八项注意》节奏去工作，在《国际歌》声中入梦……上班工作、上学学习的迟到、早退都是以军号的结束、开始为准的，再没有其他的时间依据。②

这种集体性的文化生活是特殊时代的社会环境作用于三线企业的产物，企业又通过组织文体活动来丰富职工及其家属的精神生活，并增强内部的凝聚力和认同感，发挥政治动员、经济生产、社会控制等单位组织的功能。

（四）社会关系与群体心态

三线企业大多位于偏僻、闭塞的环境之中，几代人在此环境中成长，三线移民与其他"三线人"的社会关系呈现熟人化、网络化的特点。例如，重庆晋林机械厂"总共编制只有2000多人，所以全部都是熟悉的面孔，都相互知道，每个人都认识。最后发展得就像

---

① 刘明康：《记忆中的露天电影》，载陈年云、吴学辉主编《晋江记忆》（上），团结出版社2016年版，第205~207页。
② 杨晋琥：《回荡在山沟里的军号声》，载陈年云、吴学辉主编《晋江记忆》（上），团结出版社2016年版，第167页。

一个部落一样,亲上加亲,相互联姻,最后大家转弯抹角地都是亲戚"①。经过几十年的积淀,"职工都生活在亲缘和地缘关系交织而成的关系网中,这张关系网,无论在时间的纵轴上,或在空间的横轴上都可以无限地延伸,每个职工家庭,便是关系网上的纽结,有的父子变成了同事,上下级变成了亲戚,谁和谁都不能不沾亲带故"②。在三线企业内部,血缘、姻缘、业缘关系相互交织,形成了一张错综复杂的"关系网"。

三线企业这种内部化的社会关系,在婚姻关系上体现得更为明显。三线企业"职工的配偶来源更多的是本厂内部,和外部结婚的少"③。三线企业出现婚姻关系的内部化,是因为偏僻、闭塞、孤立的环境导致人们寻找婚姻伴侣的圈子极小,不得不在内部"解决"。就如晋江厂职工所言:"因为圈子小的原因,我们厂双职工的比例很高。其实厂内也像一个小社会一样,绝大部分的交往甚至通婚都是在厂内进行的,因为也没有办法出去。"④ 由婚姻关系形成的亲属网络和其他社会关系一道共同构建起了三线企业盘根错节的社会关系网络。⑤

三线企业内部熟人化、盘根错节式的社会关系具有两面性。一方面,这种社会关系使得"三线人"注重相互间的关心和亲情。如同晋江厂人所言:

---

① 陈宏逵口述,张勇等采访整理《我与重庆三线建设的调整改造》,载张勇主编《多维视野中的三线建设亲历者》,上海大学出版社2019年版,第7页。
② 禾夫:《人情·关系·网——三线企业内人际关系微观》,《中国职工教育》1994年第2期。
③ 蓝勇口述,张勇等采访整理《一位历史地理学者眼中的三线企业》,载张勇主编《多维视野中的三线建设亲历者》,上海大学出版社2019年版,第112页。
④ 陈志强口述资料,张勇采访,2019年4月14日。
⑤ 陈超对四川锦江厂的婚姻家庭等社会关系做过研究。参见 Chao Chen. "Labeled Clanization: the Social Structure in A Third Line Enteprise." *Labor History*, Vol. 57, 2016 (5), pp. 671–694. 中文版参见陈超《标签化的族群:一个三线企业中的社会结构》,周明长译,《江苏大学学报》(社会科学版) 2018年第5期。

从全国各地调来的人们，共同生活在这个相对封闭的"小社会"山沟里。三线厂就像是一个大家庭，工厂领导好比是"家长"，每个人都好像是家庭成员，人与人之间像是兄弟姐妹，父一代、子一代的传承，工厂的命运联系着每一个家庭和每一个人，在这个"小社会"里有一种自然产生的亲情。①

随着交往的增多，不同群体之间的隔阂被打破，或者说隐藏了起来，更多呈现内部融合的态势。"生活时间长了，南北方人慢慢地都融合了，就像一家人一样，关系相处得还是比较融洽的，和现在城里人住楼不一样，厂里走家串门、互帮互助是经常的事儿。"② 此种人际关系和氛围，使得许多外来者都深感这里"民风淳朴"。③ 一些长期生活在这些企业中的职工搬到城市后，仍非常怀念这种"亲密无间"的和谐关系，甚至难以适应城里冷漠的人际关系。

另一方面，这种社会关系造成企业内部血缘、姻亲关系复杂，带来管理上的问题。有的家庭在同一企业中的各种亲戚多达几十甚至上百人，人们相互依存的关系非常明显。这就导致企业在内部管理和改革中很难撕破"面子"，打破"人情"关系，做到严格管理。④

相对于三线移民在单位内部的紧密交往，他们与周边居民的交往则较少。由于三线单位的封闭性和保密性，工厂严禁周边村民进入生产区，与当地人保持着一定的距离。三线移民往往远离所在地的主流群体，与所在地社会的互动十分有限，封闭的群体生活导致其外部社会关系网络单一甚至匮乏。"由于他们被关在山里边，他们

---

① 陈志强：《三线建设风雨三十年》，载陈年云、吴学辉主编《晋江记忆》（上），团结出版社2016年版，第60~61页。
② 李治贤口述，张勇等采访整理《从军代表、三线职工到大学教授》，载张勇主编《多维视野中的三线建设亲历者》，上海大学出版社2019年版，第32页。
③ 四川锅炉厂政研会：《三线企业的文化困惑》，《思想政治工作研究》1994年第5期。
④ 四川锅炉厂政研会：《三线企业的文化困惑》，《思想政治工作研究》1994年第5期。

对于对外沟通、社会交流缺乏渠道。"① 有研究者调查发现，这些外来移民社会交往的范围主要集中在企业内部，当单位这一避风港难以给他们提供有限的生活保障，需要他们从当地获取社会资本时，社会关系网络的匮乏常常使其与当地人交流力不从心。②

包括三线移民在内的"三线人"长期处于封闭、自给自足的单位"小社会"中，整体意识、价值取向的一致性使其群体气质趋于保守、惰性，具有内敛、祥和的"单位人""厂矿人"气质。③ 同时，三线单位特殊的生活环境使得"三线人"形成了独特的心理状态和群体性格。正如有的研究者所言，在建设时期，"三线人"尽管面对所处的闭塞地理位置和迁入地落后的社会面貌时常会产生孤独感与失落情绪，但是特殊的社会经济地位和文化优势使他们又具有一定的心理优越感，因而其群体性格具有明显的双重性，即优越感和自闭性兼具。改革开放之后，当三线企业陷入困境并逐渐衰落时，"三线人"自然会心理失衡，情绪沮丧，群体性格更加内向，群体心态显得混乱而迷惘，个体心理则出现躁动和不安全感。④ 因此，三线移民的文化适应和社会融合，必然是一个长期、复杂且艰难的过程。

三、三线移民与厂矿文化的本质及变迁

（一）三线移民与三线厂矿文化

三线移民内迁后进行了多方面的社会文化适应。通过他们在语言、饮食、风俗习惯、文化娱乐、社会关系与群体心态等方面的表

---

① 陈登义口述资料，张勇采访，2016年5月18日。
② 刘有安：《孤岛文化背景下的移民社会文化适应》，《内蒙古社会科学》（汉文版）2009年第5期。
③ 付令：《三线企业社会特征探微》，《科技广场》2006年第9期。
④ 刘有安：《孤岛文化背景下的移民社会文化适应》，《内蒙古社会科学》（汉文版）2009年第5期。

现可以看出，三线移民的文化适应及变迁产生了两方面的结果。一是对迁出地部分文化的延续，并受到迁入地文化的影响。这在语言、饮食、风俗习惯等方面体现得较为明显：大部分三线移民既讲家乡话，也学会了当地话；既保留着家乡的饮食口味和习惯，也能在一定程度上接受当地饮食；既沿袭了迁出地的部分风俗习惯，又受到了迁入地风俗的影响。二是在特殊的社会文化背景下，形成了独具特色的三线厂矿文化。例如，在三线单位中出现了占据主流的"厂矿普通话"，"三线人"的集体文化生活、社会关系与群体心态则更具有鲜明的三线厂矿文化特色。因而三线移民在语言、饮食、风俗习惯、文化娱乐、社会关系与群体心态等方面的文化表现，在很大程度上体现了三线厂矿文化的特色。

在三线单位中，除了内迁移民外，招工人员（包括返城知青）、复员转业军人、大中专毕业生也是"三线人"群体的重要组成部分[1]，此外还有大量的职工家属。三线移民和其他来源的职工及家属一道，在时代洪流和特殊的三线单位环境中共同孕育了三线厂矿文化，这种文化既带有外来文化和本土文化的因子，又是社会经济制度和集体化时代的产物。因此，三线移民文化是三线厂矿文化的重要组成部分，属于三线厂矿中的亚文化。有些文化现象不是三线移民所独有的，而是整个三线厂矿的共性。三线厂矿文化具有突出的时代性、集体性、封闭性和自足性等特征。

（二）三线厂矿的社会文化本质

三线厂矿呈现这些文化特征，是由其社会文化本质所决定的。从社会角度来看，三线厂矿是一种介于城乡之间的特殊"单位社会"；从文化角度来看，三线厂矿是当代中国一种典型的"文化孤岛"。

---

[1] 陈超对内迁工人、返城知青和复退军人三类群体的特点及职业机会有深入的剖析。参见 Chao Chen. "Labeled Clanization: The Social Structure of a Third Line Enterprise." *Labor History*, Vol. 57, 2016 (5), pp. 671–694。

对于三线厂矿的社会特征，可以从人口密度、生产方式、户籍身份、生活方式、社会差异、社会关系等方面来分析。三线厂矿通常在一个较小的空间范围内聚集了几千甚至上万人，人口密度较大。这些厂矿主要从事工业化生产，区别于周边地区的农业生产，往往形成"墙内飞机导弹，墙外刀耕火种"的分隔状况。居住在厂区内的人员，除了为数不多的民工和部分家属外，大部分人都具有城镇户籍，显然官方将他们纳入了城市人的管理体系中。由于我国在当时业已确立严格的城乡二元体制，户籍制度的藩篱基本上使得周围农村人口进入三线企业成为产业工人的可能性丧失，导致三线企业的职工与周边的农村人分属两类世界。同时，"三线人"在吃、穿、住以及文化娱乐、福利保障等方面皆有别于周边的农村人，有着独特的厂区生活方式。三线厂矿内部的职业分工较为简单，职工们的工作与生活环境基本相同，社会角色也较为相似，因而社会内部的差异性不大，具有很强的同质性。在同一个封闭的环境中，"三线人"相互之间比较熟悉，关系亦非常密切，"血缘、姻缘、人缘形成了一个无法解开的关系网"。

由此可以看出，在人口密度、生产方式、户籍身份、生活方式等方面，三线企业具有城市社会的诸多特征；而从地理环境、社会差异、社会关系等方面来看，三线企业又具有乡村社会的部分特点。在中国特殊历史背景下形成的三线企业，是一种介于城市和乡村之间的特殊社会组织形式。究其社会本质，三线厂矿这种组织形式，就是一种特殊的"单位社会"。

三线厂矿是在计划经济时代，国家大力支持下营建起来的国有企业，它和其他单位一样具有经济、政治、社会三位一体的功能。企业的全部经济活动，包括原料供应、生产销售、劳动力使用、报酬支付、利润分配，都由上级行政机构根据计划控制，严重依赖国家的调控。工厂通过健全的党群组织对行政管理进行监督，直接行使行政管理权，并通过政治思想工作和党员先锋模范作用来调动全体职工的积极性①，以达到政治动员的目的。在计划经济体制下，企业代表国家对职工负起生老病死的无限义务，向其提供就业、住房、医疗、娱乐等社会保障服务。加之地处偏僻的农村、山区，三线企业为寻求生存，不得不搞"小而全""大而全"，尽可能做到配套成龙，工厂里的各种生活、医疗、教育设施一应俱全，成为一个封闭的小社会。

当然，由于受地理环境和形成背景的影响，作为一种特殊的"单位社会"，三线企业有着不同于普通单位组织（包括其他国有企业）的一些特点。比如，三线厂矿的封闭性和自给自足性体现得更为明显，在文化层面呈现文化孤岛的特征。②

"文化孤岛"是指某一人群在某一地域与主流群体隔离居住而形成的社区。其特点是社区内人口处于相对的少数，文化也异于周边，如同一个孤立于汪洋大海之中的小岛。文化孤岛不仅是地理位置上隔离于主流群体，在文化、心理上更是与主流群体存在较大的差异和隔阂。③

三线厂矿是在我国中西部地区形成的一类典型的文化孤岛。三线厂矿虽然在物质、技术、资金等方面对当地农村及农民有一定的援助，当地也在土地、建材、劳动力等方面给予三线厂矿支持与配合，但作为"嵌入型"企业，三线厂矿与当地的交流、互动仍然较少。同时，三线厂矿大多建在偏僻的农村、山区，加之军工单位的保密性和严格的城乡二元体制，"三线人"与当地主流群体的交往保持着一定的距离。"三线人"尤其是三线移民在语言、风俗习惯、文化娱乐、社会关系、群体心态等方面都与当地人存在较大差异和隔阂，从而形成了文化孤岛。

---

① 路风：《单位：一种特殊的社会组织形式》，《中国社会科学》1989年第1期。
② 对三线厂矿"单位社会"特点的探析，详见张勇《介于城乡之间的单位社会：三线建设企业性质探析》，《江西社会科学》2015年第10期。
③ 刘有安：《孤岛文化背景下的移民社会文化适应》，《内蒙古社会科学》（汉文版）2009年第5期。

三线厂矿成为文化孤岛，主要与三线厂矿偏僻的地理位置、特殊"单位社会"的管理模式与生产方式，以及群体心态的优越感、自闭性有关。受"靠山、分散、隐蔽"选址方针的影响，三线厂矿大多建在偏僻的农村、山区，甚至大山的山沟、山洞中。三线企业地理位置的偏僻成为文化孤岛形成的地理条件，使得企业职工的居住生活社区与主流人群隔离开来，妨碍了双方文化的交流与传播。文化孤岛虽然给"三线人"带来了安全感，但也将"三线人"尤其是三线移民与当地社会隔离开来，拉大了二者之间的距离。

在计划经济时代，单位社会具有经济、政治、社会三位一体的功能，企业代表国家对职工进行管理和约束。三线企业是在国家的统一规划下建立起来的特殊单位社会，自然会受到有关部门的严格控制，企业也会强化内部的管理机制，有的甚至实行半军事化管理，限制职工与外界的过度接触。作为一个封闭的单位"小社会"，三线厂矿里的生活、医疗、教育设施一应俱全，基本能做到自给自足，因此工厂和职工无须与当地有过多的互动。

三线厂矿从事的是工业生产，代表的是工业化时代先进的生产力，相对于周边农村的农业文明来说具有天然的文化优势。同时，三线厂矿的职工属于国家干部和工人，整体的文化水平和社会经济地位明显高于周边农村居民。这就使得"三线人"具有心理上的优越感，不仅当地农村人，甚至连地方企业的职工都瞧不上。葛兆光先生在回忆20世纪70年代贵州的三线建设移民时说：

> （他们）保持着外地人的口音、衣着、圈子，本地人对他们的敬畏，又增加了他们的自负。特别是，当时从下乡的知识青年里招工，因为是中央级厂矿，又是保密的电子设备生产单位，所以要选根红苗正的，只有本土优秀和纯粹的年轻人，才有可能进入这些地方。这种优选法包括地区的差异和出身的差

异，又加上了文明（技术）的差异，更激发了他们的倨傲和狂妄。①

这种优越感一方面加强了"三线人"的内部凝聚力，另一方面又造成了他们的自我心理隔离和当地人对其的疏远，形成游离于当地文化之外的文化孤岛。这种社会与文化上的区隔在改革开放之前十分明显，使得三线移民并未融入当地社会之中。

（三）改革开放后的文化变迁

三线建设时期（20世纪六七十年代）的三线厂矿是一种单位"小社会"和文化孤岛，三线移民文化也保持着一定的地域文化特色。随着时间的推移，尤其是改革开放和三线建设调整改造之后，三线厂矿和三线移民文化都发生了巨大的变迁，三线移民的迁出地文化色彩趋于淡化，三线厂矿文化逐渐与当地文化相融合，并趋于同一。

三线移民及三线厂矿文化的变迁，是受到内外诸因素影响的结果。从内部来看，八九十年代以来，三线厂矿的群体结构发生了较大变化。第一代"三线人"（包括三线移民）逐渐老去，他们或落地生根，留在当地；或落叶归根，返回故乡。第二代、第三代"三线人"中的一部分代替父辈继续在三线企业工作，另一部分则通过考学、外出务工等方式离开了三线企业。此外，企业还补充了不少大中专毕业生、复转军人以及通过社会招工和"农转非"等方式进厂的人员。以三线移民为代表的外地人所占比例越来越小，本地人的比重逐渐上升，同时三线企业中的人员也从稳定趋向流动状态，三线企业内部的这些变化导致其文化也随之产生了较大变迁。

从外部来看，进入八九十年代后，国家对三线企业进行了调整

---

① 葛兆光：《非青非红》，《贵阳文史》2009年第5期。

改造，一些企业搬离偏僻之地，迁到城市或者郊区，与本地居民有了更多交往。同时在改革开放过程中，三线单位的特殊政策被取消，其需要和更多企业、地方社会频繁接触，"单位办社会"的情况一去不复返。如此一来，单位社会和文化孤岛就失去了依存的地理条件和制度壁垒，企业的职工和家属与周边居民在生产、消费、婚姻、文化娱乐等方面有了更多的互动，三线移民文化和厂矿文化融入当地文化就成为必然的趋势。

在此背景下，三线移民在语言、饮食、风俗习惯、文化娱乐、思想观念等方面都发生了巨大的变化。在留有某些迁出地文化因子的同时，三线移民更多地融入当地文化之中。就连第一代内迁到重庆的杭州人，现在也是"一边用杭州话交流，一边手搓四川麻将"[1]。更不用说第二代、三代移民，他们大多能讲一口流利的重庆话，也能适应重庆麻辣的饮食口味，风俗习惯也多入乡随俗，"依本地习俗行事"[2]。

四、总结与讨论

可以看出，三线建设内迁职工及其家属的文化适应，大体经历了三个阶段的变化。内迁初期，三线移民在环境、工作、生活等方面面临着不适。此后，他们在语言、饮食、风俗习惯、文化娱乐、社会关系等方面进行了调适，并形成了独具特色的三线移民文化和厂矿文化。三线厂矿文化具有时代性、集体性、封闭性、自足性等特征，这是由三线厂矿的社会和文化本质所决定的。从社会角度来看，三线厂矿是一种介于城乡之间的特殊单位社会；从文化角度来看，三线厂矿是当代中国一种典型的文化孤岛。此种社会与文化上

---

[1] 江飞波、冉文：《歌乐山"杭州大楼"的光辉岁月》，https://www.163.com/news/article/D22JLPGA00018AOR.html，2017年10月31日。

[2] 付令：《三线企业社会特征探微》，《科技广场》2006年第9期。

的明显区隔，使得建设时期的三线移民并未真正融入当地社会之中。改革开放之后，受到内外诸因素的影响，三线移民文化及厂矿文化发生了巨大的变迁，逐渐与当地文化相融合。

值得注意的是，建设时期三线移民的文化适应及变迁出现了两方面的结果：一是对迁出地部分文化的延续，并受到迁入地文化的影响；二是在特殊的社会文化背景下，形成了独具特色的三线厂矿文化。不过，三线移民文化及厂矿文化并非迁出地和迁入地文化的简单嫁接，三线移民及厂矿也未与当地产生实质性的融合，而是在部分延续或吸收迁出地、迁入地文化的基础上，结合特殊的社会、文化环境，形成了一类独特的社会组织与文化形式。

三线移民文化及厂矿文化并非迁出地和迁入地文化的简单嫁接与融合，这与中国历史上的大多数移民事件存在较大区别。不论是秦汉时期中原向巴蜀和西南夷地区的移民、魏晋及两宋时期北方人口向南方的迁移、明清时期"湖广填四川"移民、抗战时期沦陷区人口的内迁，还是当代三峡库区移民的外迁安置、城市化背景下农村人口向城市的迁移，这些移民来到迁入地之后，都会与当地社会及人群发生不同程度的互动，其移民文化也是基于迁出地和迁入地文化的延续与融合。

不过，三线移民及厂矿的情形也并非孤例。它与明代江南移民迁徙贵州所形成的屯堡人、当代新疆地区的生产建设兵团等，颇有相似之处。[①] 这些由官方力量主导而形成的移民社会所具有的占据优势的技术与文化、独特的管理模式和严格的制度堡垒，以及相对偏僻的地理环境，使其在较长一个时期内都保持了自身的社会文化特征，并未实质性地与当地社会相融合，形成了与周边区隔明显的"小社会"。只有当其内外环境发生剧变后，在这些文化孤岛和当地

[①] 已有学者意识到屯堡人与三线移民的相似性，具体可参见吴斌、李建军《一个屯堡家族的变迁：在国与家之间》，载西南大学历史地理研究所编《中国人文田野》第五辑，巴蜀书社2012年版，第161~162页。

社会之间的隔膜才会消失。就如同三线厂矿，改革开放之后单位社会和文化孤岛失去了依存的地理条件和制度壁垒，他们才逐渐融入当地社会。这显然属于另一种移民社会与文化的类型。

除了历史学界外，移民的文化适应问题也为社会学界、人类学界以及心理学界所关注。但综观各学科的研究，不论是文化适应的双维度理论还是多维度理论，都没有从历时态和共时态相结合的角度来考察移民在不同社会、文化环境中所形成的社会组织与文化形式的不同类型。因此，对于外来移民与迁入地互动所形成的不同社会文化类型之间的差别、机理等问题，仍有待进一步探讨。

第三节　同级分化：三线建设企业职工的群体构成与社会关系[*]

一、引言

三线建设是中国自 1964 年起进行的一场以备战为指导思想的大规模国防、科技、工业和交通基本设施建设。据不完全统计，三线建设时期建成了近 2000 家大中型工矿企业。[①] 在这些三线企业中，各自工作、生活着上千至数万名不等的职工及其家属，这个数量极其庞大的人群构成了三线建设的主体。

"人"是历史学和其他人文社会科学的核心研究对象，也理应成为三线建设研究最重点的观照对象。对于三线建设中的"人"，学术界已从前期对相关领导人的研究转变到如今对普通建设者的关注，并围绕三线移民、家属工等群体进行了专题研究。[②] 不过，目前对三

---

[*] 本节原刊于《江海学刊》2023 年第 4 期，合作者为张艳萍。
[①] 国防科工委三线建设调整协调中心编《三线建设调整改造总结文集》（未刊），2006 年，第 18、28 页。
[②] 关于三线移民的研究成果主要有：陈熙、徐有威：《落地不生根：上海皖南小三线人口迁移研究》，《史学月刊》2016 年第 2 期；林楠、张勇：《三线建设移民二代地域身份认同研究——以重庆 K 厂为例》，《地方文化研究》2018 年第 2 期；袁世超、马万利：《迁移、发展与融合：宁夏三线建设历史考察》，《宁夏社会科学》2019 年第 5 期；张勇：《三线建设移民的内迁、去留与身份认同——以重庆地区移民为重点》，《贵州社会科学》2019 年第 12 期；张勇：《区隔与融合：三线建设内迁移民的文化适应及变迁》，《江海学刊》2020 年第 1 期。关于三线企业"家属工"的研究成果主要有：曲贵卿：《半边户中的家属工：（转下页注）

线企业中的群体构成进行整体勾勒，并就各类群体的差异做深入分析的研究仍相对阙如。陈超在英文论著中，以四川锦江油泵油嘴厂（以下简称锦江厂）为例分析三线企业的社会结构，指出该企业的职工主要包括内迁工人、返城知青和复退军人三种类型，这三类不同来源的"族群"（clanization），具有各自的特点和"标签化"（labeled）的日常生活，并影响其职业机会和社会关系。① 陈超的研究重点强调三线企业内部群体的差异性，拓宽了三线职工群体研究的新视角，对本研究颇有启发性。

然而，撇开陈超在论文中使用的"族群""标签化"等概念是否贴切不论，他在锦江厂的这些"发现"能否适用于其他三线企业？使用口述访谈和观察法等方法归纳出的群体构成及其影响，能否通过数据统计与分析予以验证？更为重要的是，对群体差异影响职业发展、社会关系的归因可做何理论解释？围绕上述思考，笔者做了一些研究尝试，重点选择一家更为典型的三线企业——重庆晋江机械厂（以下简称晋江厂），利用多种类型的资料和口述访谈、数据统计与分析、观察法等方法，并结合其他三线企业的情况，试图勾勒出三线企业中群体（重点是职工）的来源构成及其分化的整体面貌，

（接上页注②）一种边际性身份的社会建构与地位抗争——以吉林省 A 企业生命历程为研究背景》，浙江师范大学硕士学位论文，2009 年；陶宇、王玥：《"家属工"：集体记忆中的制度变迁与身份实践——以 Q 市 H 厂为例》，《福建论坛》（人文社会科学版）2016 年第 2 期；吴海琳、刘思瑶：《单位制度变迁中身份认同的社会建构——以 S 厂的"三线家属工"为例》，《人文杂志》2019 年第 2 期。他们都是以东北的小三线企业为个案，进行的"家属工"身份认同与社会建构问题研究。

① 参见 Chao Chen. "Labeled Clanization: the Social Structure in a Third Line Enteprise." *Labor History*, Vol. 57, 2016 (5): 671 – 694。论文中文版参见陈超《标签化的族群：一个三线企业中的社会结构》，周明长译，《江苏大学学报》（社会科学版）2018 年第 5 期。又见 Chao Chen. *Toleration: Group Governance in a Chinese Third Line Enterprise*. Singapore: Palgrave Macmillan, 2018. 陈超将三线企业中内迁工人、返城知青和复退军人等不同来源的群体称为"族群"，将他们之间的差异及特征归纳为"标签化"，这些概念在翻译成中文时也由陈超确定。

展现这些群体的内外部社会关系，并探讨他们在文化与生活、职业发展、婚配选择等方面存在差异的深层次原因。

二、三线企业中的群体构成及差异

陈超研究的锦江厂是一家位于四川彭州的三线民用企业，而笔者重点研究的晋江厂是一家位于重庆的典型三线军工企业。晋江厂的原厂址位于重庆市江津区的桃子沟，它从1966年开始筹建，1971年7月正式投入生产，1973年基本建设竣工，完成验收。该厂在三线建设时期隶属于第五机械工业部，主要生产59式100高炮、66式152加榴炮、54式122榴炮、59-1式130加农炮等军品铸件。1980年之后，工厂在军品大幅度减少的情况下，实行"军转民"，逐步从单纯的生产型企业向经营型企业转变。到1988年底，全厂职工、家属总数达到4688人，其中全民所有制职工2046人，厂办大集体职工536人。除了转型之外，调整改造时期的晋江厂还面临厂址搬迁等问题，于是从20世纪末至21世纪初搬迁至重庆市巴南区的鱼洞，并入重庆大江工业有限责任公司（简称大江公司）。近年来大江公司日益衰落，但许多原晋江厂的职工和家属却通过撰写网络文章、出版厂史文集、调研三线企业、保护工业遗产和参与全国性的研讨活动等方式，书写与重构着工厂的历史与他们的记忆。

三线建设是基于备战的考虑而实施的，因此国防与军工系统建设是首要目标。重庆在三线建设时期被定位为常规兵器工业基地，是全国三线建设的重点地区。作为重庆地区的三线军工企业，晋江厂经历了从选址、建设、生产到调整搬迁、产业转型等相对完整的演变历程，相较于成都附近的民用企业锦江厂，在三线企业中更具典型性，因而成为笔者的重点研究对象。

笔者从2015年至今，先后数次前往江津的老厂区和巴南的现厂区进行田野调查，并长期与该厂的多名人员保持着密切的交往，访谈了包括原工厂书记、厂长、中层干部、车间职工及其家属、子弟在内的数十位人员，搜集了包括企业档案、厂史、厂报、回忆录在内的各种文献资料。难得的是，笔者还搜集到了晋江厂1985年完整的职工花名册，该花名册包括了绝大部分职工的多种信息。在邀请相关人员对花名册信息进行核实和补充后，笔者对该厂职工的来源做了较为详细的统计，并在此基础上结合文献和访谈资料探讨三线企业的群体构成及差异。

（一）职工来源的多样化

三线企业中的群体主要由工厂职工及其家属两部分构成，首先来看职工群体的构成情况。笔者收集到的晋江厂1985年职工花名册，包括了每位职工的姓名、性别、出生年月、参加工作时间、工作职务、工资级别、政治面貌、籍贯等基本个人信息。我们请极为熟悉该厂情况的原厂办主任协助，在每位职工的个人信息中添加了职工来源和配偶来源等重要内容，并将这些信息全部录入电脑，对职工的相关信息进行统计与分析。表3-2为晋江厂1985年各部门职工来源的统计情况。

表3-2 晋江厂职工来源（1985年）

单位：人，%

部门	群体							
	支内职工	支内二代	返城知青	复转军人	招工社青	调入职工	大中专毕业生	小计
管理部门	188	101	77	125	24	21	26	562
生产部门	142	364	268	236	82	17	20	1129
后勤部门	61	23	17	31	5	28	23	188
合计	391	488	362	392	111	66	69	1879
合计比例	21	26	19	21	6	4	4	100

注：此表统计的主要是全民所有制职工，许多"家属工"或临时工并未被统计在内。在中国的职工群体中，还有普通工人和干部的划分，本节旨在探讨三线企业中不同来源的群体，故不专门讨论工人与干部的区别，尽管这种区别在当时讲求"身份制"的中国较为明显。

通过表3-2可以看出，1985年晋江厂正式职工的来源包括支内职工、支内二代、返城知青、复转军人、招工社青、调入职工、大中专毕业生七类。其中，支内职工、支内二代、返城知青、复转军人是工厂职工的主体，从社会招工进厂的青年、从其他地方调入的职工以及分配到厂的大中专毕业生所占比例都较低。表3-2反映的是1985年的情况，如果追溯至20世纪70年代，支内二代基本都还是几岁至十多岁的孩童或青少年，尚未成年的他们自然还没成为工厂职工。因此，70年代该厂职工的主体就是支内职工、返城知青、复转军人三类群体。

锦江厂职工的来源情况也大同小异。据厂志记载，1985年锦江厂有正式职工2189人，其中，从上海柴油机厂、无锡油泵油嘴厂和贵州柴油机厂调来的支内职工453人，从上柴厂技校、上建厂技校分配来的毕业生354人，从天津工业会计学校、天津农机校、洛阳拖拉机厂技校、上海新华护士学校分配来的毕业生60人。从外地毕业分配来的技校生进厂后不必经历3年的学徒工阶段，直接可以按月领取一级岗位工资，从事生产活动，因而也可以看作外地来的支内工人。此外，从本地招收的新工人（包括返城知青）、安置的复员转业军人、大中专毕业生和本厂技校生以及零星调入的工人共计1322人。[①] 通过晋江厂和锦江厂的数据都可以看出，三线企业职工的来源多样，其中支内职工、返城知青、复转军人三类群体构成了20世纪七八十年代职工的主体。

（二）主要职工群体

支内职工（又称内迁职工）大多是来自一线的东部沿海地区和东北地区的工人与干部，也有部分来自二三线地区。内迁职工的选拔主要有两个条件：一是政治条件，"那些政治表现比较好的，家庭

---

① 《锦江油泵油嘴厂厂志》（未刊），1986年，第2页。

出身也好的"，才可能被选拔出来支援内地的三线建设①；二是技术条件，要选拔能力强的干部、技术好的工人支援建设。当然，作为一线地区参与包建或援建的工厂领导来说，还需要考虑平衡，既要根据上级部门指示选拔"好人好马"，又不能因为援建、搬迁而使本厂精英流失殆尽，"垮掉了也不行"②。

支内职工到三线地区参加建设的动因、考虑各不相同。李浩认为，职工在支内时有主动参与型、被动参与型和投机型三种类型③；施文的观点也较为相似，认为支内职工中既有受国家感召的追梦人，也有考虑未来生活和家庭发展的理性权衡者，以及具有随意性的无知选择者④。此外，被选中的人员中仍有少数基于个人和家庭等因素的考虑不愿意去，此时工厂往往会利用党群组织做动员工作。⑤

在建设初期，三线企业中支内职工所占的比重较大，因而成为建设的生力军。例如，锦江厂的支内职工和外地技校毕业生直到1985年都还有867人，占职工总数的40%。支内职工来自全国各地，但通常从援建、包建厂来的职工最多。锦江厂由上海柴油机厂大力援建，因此该厂中的上海工人比其他内迁职工的总和还多；晋江厂由山西机床厂主要包建，所以内迁职工中山西人占据多数。值得注意的是，内迁职工在工资政策方面与本地职工有所不同。计划经济时代，我国工人的工资按地区划分为不同的类别，三线建设时期属于一线地区的上海为八类地区，属于三线地区的重庆为四类地

---

① 杨尔萍口述，孙清林等采访整理《为航天事业奉献一生的女战士》，载张勇主编《多维视野中的三线建设亲历者》，上海大学出版社2019年版，第94页。
② 孙叶潮口述，张勇等采访整理《歌乐山下支内的杭州人》，载张勇主编《多维视野中的三线建设亲历者》，上海大学出版社2019年版，第63页。
③ 李浩：《上海三线建设搬迁动员工作研究》，华东师范大学硕士学位论文，2010年，第18页。
④ 施文：《"三线人"身份认同与建构的个案研究——以陕西省汉中市回沪"三线人"为例》，华东师范大学硕士学位论文，2009年，第13~14页。
⑤ 王世铭口述，张勇等采访整理《三线企业的厂办教育》，载张勇主编《多维视野中的三线建设亲历者》，上海大学出版社2019年版，第39~40页。

区。重庆和上海的一级月工资平均差距约为10元，八级月工资平均差距约为20元，在当时的收入水平下这个差距颇大。① 支内职工迁往三线地区之后，在最初几年仍然享受的是迁出地的工资标准，因而支内职工的工资比同级的本地职工要高上一截。

支内职工大都是经过严格挑选，并接受过一定教育，技术熟练的工人，因而成为三线企业的骨干。他们"是工厂的顶梁柱"，"肩负了建厂和工厂初期发展的责任"，甚至被认为是"工厂的灵魂"。②

"知青"即"知识青年"的简称，指的是自1968年一直到1978年从城市下放到农村或兵团务农的年轻人，这些人中大多数只接受过初中或高中教育。从1971年开始，在农村的部分知青开始返回城市工作，"文革"结束后知青返城更是达到了高潮。将返城知青招工进厂成为解决其就业问题的重要途径，三线企业同样招收了大批知青。截至70年代末，锦江厂共招收约900名返城知青，几乎占到当时全厂职工总数的1/3。③

大多数在农村的知识青年想方设法要回到城市里去，能通过招工的形式进入工厂工作他们自然求之不得。据参加过招工的人员回忆："招工的时候，那些知青都是很想回城的，特别是老知青，年龄也到了，也二十七八了，依照招工条件的话，是不行了的。好多都主动来找我们，来求我们，有时候有的人还会拿点东西来求我们，是拼命地想回城。"④ 不过，三线工厂招收知青的条件比较严格，"一必须是知识青年，二必须有当兵的身体条件，三必须要政治审查合格"。选拔比例较低，如有的公社前来参加招工的有80多名知青，经过两个多月的

---

① 王毅、钟谟智：《三线企业的搬迁对内迁职工生活的影响——以重庆的工资、物价为例》，《中共党史研究》2016年第4期。
② 陈宏逵口述，张勇等采访整理《我与重庆三线建设的调整改造》，载张勇主编《多维视野中的三线建设亲历者》，上海大学出版社2019年版，第7页。
③ Chao Chen. "Labeled Clanization: the Social Structure in a Third Line Enteprise." *Labor History*, Vol. 57, 2016 (5): 671–694.
④ 韩阿泉口述，张勇等采访整理《他乡是故乡》，载张勇主编《多维视野中的三线建设亲历者》，上海大学出版社2019年版，第74~75页。

政审、体检和文化考试，最后只有 6 名合格的知青被挑选进厂。①

幸运地被选中的知青，进厂之后通常先要参加学习班，接受政治教育和三线企业的厂规、厂纪、保密、安全教育，再到车间部门跟着师傅做三年的学徒工，然后才能转正。虽然要做三年学徒工，有的还需在恶劣的环境中从事繁重的工作，进厂知青仍倍感幸运和光荣。一名通过招工进入晋江厂的知青感慨道：

> 虽然我们每天都是在这种噪音与粉尘弥漫、烟熏火燎相杂的环境下工作，但是，仗着我们年轻力壮，又有当知青两年多时间体力劳动练就的身板基础，翻动几十上百斤的铁疙瘩还是不在话下的。更使我们自我宽慰的是，在一个蛋白质和脂肪都相当缺乏的年代，全国人民生活都十分艰苦，能有较高的工资收入和粮食定量，每月又有固定的保健食品供应，对我们这些经过三年灾荒吃过糠、十六七岁下了乡的知青来说，能这么早就招工出来，而且还在一个国防军工厂当工人，毕竟是很光荣的事。从当时那种历史背景看，这种很有吸引力的物质与精神条件，很容易很自然地让我们这批不到二十岁的小青年安下心来，好好工作。②

三线企业职工中的第三类群体，是通常被认为政治上高度可靠的复转军人。当然，招收复转军人并不是三线企业的独有情况。美国学者裴宜理指出，农民出身的转业士兵占到了中国国有企业职工数很大的比重。③ 在三线企业中复转军人的比例则更高，如晋江厂 1985 年的复转军人占职工总数的 1/5 以上。

---

① 黄德彬：《大山里的青春年华》，载陈年云、吴学辉主编《晋江记忆》（上），团结出版社 2016 年版，第 127 页。
② 吴学辉：《晋江岁月：一段抹不去的记忆》，载陈年云、吴学辉主编《晋江记忆》（上），团结出版社 2016 年版，第 106～107 页。
③ 裴宜理：《1957 年的上海罢工潮》，《中国季刊》1994 年总第 137 期。

复转军人包括复员军人①和转业干部两类，一般而言"战士是复员，干部是转业"②，因此复转军人包括从部队退役的干部（军官）和士兵两类。当时军官退役后，由政府直接安排工作，其中部分转业到三线企业；而士兵退役后，基本都返回原籍，当时的士兵大多来自农村地区，一部分经过推荐选拔后"幸运"地进入三线企业工作。

在三线企业中，士兵和干部因为身份的不同通常会被分配到不同岗位上。士兵"一般都是一线工人，他们被安排到车间后一般都有师傅带，或是送到技工学校，先学上一年，然后放在车间由师傅带"。转业干部"很多都是去做政工工作"，如任支部书记，或在工会工作，也有一些人当车间主任。③ 在工厂中，转业干部在定级时有一定优势，"学徒转正后才是一级工，转业军人一进厂就是二级工"④。整体而言，三线企业复转军人中复员士兵的人数远多于转业干部，而转业干部的职位级别则高于复员士兵。因为复员军人（普通士兵）在整个复转军人中占据大多数，故后面主要以复员军人为主探讨复转军人的相关问题。

这些来自农村的复员军人的伴侣绝大多数是农村妇女，他们中的很大一部分在进厂之前就已和农村姑娘结婚了；即便进厂时未婚，他们原本的身份也很难使其能够选择城里或厂里的姑娘做妻子，只得寻觅农村姑娘为妻。复员军人的妻子在家务农，子女出生后通常也跟着母亲，属于农村户籍，这种家庭被称为"半边户"家庭，即"一工一农"的家庭。由于家在农村，很多工厂附近的复员军人每天一下班就要赶回农村的家，稍远的一般也要周末赶回去，致使其平时极少参加单位的各类活动。每逢春耕、秋收农忙时节，这些复员军人

---

① 陈超在论文中称其为"复退军人"。
② 李治贤口述，张勇等采访整理《从军代表、三线职工到大学教授》，载张勇主编《多维视野中的三线建设亲历者》，上海大学出版社2019年版，第26页。
③ 周国良口述资料，张勇采访，2014年7月23日。
④ 陈志强口述资料，张勇采访，2019年4月14日。

"都会请假回去，造成工厂季节性的减员，影响工厂正常生产"①。

复转军人中虽有少数转业军人进厂后成为干部，并有所成就，但大部分复员军人的职业发展机会并不多。他们在工厂中的地位普遍低于支内职工和知青，有的支内职工更是给予了他们一个略带歧视性的称呼——"老转"。②此外，由于家安在农村，他们的孩子通常不能像其他职工的子女一样在厂子弟校中接受教育。他们与其他群体在社会生活、家庭关系、子女教育等方面的差异甚为明显。③

（三）其他职工及家属

除了支内职工、返城知青、复转军人这三类主要群体外，三线企业的职工来源还有招工社青、大中专毕业生和调入职工等类型。相对于前三类，他们的人数少很多，1985年晋江厂的招工社青仅占全厂职工总数的6%，大中专毕业生仅占4%，从外面调入的职工仅占4%（见表3-2）。

知青其实是社会招工中比较特殊的一类人群，表3-2中的"招工社青"是指除了返城知青之外，通过社会招工进入工厂的其他人员。三线工厂因人员补充的需要，有时会到周边地区招收一批人进厂，这类人员大多数来自农村地区，招工时也要符合一定的条件。例如，重庆地区的三线兵工厂多从区县的农村招人，招收的人要符合三个方面的条件，"成分好，要是贫下中农；要有小学以上文化程度；体检也要合格"④。当地人如能招工进厂，会倍感荣耀，特别是

---

① 田学良：《峥嵘岁月三十年》，载陈年云、吴学辉主编《晋江记忆》（上），团结出版社2016年版，第8页。
② Chao Chen. "Labeled Clanization: the Social Structure in a Third Line Enteprise." *Labor History*, Vol.57, 2016（5）：671-694；王老建：《代号二三四八：从三线建设到国企改革》，汕头大学出版社2020年版，第3~9页。
③ 近年来，笔者及其团队对与复转军人相关的"半边户""农转非"家庭进行了调研，有关问题将另文探讨。
④ 张勇：《山沟中的"小社会"——重庆双溪机械厂考察札记》，载张勇主编《多维视野中的三线建设亲历者》，上海大学出版社2019年版，第269页。

来自农村地区的,"连回一次老家都像是衣锦还乡"①。包括知青在内的社会招工人员,进厂后都要进行学习和接受培训,并到车间做三年的学徒工,而支内职工、复转军人、大中专毕业生则一般不需要。

在三线建设初期,国家分配了一批大专毕业生和技校毕业生到三线地区支援工厂建设,如锦江厂就有从外地分配来的400余名技校学生。但后来受到"文革"的影响,高等教育停办,直到恢复高考后,才陆续有大专毕业生进入工厂工作。在此期间,工厂往往自办技校,以补充技术人员。

三线企业中的职工群体,按体制性质可划分为全民所有制职工、集体所有制职工和临时工几类,此外还有学徒工、轮换工、家属工等特殊类别,构成较为复杂。全民所有制职工是三线企业的主体,晋江厂1985年花名册中的1879人全部属于此类;三线企业中的集体所有制职工主要是"五七"连队、大集体以及后来的劳动服务公司等部门的职工,它们通常是为了安置职工家属、城市待业青年、返城知青等而兴办。前述两类职工都属于正式工,而学徒工、轮换工等则属于临时工。轮换工是工厂从农村招用的不转户口、不改变农民身份,定期轮换做工务农的劳动合同制工人。三线企业在建设初期实行"厂社结合""亦工亦农",招收了一批来自农村的轮换工。轮换工后来很多都留在厂里工作,并成了正式职工,重庆晋林机械厂中有200多名轮换工即如此。②

职工家属则是三线企业中的另一庞大群体。1988年晋江厂的职工总数为2582人,家属就达到2106人。③ 三线企业中的职工家属,大都和职工一起居住、生活在厂区内。"半边户"家庭则例外,职工

---

① 傅建卫:《追梦的岁月》,载锦江油泵油嘴厂退管站编《锦江岁月》(第一册)(未刊),2006年,第257页。
② 陈宏逵口述,张勇等采访整理《我与重庆三线建设的调整改造》,载张勇主编《多维视野中的三线建设亲历者》,上海大学出版社2019年版,第7页。
③ 《国营五〇五七厂厂史》(未刊),1989年,第1页。

的配偶（通常是女方）和子女居住、生活在农村，不过在改革开放后，他们也大多通过"农转非"方式进入工厂生活。三线职工的家属，进入工厂后如参加工作，就被称为"家属工"。有所差别的是，内迁职工的随调配偶，到三线企业后一般都能进入"五七"连队或大集体工作，并有机会转成全民所有制的正式职工；复员军人的配偶"农转非"进厂后，一般只能在大集体、"五七"连队工作或做临时工，较少能转成全民所有制的正式职工。正如原晋江厂厂长岳云鹏所言：

> 家属进厂后一般会成为临时工或大集体的一员，如托儿所的保育员就是职工的妇女家属们担任的临时工，临时工工作时间为一年或半年。相比较而言，大集体会比临时工更稳定一些，而想成为大集体的成员必须经过工厂批准。①

由此可见，在三线企业工人阶级②内部，出现了群体分化和差异，支内职工、返城知青、复转军人等不同类型的职工群体有着不同的工作经历和选拔进厂方式，他们及其家属的文化与生活状况、社会关系等也各不相同。

（四）不同来源群体的差异

三线企业中的群体构成会随着时间发生变化。在建厂初期，支内职工等外地人占主体，到 20 世纪 70 年代中后期本地人的比例逐渐增大。根据锦江厂附近的另一家三线企业岷江齿轮厂 1966~1980 年的调入职工人数记录即可看出此种变化。该厂调入的支内职工从

---

① 岳云鹏口述资料，张勇采访，2019 年 6 月 16 日。
② 计划经济时代，中国社会阶层结构主要分为工人阶级、农民阶级和知识分子阶层三类，也有工人、农民、干部三种阶层的划分法，参见刘祖云、田北海、戴洁《转型期的中国社会分层：从理论到现实的探讨》，湖北人民出版社 2009 年版，第 99~101 页。此处采用最常见的第一种说法。

1966年到1972年共计493人，此后未再有支内职工调入，因此70年代支内职工的人数在493人左右；同时期通过其他方式调入的职工共计476人，这些调入的职工基本都是本地人。① 可见，1972年时该厂内迁职工的人数要多于本地人。直到70年代中后期，本地职工的比例才超过了内迁职工。

在三线企业中，不同群体之间的差异首先表现为外地人和本地人之间的差异，两者之间还存在一定程度的隔阂。尤其是在建厂初期，"外来户和当地人的隔阂还很大"。支内职工大多来自东部沿海地区和大中城市，本地人的文化程度和技术水平和他们相比有一定差距。在锦江厂的本地职工看来，外来的上海人比较排斥本地四川人，因为"他们在文化等各方面比我们熏陶得要早些，工业基础要好些，外面先进的思想东西要多些"②。上海人这种文化上的优越感，使得一些上海人看不起四川人，甚至同样看不起外来的无锡人，以致把四川人称为"小四川"，把无锡人称为"刁无锡"。③ 这种地域歧视更多源自上海支内职工对自身技术和文化具有的优越感以及对群体差异的认知。

三线企业中的群体差异也存在于支内职工及其二代、返城知青、复转军人、招工社青、调入职工、大中专毕业生等不同来源的职工之间。他们之间的差异既体现在服饰打扮、日用品、家具、业余爱好等日常生活层面，也体现在语言、饮食、风俗习惯与文化娱乐等文化层面，陈超和笔者对此都有一定的描写。④ 此外，这种分化与隔阂也反映在职工的家属之间，导致晋江厂"正式职工家属很少跟

---

① 彭州市地方志编纂委员会办公室编《彭州三线建设纪实》（未刊），2019年，第217页。
② 丁开建口述资料，张勇采访，2014年7月29日。
③ 杨廷发口述，张勇等采访整理《从下乡知青到三线职工》，载张勇主编《多维视野中的三线建设亲历者》，上海大学出版社2019年版，第56页。
④ Chao Chen. "Labeled Clanization: the Social Structure in a Third Line Enteprise." Labor History, Vol. 57, 2016 (5): 671–694；张勇：《区隔与融合：三线建设内迁移民的文化适应及变迁》，《江海学刊》2020年第1期。

'农转非'的家属打交道"①。

三线企业中群体的不同来源，不仅导致其文化与日常生活有所差别，还使他们在职业机会、社会关系等方面也存在不同的发展态势。对于锦江厂的支内职工、返城知青、复转军人三类群体，陈超着重分析了他们在职业发展上的区别。他指出，从 20 世纪 70 年代后期以来，内迁职工逐渐占据了"后方"部门职工的大部分，而复退军人和返城知青构成了"前方"一线劳动力的大部分，原因在于前者在学历、技术、经验等方面更具优势。②

除此之外，三线企业中各类群体的社会关系也颇有特点，且差异显著。鉴于此前已有研究者分析了三线职工文化生活和职业发展的群体差异，故此处不再详加赘述，下面重点探讨其社会关系尤其是婚姻关系的特点及差异。

三、三线企业职工的社会关系与择偶差异

（一）弱化的外部关系

三线企业中职工及家属的社会关系包括外部的社会关系和内部的社会关系两类。不同群体的外部关系差别甚大。复转军人、返城知青和其他社会招工人员大都是本地人，其亲属、同学、朋友等社会关系仍保留在当地。不过，由于三线企业大多位置较为偏僻，与外界的交通不便，因而他们与自己原有社会关系网络中群体的接触不如以前一样频繁。

如果说上述几类群体只是减少了与外部关系的交往频率，那么支内职工及其家属则是几乎脱离了家乡原有的社会关系网络。他们

---

① 陈志强口述资料，张勇采访，2019 年 4 月 14 日。
② Chao Chen. "Labeled Clanization: the Social Structure in a Third Line Enteprise." *Labor History*, Vol. 57, 2016 (5): 671–694.

从遥远的一线地区城市内迁到三线地区的山沟中，以往日常生活中的亲属、同学、朋友等纷纷从眼前消失。在当时交通、通信不发达的条件下，与家乡的亲人、朋友很难保持频繁而紧密的联系。"平时与家乡的联系很困难，主要是通过写信来联系。那个年代没有电话，有急事只能发电报。"①

支内职工唯一与亲属近距离交流的机会就是一年或几年一次的回乡探亲。当时的政策规定，单身职工一年可回乡探亲一次，而双职工则需几年才能探亲一次。"当时单身职工居多，一年可享受一次20天的探亲假（含路程假）。而探亲大多放在每年春节。"支内职工回乡探亲，通常选择乘坐火车。锦江厂的支内职工回上海，"那时候都是坐铺，根本买不起卧铺，因为一个月的工资才31块5毛，而成都到上海的硬座票要34块钱，比一个月的工资还多"，来回的路费要花掉两个多月的工资，还不算人情世故方面的开销。② 如果探亲假用完只得请事假，但请事假要扣工资。如此花费颇大，以至于他们将坐火车回乡探亲戏称为"铺铁路"③。返乡探亲的花费与窘境，使得锦江厂有好几个上海人连父母去世都未能回去奔丧。

有部分支内职工由于各种原因，将出生后的子女留在了家乡生活。这些留在家乡的职工子女，如同现在的"留守儿童"一般，经历了父辈不在身边的种种艰辛。一名内迁到重庆的三线职工将孩子留在了杭州老家，孩子长大后如此回忆当时家庭关系的维系：

> 在重庆期间，我们的父辈很想回故乡杭州探亲，看望父母和孩子，但由于假期少、工资低、家庭负担重，以及不菲的火车票价（按照当时的工资水平，一个人往返重庆—杭州的火车票相当于一个月工资，而且只够买硬座），不得不等上好几年才

---

① 陈志强口述资料，张勇采访，2019年4月14日。
② 倪同正：《锦江厂，一个三线企业的传说》，《国家人文历史》2014年第18期。
③ 王晓华口述资料，张勇采访，2014年7月26日。

能回一趟家，如同现在从农村到城市的务工人员一样。我们"杭二代"也像现在留守儿童一样盼望见父母，望眼欲穿，两代人通过书信保持联系，连接感情。①

通过以上种种，可以看出内迁职工在维系家乡亲属关系时的艰辛，这反映了他们与迁出地原有交往群体关系的削弱。

（二）内部关系与婚姻关系

和三线职工外部关系弱化形成鲜明对比的是，他们在工厂内部形成了错综复杂的社会关系网络。三线企业大多位于偏僻、闭塞的环境之中，几代人在此环境中成长，三线职工及其家属的社会关系逐渐呈现熟人化、网络化的特点。例如，重庆晋林机械厂"总共编制只有2000多人，全部都是熟悉的面孔，每个人都认识。最后发展得就像一个部落一样，相互联姻，亲上加亲，最后大家转弯抹角都是亲戚"②。经过几十年的积淀，"职工都生活在亲缘和地缘关系交织而成的关系网中，这张关系网，无论在时间的纵轴上，还是在空间的横轴上都可以无限地延伸。每个职工家庭，便是关系网上的纽结，有的父子变成了同事，上下级变成了亲戚，谁和谁都不能不沾亲带故"③。在三线企业内部，血缘、姻缘、业缘关系相互交织，形成了一个错综复杂的"关系网"。

三线企业这种"内卷化"的社会关系，在婚姻关系上体现得更为明显。笔者对整理、补充后的晋江厂1985年职工花名册进行统计得到的数据更加清楚地说明了这一点。

---

① 俞雄飞：《支内重庆50周年庆典活动感怀》，载《寻迹·印记》（未刊），2016年，第203页。
② 陈宏逵口述，张勇等采访整理《我与重庆三线建设的调整改造》，载张勇主编《多维视野中的三线建设亲历者》，上海大学出版社2019年版，第7页。
③ 禾夫：《人情·关系·网——三线企业内人际关系微观》，《中国职工教育》1994年第2期。

表 3-3　晋江厂职工配偶来源

单位：人，%

职工所在部门	职工配偶来源				
	本厂职工	随调家属	"农转非"家属	厂外人员	合计
管理部门	204	197	108	34	543
生产部门	502	152	250	95	999
后勤部门	73	73	29	13	188
合计	779	422	387	142	1730
合计比例	45	25	22	8	100

由表3-3看出，在晋江厂分别来自管理、生产、后勤部门的1730名已婚职工中，配偶是本厂职工的占45%，配偶是随调家属的占25%，配偶是"农转非"家属的占22%，配偶是厂外人员的仅占8%。随调家属后来一般都通过进入"五七"连队、大集体等部门成了本厂职工，由此可以认为晋江厂职工的配偶有70%是本厂的各类职工，选择厂外人员作为配偶的比例极小。总体来看，三线企业"职工的配偶来源更多的是本厂内部，和外面结婚的少"①，双职工的比例普遍很高。

三线企业出现婚姻关系的内部化，是因为偏僻、闭塞、孤立的环境导致人们寻找伴侣的圈子极小，不得不在内部"解决"。如晋江厂职工所言：

> 因为圈子小的原因，我们厂双职工的比例很高。其实厂内也像一个小社会一样，绝大部分的交往甚至通婚都是在厂内进行的，因为也没有办法出去。如果来了一个男大学生，所有的职工家属和年轻姑娘会特别关注。这就是我们内部的关系网，

---

① 蓝勇口述，张勇等采访整理《一位历史地理学者眼中的三线企业》，载张勇主编《多维视野中的三线建设亲历者》，上海大学出版社2019年版，第112页。

越编越厉害。①

这种内部通婚的情况在职工子弟中也大量存在。晋江厂许多职工子弟选择的配偶仍然是本厂子弟,曾是晋江厂子弟的学者李毅嘉指出:"相同的生活环境,差距不大的经济收入,简单密切的人际关系,都使得邻居、熟人和同事之间互成儿女亲家的事情非常普遍地上演着。这样,这些来自异地他乡的晋江人在原本就比较密切的同事之情的基础上,又创造了以二代婚姻为纽带的新血缘关系。"②

由内部婚姻关系带来的紧密关系网络,又进一步强化了三线企业中社会关系熟人化、复杂化的特点。陈超在锦江厂调查的该厂工人谭义的亲属关系网络就是一个显著的例子。谭义在锦江厂的亲属关系网络中连接了10个家庭,这反映了工厂中每个家庭都有着"树根"和"树枝",每个家庭之间都可能存在或深或浅的关系。工人们将这种状况描述为"一叶动,整棵树都在动"③。由婚姻关系形成的亲属关系网络,和其他社会关系一道共同构建起了三线企业盘根错节的社会关系网络。④

(三) 不同群体的择偶差异

显然,三线企业内部的社会关系网络并非随机建立的。不同来源的群体在选择朋友和婚恋对象时往往有所考量,差异也是显而易见的。三线职工在选择交往对象时,更乐意和自己所属群体之内的人交流,"在平时的生活中,还是跟自己的老乡在一块比较多"⑤。

---

① 陈志强口述资料,张勇采访,2019年4月14日。
② 李毅嘉:《回望特殊年代的晋江英雄们》,载陈年云、吴学辉主编《晋江记忆》(下),团结出版社2016年版,第539页。
③ Chao Chen. "Labeled Clanization: the Social Structure in a Third Line Enteprise." *Labor History*, Vol. 57, 2016 (5): 671–694.
④ 对于此种社会关系的两面性及其影响,参见张勇《区隔与融合:三线建设内迁移民的文化适应及变迁》,《江海学刊》2020年第1期。
⑤ 陈志强口述资料,张勇采访,2019年4月14日。

重发厂的杭州内迁职工平时也是和杭州人之间的交往居多,甚至"小孩也是和杭发厂过来的孩子一起玩"①。原因可能在于,不同群体之间的差异或者隔阂对他们社会关系的建立产生了影响。陈超在锦江厂的调研也印证了这一点。他让受访者列出他们联系和交往最频繁的朋友,结果发现每个受访者最后提供的都是与他们具有相同背景的人。②

在选择配偶时,不同群体的差异表现得更为明显。笔者根据1985年晋江厂的花名册信息,统计了不同类型的职工群体与配偶来源的交叉统计情况。

表3-4 晋江厂职工与配偶来源交叉统计情况

单位:人,%

职工来源	配偶来源			
	支内职工 (人数及比例)	返城知青 (人数及比例)	复转军人 (人数及比例)	其他 (人数及比例)
本厂职工	347 (45.84)	255 (71.43)	20 (5.12)	157 (69.78)
随调家属	365 (48.22)	19 (5.32)	15 (3.84)	23 (10.22)
"农转非"家属	5 (0.66)	24 (6.72)	350 (89.51)	8 (3.56)
厂外人员	40 (5.28)	59 (16.53)	6 (1.53)	37 (16.44)

通过表3-4可以看出,晋江厂的支内职工(包括支内二代)中配偶是本厂职工的比例为45.84%,配偶是随调家属的比例达48.22%,由于随调家属很多后来也成了本厂职工,因而实际上支内职工配偶在本厂工作或生活的比例高达94.06%。支内职工选择厂外人员或"农转非"家属当配偶的比例极低,因为支内职工群体在文化水平、技术能力方面都具有优势,他们"认为当地人与自己差距

---

① 韩阿泉口述,张勇等采访整理《他乡是故乡》,载张勇主编《多维视野中的三线建设亲历者》,上海大学出版社2019年版,第74页。
② Chao Chen. "Labeled Clanization: the Social Structure in a Third Line Enteprise." *Labor History*, Vol. 57, 2016 (5): 671-694.

比较大，农民的文化水平和经济实力都不如自己"，所以"很少有人愿意与当地人结婚"，而更愿意与本厂职工结婚。支内职工"找老乡（作为配偶）的情况会比较多"，但如果在老乡中没有找到合适的伴侣，他们也会退而求其次，选择本地职工作为婚恋对象。①

返城知青的配偶中71.43%是本厂职工，同时还有16.53%是厂外人员，"农转非"家属的比例很低。出现此种情况的原因在于，返城知青基本都是具有城市户籍的本地人，相比于来自农村的复员军人，他们具有户籍身份等"先赋条件"的优势，故而大多能选择本厂职工作为配偶，而不愿意选择当地农村人；同时，作为本地人的返城知青在当地拥有一定的社会关系网络，能通过亲友介绍等方式找到其他的厂外人员作为婚恋对象。

复转军人的配偶中89.51%是"农转非"家属，这意味着在实行"农转非"政策的20世纪80年代之前，他们的妻子大多是农村妇女，他们的配偶来自其他群体（包括本厂职工）的比例很低。这种情况的出现有两个方面的原因：一是复转军人基本都来自农村地区，在当时中国城乡二元分割的社会结构中，城乡之间的差距极为明显，他们原有的身份使其很难找到当地有城市户籍的人做妻子，更不用说支内职工及其子弟；二是很多复转军人在被安置进厂之前就已同当地的农村妇女结婚，但由于当时城乡户籍的壁垒，她们无法像支内职工的配偶一样作为随调家属来到厂里工作或居住。

> 厂内职工跟当地农村结婚的不多。"半边户"大多都是复转军人，复转军人原本就有很多已经结婚了，他们招进厂里后，家属没办法跟着进厂工作。八几年时厂里帮忙解决了一批复转军人家属（的就业问题），把"农转非"的家属分配到大集体和"五七"连队里，专门给他们盖房子，解决子女的上学、就

---

① 岳云鹏口述资料，张勇采访，2019年6月16日。

业、招工等问题。①

由此可见，在三线企业中的婚姻关系整体呈现内部化的背景下，不同来源的职工群体的婚配对象却存在显著的差异：支内职工的配偶为本厂职工（或随调家属）的比例极高；返城知青选择的配偶除少部分在厂外，大部分都是本厂职工；复转军人的配偶大多来自厂外的农村地区。

四、总结与讨论：群体差异的形成原因

针对三线建设的主体——数量庞大的三线企业人群，本研究的首要目标在于勾勒出三线企业中的群体构成及差异的整体面貌，并展现这些群体的内外部社会关系。通过前述研究可以看出，三线企业中的人群主要由工厂职工及其家属构成，职工来源途径多样，其中支内职工及其子女、返城知青、复转军人占主体，工人阶级的内部出现了明显的群体分化。不同来源的群体在文化与生活方式、职业机会、社会关系等方面都存在不同的表现特征与发展态势。在社会关系方面，三线企业中各类群体外部的社会关系普遍被削弱，内迁职工更是几乎脱离了原有的社会关系网络；内部的社会关系则得以强化，婚姻关系、血缘关系、业缘关系相互交织，形成了错综复杂的内部化社会关系网络。就婚姻关系而言，支内职工、返城知青的配偶多为本厂职工，而复转军人的配偶大都来自农村地区，不同群体的婚配对象存在显著的差异。

尽管本研究选择了一家更为典型的三线企业，进行了职工及配偶数据的统计与分析，从而印证了陈超的三线企业内存在支内职工、返城知青、复退军人三类主要群体（本研究还补充描述了其他类型

---

① 陈志强口述资料，张勇采访，2019年4月14日。

的职工和家属），并且这三类群体在职业机会、日常生活和社会关系等方面存在差异的观点。但显然，这种印证和补充并非颠覆性的突破。因此，本研究还拟对不同来源的群体在职业发展、文化与生活、婚姻关系等方面形成差异的原因进行深入分析，以期将对历史特殊性现象的观测上升为带有普遍性规律的理论解释。

（一）职业发展、日常生活与文化资本

先来分析支内职工、返城知青、复员军人等群体产生职业发展、文化与日常生活差异的原因。后来内迁职工逐渐占了"后方"部门职工的大部分，而复员军人构成了"前方"一线劳动力的大部分[①]，职业发展分野为何如此明显？其实，这与不同来源的群体的家庭出身、文化教育、工作经历、职业技能密切相关。在"好人好马上三线"的国家动员下，能被选中前往三线地区参加建设的支内职工，大多具备一定的优势条件，除去政治表现良好外，他们通常还接受过一定的文化教育，拥有较为熟练的专业技术能力，在工厂的工作经验也远比其他群体丰富，这些"先赋"条件使得他们在同返城知青、复员军人的竞争中占据优势，并能获得更好的职业发展机会。后两者尤其是复员军人普遍文化程度较低，且没有工厂的相关工作经验，因而更多地在一线部门从事繁重的生产性工作，且由于其自身文化资本和社会资本的匮乏，后期的职业发展也往往受限。

这些不同类型的群体存在文化与生活方式差异的原因——他们在服饰、饮食、语言、娱乐爱好及生活习惯等方面有所差别——仍然和他们拥有的文化资本有关。法国社会学家布尔迪厄认为，各个社会阶级的首要差异，在于各个阶级占有的资本总量的不同。他将资本解释为人们实际可以使用的资源和权力，由经济资本、文化资

---

① Chao Chen. "Labeled Clanization: the Social Structure in a Third Line Enteprise." *Labor History*, Vol. 57, 2016 (5): 671–694.

本、社会资本以及符号资本构成。文化资本内容广泛，包括习惯、态度、语言、风格、受教育程度、格调，以及人际交往、待人接物的方式等。文化资本的拥有状况可以影响甚至决定人们的生活方式、社会地位和发展成就。① 虽然布尔迪厄讨论的是不同社会阶级拥有不同的文化资本，但在三线企业里，可以发现即使在同一阶级（工人阶级）中，不同来源的群体（包括支内职工、返城知青、复员军人等）拥有文化资本（包括语言、教育、格调、习惯、人际交往）的状况也各不相同，这是导致他们职业发展、文化与生活方式存在差异的深层次原因。

（二）特殊背景下的"门当户对"和"男高女低"

针对三线企业内部化的社会关系，本研究在此重点讨论不同来源的群体在择偶方面存在显著差异的原因。为何支内职工、返城知青的配偶多为本厂职工，而复员军人的配偶大都来自农村地区？这其实是特殊时代背景下"门当户对"和"男高女低"两种普遍性的择偶原则在三线单位"小社会"中的实践反映。

"门当户对"是指男女双方及其家庭的社会地位和经济状况相当，它一直是中国传统社会中人们缔结婚姻时遵守的隐形规则。1949年新中国成立后，虽然国家大力倡导婚姻自由、男女平等，人们的婚姻观念有所变化，但社会中仍存在讲求"门当户对"的土壤，择偶时看重对方家庭条件依旧是一种比较普遍的思维方式。② 在计划经济时代，尤其是"文革"时期，受政治斗争思想的影响，人们选择配偶时尤为看重对方的政治背景，讲究家庭出身、阶级成分③，因

---

① 布尔迪厄：《文化资本与社会炼金术：布尔迪厄访谈录》，包亚明译，上海人民出版社1997年版，第189~211页；李强：《社会分层十讲》（第二版），社会科学文献出版社2011年版，第281~285页。
② 李飞龙：《从"门当户对"谈起：论中国农村社会的择偶观（1950到1980年代）》，《晋阳学刊》2011年第4期。
③ 杨善华编著《家庭社会学》，高等教育出版社2006年版，第47页。

为一个人的家庭出身、阶级成分会对其教育、就业乃至参军、入党等产生深刻的影响。[①] 此时期人们对于政治身份的看重，可被看作另一种形式的"门当户对"。三线企业中职工们的政治身份较为相似，但他们的不同来源却隐含了地域、家庭、教育等"先赋"条件的差异，其家庭经济状况与个人职业发展自然也在择偶者的考量之中。支内职工大多来自经济、文化水平相对较高的一线地区或城市，接受过一定程度的学校教育，其家庭的经济条件和个人的发展潜力普遍高于其他群体，未婚青年自然成为择偶者的首选对象。但支内职工由于自身条件较好，具有明显的优越感，"很少有人愿意与当地人结婚"，而更愿意与本厂职工结婚。此外，来自相同地域的职工容易产生情感上的亲近性，相似的教育与文化背景使他们在价值观念和生活方式上较为接近，这使得职工们更趋向于在同类群体中选择结婚对象。企业职工家庭的夫妻双方普遍在来源地、家庭背景、文化教育方面较为相近，这是"门当户对"的择偶原则在三线单位"小社会"中的实际体现。

"男高女低"的择偶原则对三线职工寻觅配偶颇有影响。"男高女低"是指择偶时，男性倾向于选择社会经济条件与自己相当或低于自己的女性，而女性往往更多地要求配偶的社会经济条件与自己相当或高于自己。在三线企业不同来源的三类主要职工中，支内职工、返城知青、复员军人的家庭背景、文化教育、职业技能等条件整体而言由高到低递减，因此女性支内职工或返城知青一般不愿在复员军人中寻觅对象，文化与社会资本较弱的复员军人也就只能选择农村女性作为配偶，而城乡二元体制造成的农民与工人在经济收入、社会地位方面的巨大差距使得很多农村女性愿意选择工人作为结婚对象。"门当户对"和"男高女低"这两项择偶原则共同作用，

[①] 李强：《当代中国社会分层：测量与分析》，北京师范大学出版社 2010 年版，第 48～49 页。

使得三线企业"小社会"中不同群体的婚配对象存在显著差异。

从西方经典的择偶理论来看，目前更多被引用并为实证研究所支持的是"同类匹配"、"资源交换"和"择偶梯度"理论。其中，"同类匹配"即人们总是倾向于选择与自己的年龄、居住地、受教育程度、种族、宗教、社会阶级以及价值观、角色认同等相近的异性为配偶；"择偶梯度"即男性倾向于选择社会地位相当或较低的女性，而女性往往更多地要求配偶的受教育程度、职业阶层和薪金收入与自己相当或高于自己。[①] 西方的"同类匹配"和"择偶梯度"理论对应到中国社会的语境中，则接近于"门当户对"和"男高女低"原则。因此，虽然三线企业中不同群体的择偶差异是特殊时代背景下单位"小社会"社会关系的表现，但仍然印证了中西方社会人们择偶的普遍规律。

此外，从历史变迁的视角来看，"门当户对"和"男高女低"原则在不同时期的社会中是有所变化的。中国古代的等级社会由于盛行"父母之命、媒妁之言"的传统，人们普遍地会选择经济实力和社会地位与自己对等的家庭结为姻亲。士人阶层讲求"门当户对"，更多注重的是对方家庭甚至家族的门第和社会经济地位。虽然，这种择偶观是封建等级观念的一种表现，目的是阻止出身低微者通过婚姻实现向上的社会流动，但从婚姻调适的角度来看却具有一定的积极意义，是"传统社会中人们对婚姻生活实践的总结"[②]。在1949年后的计划经济时代，人们普遍关注家庭出身、阶级成分，政治身份不好的人，择偶时会受到很大的限制。除了对政治身份的看重外，同一阶级或阶层（如工人、农民、干部）的人们往往还在意对方的家庭背景和个人的文化程度、工作单位等条件，这是"门当户对"在特定背景下的现实考量。改革开放以来，择偶时注重

---

① 徐安琪：《择偶标准：五十年变迁及其原因分析》，《社会学研究》2000年第6期。
② 杨善华编著《家庭社会学》，高等教育出版社2006年版，第47页。

"对方本人条件"已经成为择偶最主要的考虑因素，而对"对方家庭条件"的要求有所降低[①]，但当今社会仍普遍通行"门当户对"或"男高女低"的婚配模式[②]。在广州地区的调查发现，高达75%的夫妻宣称婚前双方社会阶层相当，只有25%以下的夫妻承认婚前双方存在一定的社会阶层差距。[③] 还有研究者通过对户口、教育、职业、收入、单位类型五个社会经济指标的综合考察发现，"同类匹配"仍占最大比例。[④] 当然，在当代社会人们更看重的是双方在价值观念、行为方式、受教育程度以及社会经济地位上的相似性，而"对方父母的社会经济地位"不再是重要的择偶标准。[⑤] 从传统社会注重家庭及家族的社会经济地位，到计划经济时代看重家庭和个人的政治身份、户籍身份、文化程度及工作单位等条件，再到当代社会关注双方个体在社会地位、文化与生活上的相似性，"门当户对"和"男高女低"关注的对象和内容都发生了变化。

最后，需要补充的是，中国的工人群体早已为海内外学者所关注，研究者们观察到了工人内部出现的差异或分化。例如，美国学者裴宜理在《上海罢工：中国工人政治研究》一书中提出"不同的工人从事不同的政治"，认为1949年前的上海工人因籍贯、性别、文化程度和技术水平的不同，其社会团结与政治行动也存在差异。[⑥] 本研究的观点与其有相似之处。刘亚娟在研究1949~1965年的上海青年工人时，发现青年工人内部存在学生工、工人作家、"摩登"女

[①] 李飞龙：《从"门当户对"谈起：论中国农村社会的择偶观（1950到1980年代）》，《晋阳学刊》2011年第4期。
[②] 徐安琪：《择偶标准：五十年变迁及其原因分析》，《社会学研究》2000年第6期。
[③] 欧阳军：《居民择偶行为中的地域等级匹配现象——广州婚姻地理调查》，《云南地理环境研究》2014年第8期。
[④] 王云云：《社会转型期我国人口婚姻匹配结构与婚姻质量的实证研究》，首都经济贸易大学硕士学位论文，2013年，第17页。
[⑤] 李煜、徐安琪：《择偶模式和性别偏好研究——西方理论和本土经验资料的解释》，《青年研究》2004年第10期。
[⑥] 裴宜理：《上海罢工：中国工人政治研究》，刘平译，商务印书馆2018年版。

工、工厂"阿飞"等不同类型的群体,并对他们进行了详细描述与分析。① 相较于研究者对上海等城市中工人群体的重点关注,本研究则探讨处于特定时空环境中的三线企业职工的来源、差异及其原因。笔者一方面通过对一手档案数据的定量统计与分析,试图印证和补充已有定性研究成果,做到量化研究与质性研究相结合;另一方面,尝试将历史学对特殊性现象的观照,上升为带有普遍性规律的理论解释。例如,将三线企业中的婚配关系归因于人类社会"门当户对"和"男高女低"的择偶原则在特殊背景下单位"小社会"中的反映。同时,这也可看作中国本土研究实践与西方经典择偶理论的对话。此种研究"企图"与浅见,有待学界同行的批评、指正。

---

① 刘亚娟:《再造与自塑:上海青年工人研究(1949—1965)》,复旦大学出版社2020年版。

第四节　三线建设移民二代的地域身份认同*

一、引言

20世纪60年代开始的三线建设，是一场规模宏大、涉及人数众多、影响深远的经济建设。在"好人好马上三线"口号的号召下，几百万名工人、干部、知识分子、解放军官兵和上千万人次民工参与其中，并进行了数百万人口的大移民。他们为巩固战略后方、促进中西部地区的社会经济发展奉献了自己的力量，由此形成了一个特殊的群体：三线建设移民。作为政府主导型移民，三线移民成了迁出地的"离开者"和迁入地的"他者"，一直面临着地域身份认同的问题。不同于父辈青年时期在国家的号召下完成迁移，三线建设移民二代经历了全然不同的社会化过程，对迁出地与迁入地的认同感和归属感也与第一代三线移民有所不同。

目前学界对三线建设及其相关问题的研究成果较为丰硕，但大多从宏观视角关注三线建设的历史背景、建设过程、调整改造、影响评价等内容，较少从微观角度研究普通建设者在社会、文化、生活等方面的问题。① 因此笔者采取"自下而上"的视角，关注三线

---

* 本节原刊于《地方文化研究》2018年第2期，原标题为《三线建设移民二代地域身份认同研究——以重庆K厂为例》，合作者为林楠。收入本书时略有调整。

① 关于三线建设的研究成果及现状，可参见段娟《近20年来三线建设及其相关问题研究述评》，《当代中国史研究》2012年第6期；张勇：《社会史视野中的三线建设研究》，《甘肃社会科学》2014年第6期；徐有威：《近五年来（转下页注）

建设移民二代的社会生活和思想观念,探讨其身份认同的分化和原因,以填补三线建设微观研究方面的空缺。①本研究运用深度访谈法和文献研究法,使用的理论主要为社会学的生命历程理论。生命历程是指在人的一生中随着时间的变化而出现的,受到文化和社会变迁影响的年龄级角色和生命事件序列。生命历程理论认为,个人的生命历程主要是更大的社会力量和社会结构的产物,主要涉及生命过程中的一些事件和角色(地位),及其先后顺序和转换过程。生命事件一般包括接受教育、离开父母独立生活、结婚或离婚、生养儿女、参加工作或辞职、改变居住地、退休等事件。生命历程研究不仅要求在一个共同的概念和经验性研究的框架内对个体生命事件和生命轨迹的社会形式做出解释,并且注重考察影响这些事件和轨迹的社会进程。②本研究将生命历程研究中的社会、历史层面因素与个体层面因素相结合的关系主义视角引入地域身份认同研究中,深入探究三线移民二代地域身份认同的分化、影响因素以及各种社会文化表现。

本研究选取的研究对象为位于重庆市的 K 厂。K 厂成立于 1951 年底,原是劳改企业,主营汽车修理业务。在三线建设开始之前,K 厂已经发展成为拥有 2000 多人的工厂,除了干部、工人,还有一定数量的劳改犯人、刑满留厂就业人员。③三线建设实施后,为增强 K

(接上页注①)三线建设研究述评》,《开放时代》2018 年第 2 期;张勇:《历史书写与公众参与——以三线建设为中心的考察》,《东南学术》2018 年第 2 期。

① 对于三线建设者的身份认同问题,此前有 3 篇硕士学位论文做了一定程度的研究。参见施文《"三线人"身份认同与建构的个案研究——以陕西省汉中市回沪"三线人"为例》,华东师范大学硕士学位论文,2009 年;徐薇薇:《三线职工第三代地域身份认同研究——以安徽某三线厂南京人为例》,南京航空航天大学硕士学位论文,2011 年;王玥:《第一代"三线人"身份认同研究——以 C 市 Q 厂为例》,长春工业大学硕士学位论文,2016 年。但并未有研究者专门探讨三线移民二代的地域身份认同问题。

② 李强、邓建伟、晓筝:《社会变迁与个人发展:生命历程研究的范式与方法》,《社会学研究》1999 年第 6 期。

③ 《K 厂厂志(1951—1972)》(未刊),2005 年,第 7 页。

厂技术力量,浙江省杭州市某发动机厂被指派内迁对其支援,1965年抽调部分干部、工人内迁重庆,调入K厂工作。K厂为迎接这批职工及其家属的到来,专门修建了两栋住宿大楼供其居住,这两栋楼因而被称为"杭州大楼"。① 本研究中的三线移民二代,有的出生在杭州,在1965年随父母亲来到重庆;有的出生在重庆;有的童年生长在杭州,后来学习的时候来到重庆;还有的则是童年在重庆长大,读书时回到了杭州。需要说明的是,与许多三线企业选址于偏僻、闭塞的大山深处不同②,K厂位于重庆市郊的山脚下,加之属于三线改扩建企业,本地职工较多,因而较之其他三线企业,该厂三线移民与重庆本地人的交流更多一些。

二、三线移民二代的地域身份认同及其分化

身份认同是指对主体自身的一种认知和描述,是现代人对"我是谁？从何处来？到何处去？"的追问。③ 地域身份认同的认定则是对"我是哪里人"的回答。K厂三线移民二代对其地域身份的认同大体分化为三类：认为自己是杭州人；认为自己既是杭州人又是重庆人；认为自己是重庆人。

认为自己是杭州人的K厂三线移民二代,主要包括两类人：一是1960年以前在杭州出生而后来生活在重庆的"杭二代"；二是回到杭州就业、安家的"杭二代"。前者尽管在重庆生活和定居,说重庆话的方式也与当地人无异,但是同"杭一代"一样,他们在地域身份认同上仍倾向于认为自己是杭州人,如受访者蔡女士直言"我就是杭州人"。这部分"杭二代"在杭州有较长时间的生活经历,

---

① 《K厂厂志（1951—1972）》(未刊),2005年,第113页。
② 关于三线建设企业的选址情况,可参见张勇、肖彦《三线建设企业选址的变迁与博弈研究——以四川三家工厂为例》,《贵州社会科学》2017年第5期。
③ 陶家俊：《身份认同导论》,《外国文学》2004年第2期。

且受到父辈归乡意识、同辈群体以及童年时期对杭州记忆的影响，他们在地域身份认同上对杭州有着强烈的认同感和归属感，即使生活在重庆，也认为自己是杭州人。

认为自己既是杭州人又是重庆人的 K 厂三线移民二代，主要是 1960 年至 1965 年出生在杭州的这部分人。因为童年早期生活在杭州，对在杭州的生活留有记忆，尽管后来再没有回杭州生活，但他们仍把杭州看作自己的"第二故乡"。"如果我回杭州，就是杭州人；如果我回重庆，就是重庆人。"（受访者：殷女士）他们在回答"认为自己是杭州人还是重庆人"这个问题的时候，往往没有清晰的答案，而是认为自己既是杭州人又是重庆人。他们的特点是既习惯吃杭州菜，又习惯吃重庆菜；既会说杭州话，又会说重庆话。不管回到杭州，还是留在重庆，他们都能够较好地适应当地生活。这部分群体比较特殊，在原生家庭生活的时候，受到童年记忆和父辈的影响，对杭州有认同感。同时从上小学开始，便同重庆孩子一起学习、玩耍，且人际关系圈多以当地人为主，因而对重庆亦有归属感。

认为自己是重庆人的 K 厂三线移民二代，主要是 1965 年之后出生在重庆的群体。他们学习、工作以及结婚生子皆在重庆，认为自己就是地地道道的重庆人。虽然他们的父母来自杭州，但是由于自己出生在重庆，从记事起就生活在重庆，其成长环境和成长经历与当地孩子基本无异，十分适应重庆的生活，反而回到杭州就像是"异乡人"，感觉很不适应，"回杭州简直不适应，重庆才是家乡"（受访者：孙先生）。这部分"杭二代"认同的地域身份是重庆人，杭州于他们而言，只是一座有些特殊的城市，是父亲或者母亲的家乡，以及有亲戚生活在那里。如果自己去到杭州，反而会感觉是以"旅游者"的身份进入杭州。

可见，这三类群体大致以 1965 年杭州职工迁入重庆的特殊时间节点为分界线，年龄的差距是不同"杭二代"地域身份认同分化的一个显著表现。这从侧面印证了移民对迁入地的适应是随着代际的更替而不断加强的,而迁出地的文化特质则在代际的传递之中次第减弱,三线建设移民后代最终会慢慢完成迁入地文化的土著化过程。①

三、地域身份认同的影响因素

三线移民二代的地域身份认同,不仅因年龄的差距而产生分化,更受到家庭环境、出生地、同龄群体、婚姻等个体因素以及户籍制度等国家政策的影响。

(一)家庭环境

家庭环境在个体成长的过程之中发挥着最主要的作用,原生家庭中父母的思想与情感影响着子女的生活、教育、就业、婚姻等人生发展问题。1965年,自杭州内迁至K厂的543位职工中,有112户家庭与57名单职工。② 三线职工在成年之后离开生活了20多年的杭州地区,对杭州有着不可磨灭的人生记忆。许多三线移民即使是在重庆生活多年后,还是保持着杭州的饮食、语言习惯,饮食清淡、不吃辣,也不太会说重庆话。三线职工在自己年轻的时候因政策移民至重庆,但是其父母、亲戚、同学、朋友等大多留在杭州,因而对杭州有着深深的归属感与故土情结。

尽管K厂三线移民对杭州感情极深,但不同的家庭在此方面对子女的影响存在差异,大致可分为积极影响型和顺其自然型两类。积极影响型的家庭,父母常常同子女谈论杭州,与杭州的亲朋间来往频繁,在"杭二代"童年时带他们回杭州探亲,在子女的就学和就业上偏向将子女送回杭州念书、工作。"我父亲就特别希望我们考回去,回到杭州去生活。"(受访者:孙先生)在此种影响下成长的

---

① 丁艳、王辉:《移民外来文化的土著化过程——以西南三线厂的"厂文化"为例》,《人文地理》2003年第6期。
② 《K厂厂志(1951—1972)》(未刊),2005年,第113页。

三线移民二代在人际交往上同杭州亲朋互动较多,父辈的杭州情结也在生活中对其多有渗透,比如在家说杭州话、吃杭州菜等。

顺其自然型的家庭,父母则在日常生活中较少向子女谈论杭州的生活,在子女入学、就业等问题上没有特别的杭州地域偏向。除了双职工家庭,当年有很多单身的男女青年背井离乡来到重庆,结婚生子扎根重庆,这些单职工家庭多为顺其自然型。"我父亲来自杭州,但是母亲是重庆人,父亲在这边(重庆)扎根下来,我们对杭州那边的概念几乎没得了。"(受访者:王先生)这样的家庭中即使父母中有一方对杭州情结浓厚,但是由于另一方是重庆人,而且长期在重庆生活,故对二代的影响相对较弱。

(二) 出生地

出生地即个体出生的地方,具有不可变更性。个体的出生地是其生命开始的地方,出生地以及童年生活的记忆对个体而言,是自己的"根",不可磨灭。尽管都是三线移民二代,但是因为家庭环境、出生地等因素有别,三线移民二代的成长环境与生活环境不尽相同。K厂三线移民二代中的一部分出生在内迁之前,出生地在杭州;另一部分则出生于内迁之后,出生地在重庆。由此分出童年生活地的两种类型:童年在杭州型和童年在重庆型。

童年在杭州型这部分三线移民二代出生在1960年前后甚至更早,在离开杭州之前已经在江浙一带度过了一段难忘的童年时光。对他们而言,杭州代表着童年美好的记忆,是"大白兔奶糖的味道"。童年和家人生活的经历与对杭州的记忆交织在一起,共同组成了他们对杭州的印象并深藏在记忆的角落。杭州对他们而言,是有生活经历的地方和记忆中美好的存在。童年时代生活在杭州的"杭二代",即使在杭州的生活经历只有短短的几年,但是在杭州生活的经历却历历在目,还会时常回忆起儿时的场景。杭州于他们而言是"第二故乡"。

童年在重庆型这部分三线移民二代出生在 1965 年及以后，或是在离开杭州时尚是襁褓中的婴儿，或是出生在重庆，没有在杭州长期生活的经历。他们自有记忆之初就生活在重庆，有的长大后回到杭州，却不太能适应。"高中的时候我的父亲将我转学到杭州，但是由于我不习惯那边的生活和学习就又回来了。"因为没有在杭州生活过，所以提到杭州，他们只有来自父母口头描述的印象，那是一种很模糊的而不是直观的感受，他们认为自己就是"土生土长的重庆人"（受访者：孙先生）。

（三）同龄群体

同龄群体是指那些在年龄、兴趣爱好、家庭背景等方面比较接近的人们所自发结成的社会群体，彼此最容易产生人际吸引和人际影响。[1] 对三线移民二代而言，居住地"杭州大楼"和厂子弟校是同龄群体交往的场所和平台，他们青少年时期接触的同龄群体大多是"杭州大楼"的小伙伴和厂子弟校的同学。由于厂区内没有高中，所以随着年龄的增长，"杭二代"离开工厂外出读高中，就此分散并接触到更多重庆本地的同学。根据交往同龄群体的差异，三线移民二代可分为"杭二代"抱团型和重庆化型两类。

"杭二代"抱团型主要是 1965 年时从杭州转学至 K 厂子弟校的三线移民二代。当时的厂子弟校除了接纳来自杭州的三线移民二代，还有许多重庆本地职工的子女就读。因为初到一个方言、生活习惯皆不同的环境中，"杭二代"对生活、学习多有不适。这个时候，都来自杭州厂、同住"杭州大楼"的三线移民二代彼此之间容易产生亲切感并找到共同语言。

---

[1] 徐薇薇：《三线职工第三代地域身份认同研究——以安徽某三线厂南京人为例》，南京航空航天大学硕士学位论文，2011 年，第 20 页。

那个时候读小学,一个班三四十个人,只有十来个是杭州过来的。这十来个都有点被欺负,就是被起外号,每个杭州孩子都有外号。班上重庆人还是多一点。我们小的时候,杭州孩子喜欢吃螺蛳,就是那种山螺蛳,炒着吃很鲜美。到了夏天,农民就在河沟里掏螺蛳,掏出来就卖给我们,几分钱一斤就卖给我们,我们觉得挺好吃的。但是重庆人不吃这个,他们觉得螺蛳是专门喂鸭子的,他们就给我们起外号——"杭州鸭子"。而且杭州人说话有点嗲,所以他们就说我们"杭州鸭子"。(受访者:殷女士)

这些受重庆本地孩子排斥的"杭二代",自然会选择同为"杭二代"的同龄群体作为交往的主要对象,从而造成抱团情况的出现。

重庆化型这部分"杭二代"主要出生在1965年之后,他们从幼儿园时期开始就读于此,后来到厂子弟中学,再分散至重庆的各大高中、技校等就读。由于他们从一出生就生活在重庆,与重庆本地孩子的生活环境几乎没有差异,饮食习惯、语言等也与本地孩子非常接近,因此他们在读书期间并未因为父母是杭州人而产生抱团行为。他们从小在学校跟同学、老师等接触,耳濡目染了重庆的方言及饮食习惯,因此在这些方面与重庆同学无明显差异。

(四)婚姻

结婚是个体离开原生家庭,建立自己的家庭的标志。"杭二代"在选择结婚对象的时候,基本以杭州人或重庆人为主,其配偶的户籍和定居地对"杭二代"在何地安家生子有很大的影响,甚至起决定性作用。针对婚姻问题,受访的"杭二代"大多表示当年在选择结婚对象的时候不考虑对方的籍贯,而更看重对方的人品、能力等因素。当时适龄的"杭二代"人数相对来说比较少,可供选择的范围很小,所以在结婚的时候几乎不考虑地域这一因素。因而一些

"杭二代"跟重庆人结婚并在此安家生活,而一些"杭二代"则回到了杭州结婚安家。

配偶的生活习惯影响着"杭二代"的生活方式,跟重庆人结婚的"杭二代"在日常交流中多用重庆话,而且在饮食上也能接受重庆口味的食物。与回杭州结婚安家的"杭二代"不同,在重庆结婚安家的"杭二代"在人际交往上与重庆人交往更频繁。受距离影响,他们和杭州的亲属联系较少,生活中的接触寥寥无几,有些留在重庆的"杭二代"甚至同杭州的亲属极少联系。

(五)户籍制度

"杭一代"1965年内迁到重庆的时候,户口也随之迁往重庆,因而有的"杭二代"随着父母一道落户重庆,而有的"杭二代"户口仍留在杭州。在20世纪70年代的时候,面临求学、就业等问题的"杭二代",即使有回杭州发展的意愿,但是由于户口在重庆,就只能在重庆就业。"那个时候迁户口哪像现在这么容易哦,工作安排都是跟着户口走的,想回杭州但是回不去。"(受访者:张女士)"特别喜欢杭州,想回去,但是当年全家户口都迁到重庆,后来即使特别想回杭州,也因为户口问题而没有办法。"(受访者:蔡女士)这两位"杭二代"皆因户口在重庆而只能选择留在本地工作,并定居于此。

四、地域身份认同的社会文化表现

三线建设移民二代对地域身份的认同与归属感潜移默化地影响着其外在社会化的表现,在语言、饮食习惯、归乡意识与就业地选择等社会文化层面都有所体现。

(一)语言

语言是一种社会现象,也是文化融合的媒介,在族群内部以代际传承和横向传递的方式延续。语言作为群体符号边界最清晰的标志，反映了个体的群体归属，是个体地域身份认同的外在表现。就"杭二代"的语言问题而言，大致可分为既会杭州话又会重庆话和只会重庆话两类。

既会杭州话又会重庆话的以 1965 年之前出生的"杭二代"为主，童年在杭州生活的时候其已学会杭州话，随父母到重庆之后，在学校与同龄人交流中又学会重庆话。他们将重庆话作为自己的"第一方言"，工作、生活、日常交流使用重庆话，但在与父母交流的时候用杭州话，在与同辈交流的时候则是一会儿杭州话一会儿重庆话，在两种方言之间自由切换。"一般说重庆话比较多。但是跟杭二代小伙伴在一起，先是说重庆话，说着说着就变成杭州话，两者之间自由转换。"（受访者：朱先生）这部分"杭二代"由于与杭州人交流没有障碍，即使回到杭州也能较快适应并正常生活，因而对杭州有着很强的感情归属和亲切感。

只会重庆话的主要是 1965 年之后出生在重庆，且父母中仅一方为杭州人的"杭二代"。他们的出生地与生长地皆为重庆，从小成长在重庆方言环境里，尽管父母中有一人为杭州人，但是在家交流的语言还是重庆话，当然他们也能听懂杭州话。这部分"杭二代"即使陪伴父母回到杭州，但是由于语言的障碍，不能与杭州的亲戚朋友进行很流畅的沟通，回到杭州也是以一种"他者"的角色，而不能对杭州产生情感上的共鸣。

（二）饮食习惯

作为生活习惯的一部分，饮食习惯能很大程度上反映个体的生活轨迹。中国地大物博，各个省份、地区的饮食习惯皆不同。杭州口味偏清淡，而重庆口味则偏辛辣。"杭一代"在杭州成长并生活至成年，大多为杭州清淡的口味。"杭二代"受父母的影响，青少年时期的饮食习惯是杭州口味，在工作之后，由于在各种场合之中与重庆人打交道，也慢慢地能接受并习惯重庆的辛辣。"我的父亲母亲接受不了重庆口味，觉得辣，但是我们工作之后在外应酬比较多，也就慢慢习惯了。"（受访者：王先生）移民二代结婚后，由于留在重庆的"杭二代"的配偶大部分为重庆人，夫妻之间互相适应两种不同的饮食习惯，做饭的时候有时是重庆的口味，有时则是杭州口味。在这一点上，1965年之前出生与1965年之后出生的"杭二代"没有明显区别。"杭二代"与重庆本地人生活方式不同之处的外在表现之一就在于其饮食习惯，重庆人好辛辣，杭州人好清淡，"杭二代"则两者皆可。

（三）归乡意识与就业地选择

归乡意识是中国移民根深蒂固的一种思想观念。于移民而言，对故乡的认同主要是地域感和群体感。① 就"杭一代"而言，他们有着深深的落叶归根意识。但是对于大部分时间成长在重庆的"杭二代"而言，由于文化融合和地域身份认同的变化，"杭二代"的归乡意识相比于父辈而言淡化许多。因而，涉及求学、就业等问题的时候，他们在选择时没有一味地想回到杭州。在"杭二代"的就业发展问题上，大致分为两种：留在重庆发展型和回到杭州发展型。

留在重庆发展的"杭二代"大多受父母的影响而在重庆工作。20世纪90年代之前我国普遍实行"单位制"②，由于"杭一代"在K厂工作，因而他们的子女自然先到厂子弟校学习，后来就业的时候，也优先被安排到K厂工作。"先读的厂里的托儿所，然后是厂子弟小学，厂子弟初中，后来读技校都是厂里办的。"（受访者：孙先生）在当时的时代背景之下，"杭二代"没有太多的自主选择权。

---

① 李建盛：《移民文化与身份认同》，《中华文化论坛》2016年第9期。
② 参见张雰雪、陶宇《单位人的集体记忆与身份生产——基于H厂三代工人口述历史的研究》，《学习与探索》2014年第6期；张勇：《介于城乡之间的单位社会：三线建设企业性质探析》，《江西社会科学》2015年第10期。

"当时能把我从插队的乡下调回城市工作就（不错了），赶紧回来，哪管重庆还是杭州。"（受访者：张女士）自然而然的，"杭二代"的求学、就业之地就在重庆，他们在人际交往方面也多同重庆人打交道。20世纪90年代之前的人口流动性不强，"杭二代"工作的地方定在重庆后，便在重庆结婚生子，定居在重庆，因此他们对重庆有着强烈的认同感和归属感。

不同的是，还有部分"杭二代"当初随父母来重庆生活的时候，户口未迁离杭州，因而在读初中、高中的时候又回到杭州读书，并同其他亲属生活在一起。还有的则是通过高考、与杭州人结婚等方式回到杭州生活。这部分"杭二代"在离开重庆回到杭州之后，调整其生活习惯并融入当地，不再返回重庆，而是留在杭州就业以及结婚、生子，从此定居于杭州，因此对杭州有着强烈的认同感和归属感。

五、总结

作为政府主导型移民，三线移民成了迁出地的"离开者"和迁入地的"他者"，一直面临着地域身份认同的问题。不同于父辈青年时期在国家的号召下完成迁移，三线建设移民二代经历了全然不同的社会化过程，对迁出地与迁入地的认同感和归属感也与三线移民一代有所不同。

通过对K厂的研究可以发现，三线移民二代内部的地域身份认同也存在分化，大体可分为三类。三线移民二代的地域身份认同，不仅因年龄的差距而产生分化，更受到家庭环境、出生地、同龄群体、婚姻等个体因素以及户籍制度等国家政策的影响。他们对地域身份的认同感与归属感潜移默化地影响着其外在社会化的表现，在语言、饮食习惯、归乡意识与就业地选择等方面都有所体现。

三线移民二代的地域身份认同及构建，较好地印证了社会学生命历程研究的理论逻辑。① 从个体层面而言，家庭背景、同龄群体、婚姻状况等因素进一步强化了他们对"我是哪里人"的认知，并影响着他们在求学、就业时的地域选择。从社会层面而言，政府的主导导致了移民二代在出生地以及迁入地的选择上处于被动状态，在严格的户籍制度下，他们在学习、工作方面的地域流动也缺乏自主性，从而影响了他们对迁入地、迁出地的归属感和认同感。

---

① 李强、邓建伟、晓筝：《社会变迁与个人发展：生命历程研究的范式与方法》，《社会学研究》1999年第6期。

第四章
公众史学与三线建设书写

第一节　三线建设历史书写中的公众参与*

近10余年来，中国公众参与历史记录和书写的活动渐趋增多，并形成热潮。伴随着"全民写史"的热潮，学术界开始倡导历史书写的"公众参与"，尤其是在公众史学领域。公众史学/公共史学（public history）① 20世纪70年代中期兴起于美国，经过40余年的发展，现在已颇具声势和规模。② 在加拿大、英国、德国、法国、澳大利亚等国家，公众史学也取得了可观的成就。80年代起，就有中国学者开始介绍美国的公众史学，但直到最近10年，国内学界对公众史学的关注才逐步升温。不论是国外还是国内的公众史学家，大都认为"公众参与"是公众史学的核心理念之一。例如，美国学者罗纳德·格雷提出了"参与性史学文化"的概念，认为应帮助公众"构建自己的历史，让他们明了在塑造和理解事件中自己的角色"③。王希指出，"公共史学的目的不仅是让历史回归到公共领域和公众生活中，而且要让'公众'参与到历史的解释中来，赋予他们解释历

---

* 本节原刊于《东南学术》2018年第2期，原标题为《历史书写与公众参与——以三线建设为中心的考察》，收入本书时有所增补。

① 关于public history，中国学者将其翻译成不同的概念，如"公共史学""大众史学""公众史学"等，并有一定的分歧，争论主要集中于"公众史学""公共史学"这两个概念上。本书采用"公众史学"一词，但对两者不做严格区分。

② 王希：《谁拥有历史——美国公共史学的起源、发展与挑战》，《历史研究》2010年第3期；李娜：《美国模式之公众史学在中国是否可行——中国公众史学的学科建构》，《江海学刊》2014年第2期。

③ Ronald J. Grele. "Whose Public? Whose History? What is the Goal of a The Public Historian?" *The Public Historian*, Vol. 3, 1981 (1), pp. 44–48.

史和发出声音的机会"①。国内学者眼中的公众史学，更多是与公众紧密关联的史学体系。钱茂伟提出了"书写公众、公众参与、公众消费"三大口号，认为公众史学的发展可以实现史学由小众参与到大众参与的转变。② 不过，虽然学界提出了"公众参与"这一口号，并进行了一些理论上的阐述，但并未结合某一历史领域的实践案例，对公众参与历史书写的情况进行具体而深入的探讨。③

从中国公众参与历史书写的实践活动来看，历史记录和书写的领域大多集中于现当代史。例如，抗日战争、土改运动、"文化大革命"、知青上山下乡、三线建设等领域，既是学者关注的焦点，也是普通民众书写的重点。笔者长期从事三线建设的研究，在收集、整理资料之外，还进行了大量的田野调查，参加了各类相关活动，与许多三线建设的亲历者以及有关政府部门、企业、媒体有较多的接触和交流，察觉到该领域的公众参与颇为活跃。因此，本节以三线建设历史书写中的公众参与为实例，对三线建设历史书写的发展历程、参与历史书写的群体构成、公众参与历史书写的形式、学者与三线建设亲历者之间的互动等问题进行考察，以期对历史书写的实践活动和理论研究有所启发。

一、三线建设历史书写的发展历程

在讨论三线建设的历史书写情况之前，有必要对历史书写这一概念做简要的阐释。历史书写是最近十几年出现的新名词，被广泛

---

① 王希：《谁拥有历史——美国公共史学的起源、发展与挑战》，《历史研究》2010年第3期。
② 钱茂伟：《公众史学：与公众相关联的史学体系》，《人民日报》2016年2月22日；钱茂伟：《中国公众史学通论》，中国社会科学出版社2015年版，第40~41页。
③ 孟钟捷近来以德国历史学界研究"克服历史"之争的进展为例，探讨了德国在公共历史争议研究中的特征及影响，但并未专门探讨公众参与历史书写的问题。参见孟钟捷《公共历史文化中的"克服历史"之争——近来德国公众史学研究中的一个热点问题》，《复旦学报》（社会科学版）2015年第6期。

使用于文学界，近些年在史学界流行开来。① 除论文外，一些历史著作也以"历史书写"或"书写历史"为题，如朱渊清著有《书写历史》② 一书，姜萌在其博士论文基础上出版了专著《族群意识与历史书写——中国现代历史叙述模式的形成及其在清末的实践》③，倪复生将法国米歇尔·德·塞尔托的著作直接译为《历史书写》④。这一术语虽然使用者颇多，但为其明确下过定义者却少见。姜萌认为历史书写略带有后现代主义色彩，是带有目的性的历史再现或历史建构。⑤ 张振海提出，"历史书写是一个对历史进行叙述、解释和建构的过程"⑥。综合前人的阐释和实际使用情况，笔者认为，历史书写是对历史进行记录、叙述以及解释、分析、建构的过程。朱渊清主张将历史书写分为历史记注、历史撰述、历史研究三大类，历史记注"是关于事实的实时记录"。⑦ 我们可以将历史记注与历史撰述合二为一，从而把历史书写分成历史记述与历史研究两大类。历史记述是对历史的记录与叙述，处于历史知识生产的初级阶段；历史研究是在历史记述的基础上，对历史进行的分析与建构，处于历史知识生产的次级阶段。三线建设的历史书写，既有初级阶段的历史记述，也有次级阶段的历史研究，下面简要论述其发展历程。

作为中华人民共和国历史上一场规模宏大、影响深远的经济建设，三线建设开始于20世纪60年代中期，跨越三个五年计划，历时17年。从80年代起，国家对三线建设进行调整改造，到21世纪

---

① 在中国知网进行检索，可以发现涉及历史书写的文学研究论文远多于历史研究论文。
② 朱渊清：《书写历史》，上海古籍出版社2009年版。
③ 姜萌：《族群意识与历史书写——中国现代历史叙述模式的形成及其在清末的实践》，商务印书馆2015年版。
④ 米歇尔·德·塞尔托：《历史书写》，倪复生译，中国人民大学出版社2012年版。
⑤ 姜萌：《族群意识与历史书写——中国现代历史叙述模式的形成及其在清末的实践》，商务印书馆2015年版，第30页。
⑥ 张振海：《历史观念、历史书写与中小学历史教科书的编写》，《中学历史教学参考》2015年第23期。
⑦ 朱渊清：《书写历史》，上海古籍出版社2009年版，第1~132页。

初基本结束。关于三线建设及其调整改造的历史书写大致可以分为三个阶段。

第一个阶段是 20 世纪 80 年代至 90 年代前期。在 80 年代以前,由于三线建设是一场以备战为指导思想的国防、工业及交通建设,在紧张的国际形势背景下,其信息基本处于保密状态,因而这一时期极少有人书写三线建设的历史。进入 80 年代以后,国际局势趋于缓和,国内着手进行经济领域的整顿与调整,三线建设进入调整改造时期,方才出现记述三线建设历史的各类作品:一是为参加过三线建设的领导撰写的传记或回忆录,如《彭德怀在三线》(1989)、《程子华回忆录》(1987);二是有关政府部门编写的资料,如《三线建设》(1991)、《甘肃三线建设》(1993);三是纪实文学,如三线办干部王春才主编的"中国大三线报告文学丛书"(1993);四是各三线企业编写的厂史、厂志。这些三线建设的历史记述多具有官方背景,或由相关部门牵头编撰,或由企业组织编写,来自民间的个人记述极少。该时期关于三线建设的学术研究主要集中在两方面,其一是针对三线建设的质疑声而对其展开的讨论,其二是从经济学、管理学的角度探讨三线建设的经济得失和三线企业的调整改造策略[①],严格意义上的历史研究还比较少。可见,这一时期关于三线建设的历史记述官方色彩较浓,普通民众极少参与其中,历史研究的成果也相对阙如,处于三线建设历史书写的起步阶段。

第二个阶段是 20 世纪 90 年代后期至 21 世纪初。随着三线建设信息的逐渐解密,三线建设及三线企业见诸报端,加之西部大开发政策的出台,三线建设为学术界和普通民众所关注,对三线建设的历史记录和书写渐趋增多。这一时期,三线建设的历史书写呈现两个方面的特点。一是历史研究成果数量增多,内容广泛。该时期发

---

① 李群山、崔一楠:《中国三线建设研究回顾与反思——基于中国学术期刊网络出版总库文献计量分析》,《山西师大学报》(社会科学版)2015 年第 5 期。

表了100多篇论文，出版了3部著作①。研究内容涉及三线建设的原因及背景、实施过程、影响效应、历史评价、调整改造、三线建设与西部大开发、领导人与三线建设等多方面的问题。不过，研究大多集中于宏观层面。② 二是历史记述的方式多样化。除了传统的回忆录、报告文学等形式外，人们还采用画册、电影、电视专题片等方式来记录和叙述三线历史。例如，潘科主编的大型摄影画册《三线学兵连》（1998）、白宏导演的故事片《彭德怀在三线》（1995）、陕西电视台拍摄的九集电视专题片《三线学兵连》（1998）都是以三线建设为主题的影像作品。这一时期，开始有一部分三线建设亲历者撰写相关著述，三线建设历史的书写已渐具规模，处于发展阶段。

第三个阶段是21世纪初至今。在三线建设的历史研究方面，该时期研究成果大量涌现，发表了近300篇论文，还有近20篇以三线建设为主题的硕博学位论文。同时，研究逐渐深入，呈现良好的发展趋势：一是从宏大叙事的研究逐渐向微观、细致的研究转变，出现了一些深入的个案研究；二是从以历史学、经济学为主逐渐向多学科、交叉学科研究转变，从社会学、人类学、地理学、政治学、语言学等学科视角来探讨三线建设历史问题的成果开始出现。③ 在三线建设的历史记述方面，由于现代网络技术的迅速发展和新媒体工具的广泛使用，记录与书写历史变得更为自由、便捷④，记述三线建设历史的作品大量涌现，形式也更为多样。回忆录、老照片在网络上传播于各三线企业的职工之间，对三线建设亲历者的口述历史工作正在开展，利用博物馆、企业遗址来记录和回忆三线建设历史的

---

① 3部著作分别是陈东林：《三线建设：备战时期的西部开发》，中共中央党校出版社2003年版；何郝炬、何仁仲、向嘉贵主编《三线建设与西部大开发》，当代中国出版社2003年版；李彩华：《三线建设研究》，吉林大学出版社2004年版。
② 该时期不仅国内研究如此，国外为数不多的三线建设研究也多从宏观角度进行探讨。
③ 详见张勇《社会史视野中的三线建设研究》，《甘肃社会科学》2014年第6期。
④ 陈新：《自媒体时代的公众史学》，《天津社会科学》2013年第3期。

做法已付诸行动。最为突出的是，近10年三线建设历史的书写群体发生了很大变化，有更多的普通民众（特别是三线建设亲历者及其家属）参与到历史的记录与书写中来。这显然是具有普遍意义的公众参与，标志着三线建设的历史书写进入了一个新的阶段。

二、参与历史书写的群体构成

公众是三线建设历史记录和书写的主体。公众这一术语在法学、政治学领域的含义较为明确，但目前历史学界对其的解释则不甚清晰和一致。李娜引用德国哲学家哈贝马斯"公共领域"的概念，将公众追溯至希腊城邦时期，认为公众有如下特征：有许多人在表达意见和接受意见；公众所表达的任何一种意见能立即得到有效的回应；由这种讨论所形成的意见在有效的行动中，甚至是在反对主导性的权威体制中，随时可以找到一条发泄途径；权威机构并不对公众进行渗透，因此公众在其行动之中或多或少是自主的。[①] 此种对公众的界定略显严格和繁琐。美国公众史学家罗纳德·格雷认为，史学的对象——公众的范畴是不断变化的，当代史学中的公众除了史学家和历史专业学生外，还包括史学工作者接触的学院史学范围之外的公众，一些政府部门、法庭及其管理机构以及中小学生、历史小说和历史虚构作品的观众和读者等，都应该包括在公众范围之内。[②] 笔者赞同这一观点，认为只要是参与历史知识生产和传播的人群，基本都可纳入历史学的公众范围中，而不用过多考虑其背景和身份。从我国历史书写群体的广泛性来看，也确实如此。当然，在不同的历史专题领域，参与历史书写的人群是有所差别的。那么，三线建设历史的书写者主要由哪些群体构成呢？

---

① 李娜：《城市公众史学》，《复旦学报》（社会科学版）2015年第6期。
② Ronald J. Grele. "Whose Public? Whose History? What is the Goal of a The Public Historian?" *The Public Historian*, Vol. 3, 1981 (1): 42–47.

第四章　公众史学与三线建设书写

2014年6月，在北京成立了中华人民共和国国史学会三线建设研究分会（简称中国三线建设研究会）。该组织虽冠以"研究会"之名，但其成员却不仅仅只有学术研究者。笔者对中国三线建设研究会的第一届理事名单进行了统计。该研究会共有理事94人，其中，来自三线企业的领导和职工44人，占总人数的47%；政府相关部门的人员（包括退休的）32人，占34%；从事三线建设研究的学者15人，只占16%；媒体从业人员3人，仅占3%。① 虽然这只是该研究会理事的来源构成，但也大致反映出涉足三线建设历史领域的人群结构。当然，在三线建设历史书写的实践活动中，企业职工、政府人员、学者、媒体人的实际构成比例有所变化，他们参与历史书写的动因、方式、作用和特点也各不相同。

（一）学者

学者是较早关注三线建设的群体，更是三线建设历史研究的主体，撰写了数量众多的论著。近十年来，一些学者在新社会史思潮的影响下，"眼睛向下"，开始把目光从国家的宏观层面转向关注普通建设者和日常社会生活。例如，张秀莉撰文论述了皖南小三线职工在日常生活、婚姻、户口等方面的问题②；陈熙、徐有威研究了从上海到皖南的小三线移民的迁移、婚姻及生活状况③；郭旭利用三线建设亲历者的回忆资料，以饮食生活为切口，探讨了"三线人"的生存状态④。除了历史研究外，学者们也会做一些历史记述工作，比如利用口述史的方法记录三线建设的历史信息，整理编写"三线人"

---

① 笔者根据该研究会编辑的《三线建设研究·三线建设研究会成立大会专辑》（未刊，2014年）统计而成。
② 张秀莉：《皖南上海小三线职工的民生问题研究》，《安徽史学》2014年第6期。
③ 陈熙、徐有威：《落地不生根：上海皖南小三线人口迁移研究》，《史学月刊》2016年第2期。
④ 郭旭：《社会生活史视角下的三线建设研究——以饮食为中心》，《贵州社会科学》2017年第5期。

的回忆文集。此外，学者们为了收集文献资料和进行田野调查，需要和有关部门、三线企业及职工打交道，因而与其他群体之间的交流、合作也日渐增多。中国三线建设研究会的成立，就是研究者和政府有关部门、三线企业联合的结果。

还有一些学者开始面向公众，利用通俗文章、影像作品等多种方式记录和传播三线建设的历史信息。例如，有的学者在进行学术研究的同时，还将三线建设调研过程中的见闻、感悟用田野调查札记的形式呈现出来，具有一定的可读性。[1] 再如，上海大学历史系徐有威教授和多家媒体合作，在《国家人文历史》上策划了一组"三线建设：等待战争的日子"专题文章[2]；与凤凰卫视合作，推出五集纪录片《千山红树万山云——小三线青春记忆》；和上海电视台等合作，推出多集有关小三线建设的纪录片；指导学生拍摄口述历史作品，参加大学生"家春秋"口述历史影像计划。[3] 不过，大多数学者还是恪守本职，以历史研究为主，鲜有人秉承公众史学的理念去主动引导公众参与到对三线建设历史的记录与书写中来。[4]

（二）政府部门工作人员

这个群体一部分来自三线企业曾经或现在的主管部门，如中央和各省（区、市）的三线建设调整改造办公室、国防科技工业办公室、工业和信息化委员会等。这些部门中的不少人曾亲身参加过三线建设及调整改造的管理、组织或协调工作[5]，对三线建设怀有特殊

---

[1] 如徐有威团队和张勇等研究者分别对"小三线"和"大三线"地区展开调研，撰写了多篇田野札记。
[2] 参见《国家人文历史》2014年第18期。
[3] 参见徐有威、陈东林主编《小三线建设研究论丛》（第一辑），上海大学出版社2015年版。上述纪录片和口述历史影像作品的文字稿皆收录在此书中。
[4] 在2015年底贵州遵义召开的三线建设研讨会上，笔者提出要倡导更多的公众参与其中，得到了一部分学者的响应。
[5] 三线建设主管部门中的一些工作人员曾参加过三线建设。重庆市三线调整改造办公室副主任陈宏逵接受笔者访谈时称，该办公室的干部"全是从三线企业招来的人"。

的感情。一些人退休后仍通过书写回忆录、编撰文献资料等方式关注三线建设。另一部分来自各地的党史研究室、地方志办公室、档案馆、文广局或其他文化宣传部门，他们大多是因为工作的关系而参与到历史书写的事务中来。出于提升地方知名度、推动当地经济发展的需要，某些三线地区的地方政府也在积极地开展记录和宣传三线建设历史的活动。比如，作为当年三线建设重镇的六盘水、攀枝花、遵义等市，分别在当地兴建了三线建设博物馆（或文化园），组织编写了三线建设志和口述回忆文集[①]，并先后承办了全国性的三线建设研讨会。政府工作人员的身份为他们在联系亲历者、获取资料、采访记录、召集会议等诸多方面带来便利，因而他们在三线建设历史的记录和传播过程中发挥着明显的作用。当然，他们特殊的身份背景也使其成果的官方话语色彩较为浓厚。

（三）媒体从业人员

相关媒体从业人员主要来自期刊社、报社、出版社、电视台、文化公司等，成果有专题文章、新闻调查、纪实文学、纪录片、影视作品等形式。尽管参与记录的媒体机构不多，但由于作品形式多样、直观形象，因而影响较大。比如，畅销期刊《中国国家地理》曾两次刊登关于三线工业遗产和"三线人"经历的文章[②]，在读者中引起了不小的反响。中央新闻纪录电影制片厂的大型纪录片《大三线》在拍摄过程中就受到了学界和"三线人"的广泛关注。此外，也有个别媒体从业人员出于自身的兴趣，以个人的身份进行三线建设的记述，如《华商报》记者李杰历时 10 余载，拍摄了大量关于三线建设

---

① 如《六盘水三线建设志》（当代中国出版社 2013 年版）、《筑城——攀枝花下的三线人》（国家行政学院出版社 2015 年版）、《遵义三线建设亲历记》（未刊，2013 年）。

② 陈东林：《三线建设：离我们最近的工业遗产》，《中国国家地理》2006 年第 6 期；聂作平：《三线人生：渐行渐远的激情》，《中国国家地理》2014 年第 2 期。

和"三线人"的照片，并结集出版。① 媒体人对三线建设的记录和书写，既有对历史事件的回顾与思考，也有对三线企业和"三线人"生存状况的现实关怀。他们独特的视角和记录形式丰富了三线建设的书写内涵，在传播三线建设历史信息方面具有突出的影响力。

（四）企业及其职工与家属

20世纪60年代中期至70年代末，全国兴建了近2000家大中型三线企业。② 经历了调整改造和市场化浪潮后，仍有许多三线企业生存了下来。在20世纪八九十年代编志的风潮下，大部分企业都编写了本厂的厂史或厂志。近十来年，为了增强内部凝聚力，营造企业文化氛围，加强对自身的宣传，现存的一些三线企业注意挖掘自身历史传统，开始编写企业的三线建设史。如贵州长征电器集团有限责任公司编纂的《长征电器四十年》（2008）、湖北卫东控股集团有限公司编印的《卫东记忆》（2014）都记述了企业的发展历程，收录了数十篇口述史和回忆录。这些企业通过"官方"组织的方式来书写历史。

三线企业的职工及其家属则往往采用个人或小群体的方式来回忆和书写历史。他们人数众多，遍布全国各地，在群体身份认同感增强、个体意识觉醒以及现代技术发展的背景下，越来越多的人开始参与到三线建设的历史书写中来。三线建设亲历者作为带有明显时代烙印的一个群体，对三线建设怀有强烈而复杂的感情，逐渐形成了对"三线人"这一集体身份的认同。③ 许多"三线人"退休后

---

① 李杰：《"三线"记忆——一个火红年代的烙印》，人民出版社2015年版。
② 国防科工委三线调整协调中心编《三线建设调整改造工作总结》，载《三线建设调整改造总结文集》（未刊），2006年，第27~40页。
③ 关于"三线人"身份认同的研究，详见施文《"三线人"身份认同与建构的个案研究——以陕西省汉中市回沪"三线人"为例》，华东师范大学硕士学位论文，2009年。"三线人"这一群体范围广泛，既包括"三线一代"，也包括"三线二代""三线三代"；既包括三线企业中的普通职工及家属，还包括企业领导干部以及相关主管部门的工作人员。三线建设亲历者具有明显的集体身份认同感，笔者经常在各种场合见到他们使用"三线人"这一概念。

有了更多的空闲时间，在日益开放和多元化的社会环境中，其个体意识开始觉醒，经历过坎坷人生的他们有了记录、书写这段特殊历史和自己人生故事的强烈愿望。同时，现代技术的发展尤其是网络和新媒体的普及，为更多普通的三线建设者回忆和记录历史提供了便利。在各家三线企业的网站、贴吧、QQ 群、微信群中，"三线人"从国家政策、建设历程到企业发展、个人生活的讨论此起彼伏，各种回忆文章和老照片层出不穷。三线职工及其家属成了三线建设历史书写的最广大参与者。

可见，三线建设历史书写的群体来自学界、政界、企业界、媒体界以及三线建设亲历者及家属，来源构成复杂。从其他国家的情况来看，参与历史书写的公众来源构成也比较广泛，如美国公共史学委员会的成员除了受过正规训练的历史学家之外，还包括博物馆员、图书馆员、档案馆员、在公司或政府部门工作的历史学家、影视业和媒体从业人员、中小学教师等。[①] 中国参与三线建设历史书写的人员构成呈现多元化，历史学者、媒体从业人员、政府有关部门的工作人员在其中都发挥了重要作用，历史事件的亲历者——"三线人"则是参与历史书写的主体人群。

三、公众参与历史书写的形式

金光耀在研究中国知青历史问题时，将后知青时代的知青历史书写梳理成三种形式：文学书写，即以知青生活为题材的文学作品创作；史学书写，即关于知青历史的研究论著撰写；民间书写，即知青回忆录的写作。[②] 他所讨论的书写知青历史的主体都是经历过知青时代的知识青年，且书写多借助文字。三线建设历史书写群体构成则比较多

---

① 王希：《西方学术与政治语境下的公共史学——兼论公共史学在中国发展的可行性》，《天津社会科学》2013 年第 3 期。
② 金光耀：《后知青时代的知青历史书写》，《中共党史研究》2015 年第 4 期。

元，书写的成果较为丰厚，书写的手段和形式也更为多样。根据作品的呈现方式，笔者将三线建设的历史书写归纳为以下四种主要形式。

（一）研究论著的撰写

学者是进行三线建设历史研究的主体，其他群体中也有少数人做了一些研究，比如党史研究室、地方志办公室等部门的研究人员。目前，在这一领域已出版了多部研究著作，发表了400余篇学术论文，还有20多篇硕博学位论文，成果数量较多。这些研究成果涉及三线建设的原因及背景、实施过程、影响效应、历史评价、调整改造、三线建设与西部大开发、领导人与三线建设、三线区域研究等多方面的问题。① 在2010年代以前，三线建设领域的研究存在一些不足之处：在研究内容上，大多数研究集中在经济建设与发展、历史背景与评价等问题上，而较少关注三线建设带来的社会、文化、环境等问题；在研究视角上，此前研究大多从宏观层面探讨三线建设的背景、过程及影响，从微观层面就某一个或某一类三线建设单位深入探索其内部的组织结构、社会生活与文化变迁的研究相对较少；在研究人群上，多集中于三线建设中的重要人物尤其是领导人，而对三线建设的主体——普通建设者的关注较少；在研究方法上，运用文献资料的研究较多，基于田野调查的典型个案分析较少。②

不过，近些年三线建设的研究出现了一些较大变化，主要呈现两个方面的发展趋势。趋势之一是从宏大叙事的研究逐渐向微观、细致的研究转变，甚至出现了一些深入的个案研究。例如，胡悦晗以中部地区的两个工厂为例，考察了调整改造阶段三线企业迁入城市的问题③；徐有威、吴静以上海建在安徽的八五钢厂为例，分析了

---

① 李彩华：《三线建设研究述评》，《社会科学战线》2011年第10期；段娟：《近20年来三线建设及其相关问题研究述评》，《当代中国史研究》2012年第6期。
② 张勇：《社会史视野中的三线建设研究》，《甘肃社会科学》2014年第6期。
③ 胡悦晗：《地缘、利益、关系网络与三线工厂搬迁》，《社会学研究》2013年第6期。

小三线职工的婚姻生活①;笔者以四川的三家工厂为例,讨论了三线企业选址及厂址变更过程中三线企业与中央部门、地方政府之间的博弈过程及关系。②趋势之二是从以历史学、经济学为主逐渐向多学科、交叉学科研究转变,从社会学、人类学、地理学、政治学、语言学等学科视角来探讨三线建设历史问题的成果开始出现。例如,笔者从社会学的角度分析了三线企业的社会性质及特征③;段伟从历史地理学的角度研究了甘肃天水市三线企业和安徽宁国县小三线企业的分布与选址问题④;陈超从政治学、社会学的角度,探讨了三线企业工人中三类带"标签"群体的职业机会、人际互动和组织依赖性⑤;施文综合运用社会学、人类学、历史学的理论与方法,以陕西省汉中市回沪"三线人"为例,研究"三线人"的身份认同与构建⑥。虽然研究者的学科背景不同,研究理论和方法也不尽相同,但他们对三线建设这一历史事件的论述与探析,都是历史书写的一种重要形式。

(二) 口述、回忆资料的整理和编撰

三线建设亲历者的回忆录和口述史资料,具有独特而珍贵的史料价值。如今第一代"三线人"年事已高,有一部分已经离开了人

---

① 徐有威、吴静:《危机与应对:上海小三线青年职工的婚姻生活——以八五钢厂为中心的考察》,《军事历史研究》2014年第4期。
② 张勇、肖彦:《三线建设企业选址的变迁与博弈研究——以四川三家工厂为例》,《贵州社会科学》2017年第5期。
③ 张勇:《介于城乡之间的单位社会:三线建设企业性质探析》,《江西社会科学》2015年第10期。
④ 段伟:《安徽宁国"小三线"企业改造与地方经济腾飞》,《当代中国史研究》2009年第3期;段伟:《甘肃天水三线建设初探》,《中国经济史研究》2012年第3期。
⑤ Chao Chen. "Labeled clanization: the social structure of a Third Line enterprise." *Labor History*, Vol. 57, 2016 (5): 671 – 694.
⑥ 施文:《"三线人"身份认同与建构的个案研究——以陕西省汉中市回沪"三线人"为例》,华东师范大学硕士学位论文,2009年。

世，因而抢救、整理这些回忆录和口述史资料就显得尤为迫切。几乎所有参与三线建设历史书写的群体——政府部门工作人员、学者、企业职工都意识到收集、整理这类资料的价值和紧迫性，参与到口述、回忆资料的整理和编撰工作中来。

在政府方面，党史研究室、地方志办、档案馆、政协文史委员会等相关部门，针对某一些三线建设者（如领导干部、优秀代表）做过口述访谈或邀其撰写回忆录，整理出版了若干资料文集。例如，重庆市党史研究室对该地区三线建设调整改造的多位领导干部做了口述史访谈；遵义市文史与学习委员会编写的《遵义三线建设亲历记》（2013）收录了亲历者的100多篇回忆录；攀枝花市总工会采访了54位劳模和领导，出版了口述史文集《筑城——攀枝花下的三线人》（2015）。在企业方面，除了编写厂史、厂志外，部分三线企业还组织编写了本厂的回忆、口述文集，如贵州长征电器集团有限责任公司编纂有《长征电器四十年》、湖北卫东控股集团有限公司编印有《卫东记忆》。在学术界，也有学者重视对此类第一手资料的收集，甚至做了一些口述史工作。比如，由徐有威领衔的研究团队在《口述上海——小三线建设》一书就收录了他们采访的43位上海小三线建设者的口述作品①；王小平在自贡做了许多当地"三线人"的口述访谈；笔者也主编有关于三线建设亲历者的口述、回忆文集。

回忆录、口述史的主体还是三线建设的亲历者。这些"三线人"对三线建设怀有特殊的感情，虽然年事已高，但凭借现代网络和新媒体工具，或者借助子女的帮助，他们书写了大量回忆录，部分人还接受访谈，留下了珍贵的口述资料。有的三线建设亲历者是自发撰写回忆录，如陈刚《三线的日子：我的1966—1979》（2009）、蒋辛《青春的回眸：三线建设者的奋斗故事》（2012）都是记述个人的三

---

① 中共上海市委党史研究室、上海市现代上海研究中心编著《口述上海——小三线建设》，上海教育出版社2013年版。

线经历；也有某些破产企业的"三线人"联合起来，共同收集、整理、撰写本厂职工的文集，如四川锦江厂编印了回忆录《锦江风云》和画册《锦江情韵》，四川913厂编印了回忆文集《中和风雨行》，江西小三线企业人民厂、9304厂分别收集回忆录并出版了《我们人民厂——江西"小三线"9333厂实录》《征程——前进中的江西9304厂》等书[1]，重庆晋江机械厂收集、出版了《晋江记忆》等史料文集[2]。还有亲历者专门对参与贵州六盘水三线建设的70余位老兵进行了口述访谈。[3] 这一类亲历者的回忆、口述文章，如今正如雨后春笋般涌现，尤其在网络上各种文章层出不穷。

　　三线建设的回忆、口述成果数量众多，但水平却参差不齐，不同书写群体所做回忆、口述作品的特点及风格也都迥异。政府相关部门人员在整理和编撰口述、回忆资料时，通常会选择一些领导干部或"优秀人员"作为对象，内容也多为叙述建设的辉煌和个人的业绩，具有明显的倾向性。部分学者在做口述历史工作时，力图抢救和保存更多的历史信息，但由于口述史进入三线建设领域较晚，目前该领域的口述历史工作在程序的规范性和对象的广泛性等方面尚需进一步提升。"三线人"所做的回忆录和口述史作品最为丰富，涉及内容也较广泛，创业过程、建设成果、工厂生产、厂区社会、日常生活、文化娱乐、教育卫生、个人经历、家庭情感、群体关系等皆是其中内容。他们以此方式，记录共同经历的这段历史，追忆彼此的生活和逝去的岁月，并凝聚集体情感与身份认同，因此"三线人"书写的回忆录和口述作品往往带有浓厚的个人感情色彩。

---

[1] 本书编委会编《我们人民厂——江西"小三线"9333厂实录》，上海人民出版社2015年版；本书编委会编《征程——前进中的江西9304厂》，上海人民出版社2016年版。

[2] 该套文集包括《晋江记忆》《晋江风采》《晋江文韵》《晋江影踪》等书，共四卷五册，团结出版社2016年版。

[3] 余朝林主编《乌蒙山下军旗红：贵州六盘水三线老兵访谈录》，南方出版社2017年版。

(三) 通俗作品的生产

以三线建设为主题的通俗作品类型多样，包括文学作品、图片、纪录片及影视作品等。文学作品以报告文学和小说为主，报告文学有王春才主编的"中国大三线报告文学丛书"《中国圣火》《蘑菇云作证》《穿越大裂谷》《金色浮雕》和沙明的《魂系三线》等；小说有《让历史记住：三线学兵》《青春滴血：三线学兵连绝唱》《工人》《上三峡》《失眠时代》《裂谷燃情》《大三线》《青春牵着童年的手》等。① 这些文学作品的作者大多是三线建设的亲历者，他们的作品虽具有明显的文学色彩，却对当年的历史事件及背景有较为真实的反映。亲身经历过三线建设的历史学者李天石，在读完于泽俊的小说《工人》后说，"小说差不多用了一半的篇幅写三线建设"，"是一曲动人心魄的三线建设的悲壮史诗"。②

图片和纪录片也是记录历史的较好形式。各种关于三线建设的老照片、摄影作品大量涌现，有的甚至结集出版，如国家计委三线建设调整办公室主编的画册《中国大三线》(1998)、潘科主编的《三线学兵连》(2008)、李杰拍摄的摄影集《"三线"记忆》(2015)。各地电视台策划拍摄过一些三线建设题材的纪录片，如四川电视台和四川省三线办共同拍摄的10集系列片《三线·创业者的歌》(1987)、陕西电视台的九集电视专题片《三线学兵连》(1998)、中央电视台"亲历·亲证"栏目拍摄的《三线学兵》(2009)、上海电视台纪实频道拍摄的《那时，阿拉在小三线》(2015)，香港凤凰卫视相继制作和播出了《三线往事》(2010)、《血色青春：我在三线学兵连的故事》(2010)、《千山红树万山云——小三线青春记忆》(2015)。2016年

---

① 更多作品参见王小平《三线建设的历史记忆与当代文化生产》，"中国三线建设遗产价值与品牌建设"研讨会论文集，2015年，第113~119页。
② 李天石：《三线建设的悲壮史诗——读〈工人〉有感》，http://news.xinhuanet.com/book/2011-09/20/c_122060941.htm。

8月，由国防科工局组织拍摄的7集系列片《军工记忆：三线风云》在央视记录频道播出，摄制组深入三线地区29个城市32家军工单位进行采访，拍摄音像素材时长430多个小时，整理采访资料250余万字，积累了大量宝贵的音像图片资料。另一部大型文献纪录片《大三线》历时两年半，其间走访了北京、贵州、四川、陕西、湖北、重庆六个省市，采访亲历者500多人。该片将镜头对准普通的三线建设者群体，通过普通人的故事反映大时代的变迁，于2017年9月在中央电视台播出。

此外，还有一些以三线建设为题材的影视作品，如《彭德怀在三线》《二十四城》《山楂树之恋》《爱在苍茫大地》《大丽家的往事》等。其中，号称三线建设"三部曲"的《青红》《我，11》《闯入者》是在三线企业中生活过13年的王小帅导演的电影，里面有他对三线建设历史记忆的影像表达。[①]

文学、影视类通俗作品，虽然具有浓厚的文学创作和艺术加工色彩，却在一定程度上延续了人们关于三线建设的历史记忆，留存了三线建设的历史信息，因而可以算是一类特殊的历史书写方式。

（四）物品、场所的利用

美国南卡罗来纳大学教授舒尔茨提出，了解和理解原始的历史材料并不仅仅局限于文字材料，还包括建筑物、遗址、场景、文物、口述记忆、影像资料和电子文献等。[②] 三线建设时期的设施、设备、生活用品、建筑、空间等，都可以用来记录和传播历史知识，主要有修建博物馆和遗址利用等方式。

历史博物馆或陈列馆通过一定的方式将物品编排，并结合文字、

---

① 详情参见王小平《三线建设的历史记忆与当代文化生产》，"中国三线建设遗产价值与品牌建设"研讨会论文集，2015年，第113~119页。
② Constauce B. Schulz. "Becoming a Public Historian." in James B. Gardner and Peter S. Iahalia, eds. *Phulie History: Essays form the Field*, Malabar: Krieger Puhlishing Company, 2004, pp. 32–33.

声音、视频等辅助手段,将信息展示出来,是记述和传播历史知识的一种有效方式。目前,四川广安市已兴建了首个三线工业遗产陈列馆,四川大邑的建川博物馆群中落成了"中航工业航空三线博物馆",贵州六盘水市、四川攀枝花市也先后修建了三线建设博物馆。三线建设还留下了大量的三线企业或工程遗址,其中一部分已进行保护、利用甚至开发。遵义、自贡、绵阳、江津等地的遗址正计划改造成文化创业园、三线主题酒店或工业遗址保护区;位于重庆涪陵的 816 地下核工程,解密之后已作为旅游景点对游客开放。它们的保护和开发思路不尽相同,但都使用了多种方式进行三线建设的历史书写。例如,近年来 816 地下核工程正在进行升级改造,其中景前区计划修建三线建设纪念广场和老兵纪念广场,竖立三线建设的大事记纪念碑和支援 816 建设的单位纪念碑,镌刻数万名参与建设的工程兵名字,以此铭记建设过程中相关的历史事件和人物。①

提供"在场感"是公众历史学家所做的一项重要工作,实物的布置、空间的利用、材料的呈现方式等都是传递历史信息的有效途径与手段,能使受众从再现的历史场景中汲取历史知识,并获得身临其境的感受。② 博物馆和遗址可使普通公众对三线建设的历史有更为直观和形象的认识。同时,博物馆修建和遗址利用过程中,需要向相关学者、亲历者咨询更多历史信息,从三线企业和职工那里征集各种用于展示的物品,这又加强了不同群体之间的互动。

四、历史书写群体之间的互动

三线建设历史书写的群体范围广泛,包括学者、政府人员、媒体人和"三线人"等。这些不同群体之间的交流、合作和互动较

---

① 笔者曾赴这些遗址进行过考察,816 工程的升级改造情况为 2016 年实地调研时获知。
② 张文涛:《在场感与西方公共史学》,《甘肃社会科学》2014 年第 1 期。

为频繁。究其原因,一是网络技术和新媒体工具的迅速发展与普及,使得不同人群之间的联系与交流变得更为方便;二是随着意识形态的松绑和多元文化的发展,不同群体之间的意识壁垒得以打破,交往日益增多;三是三线建设的书写群体建立了专门的组织机构,全国性的及各地的三线建设研究会及其网站、QQ群为他们之间的互动提供了平台。在共同书写三线建设的过程中,各类群体之间都有不同程度的交流和合作。例如,在文献纪录片《大三线》拍摄过程中,摄制组和攀枝花、六盘水、遵义、重庆等地方政府部门建立了合作关系,还邀请了多位学者提供学术指导,调研了近百家三线单位,采访了500多名三线建设亲历者,媒体人和政府人员、学者、企业人员、"三线人"等各类群体都有不同程度的对话与互动。

在这些群体中,学者是三线建设历史研究的主体,三线建设亲历者——"三线人"则是历史记述的主体。有历史学家认为,"历史知识的生产是历史学家与其研究对象进行对话和合作的结果"[①]。在古代史等领域,史学家无法和"当事人"进行直接对话,而作为当代史的三线建设领域则不一样,学者和研究对象——"三线人"之间可以有较多的交流和对话。因此,下面主要探讨学者与"三线人"的交流、合作及影响。

学者和"三线人"既有面对面的交流,也有依托网络等媒介进行的交流。近几年各地陆续召开各种主题的三线建设研讨会,参加会议的学者和"三线人"相互交流信息,对一些问题展开探讨,甚至达成某种合作意向。学者在外出调研时,不论实地考察还是口述访谈,接触最多的还是"三线人",他们之间面对面的交流更为深入。此外,借助电话、邮件、贴吧、QQ、微信等媒介,平日里学者可以和"三线

---

① 王希:《把史学还给人民——关于创建"公共史学"学科的若干想法》,《史学理论研究》2014年第4期。

人"进行多种形式的交流。笔者发现,在中国三线建设研究会组建的"三线家园"QQ群里,研究者和亲历者是最为活跃的两类人群,他们之间的讨论、交流较为频繁。他们交流的话题通常包括对三线建设的评价、三线企业的发展、"三线人"的生存状况、个人的经历及生活等方面的内容。

学者还与部分"三线人"在历史资料的整理编撰、工业遗址的保护利用等方面进行了合作。例如,《三线风云:中国三线建设文选》这部厚重的三线建设文集就是由一些三线建设亲历者和陈东林等学者共同策划并整理出版的。① 再如,重庆市江津区夏坝镇原有3家三线企业,其中之一的晋江机械厂搬迁、合并入巴南区的重庆大江工业有限责任公司,在夏坝只留下了厂房、宿舍等遗址。一些退休的原晋江厂职工组织起来,编写本厂的厂史和回忆文集,并计划对工厂遗址进行利用和开发。受他们邀请,包括笔者在内的几位研究者参与了这些事务,为其厂史、文集的编撰提供参考,对工业遗产的利用提出了若干建议。同时,研究者在当地做口述访谈、专题调研时,这些"三线人"也积极予以响应和配合。

学者和"三线人"之间的交流、合作对双方都产生了一定的影响。对于学者来说,通过与"三线人"的接触、交流与合作,既有助于调研工作的顺利开展和资料信息的充分收集,还可以深入了解"三线人"群体,改变某些固有的看法。在"三线家园"群内,曾有学者与数位"三线人"就三线建设与某位领导人的历史评价问题展开了激烈的争论,一度火药味十足。事后,这种争论与交锋使双方都受到了一定程度的触动。参与讨论的"三线人"察觉,学者提供的资料翔实,观点有所依据,不由得对这些问题产生了新的思考。学者则发现,学界原本已得到公认的一些问题,在这些普通民众和事件亲历者的头脑中却是另外的一种看法,"三线人"的历史认同与

---

① 倪同正主编《三线风云:中国三线建设文选》,四川人民出版社2013年版。

情感问题需要重新审视。① 对于"三线人"来说,学者不仅可以为其文集的编撰提供指导或参谋,还可能会在意识观念上对其产生影响。笔者在进行三线建设亲历者的个人史访谈和回忆录收集时,与数十位"三线人"进行过交流、合作。最初,有的"三线人"不甚理解,觉得自己只是一个普通职工,没有做口述史或撰写回忆录的必要。经过多次的沟通后,一些人的观念逐渐开始转变,意识到了个人史书写的意义。有一位三线亲历者在修改他的回忆录时,发来邮件谈起与笔者交流后的感想:"(你)从民间的范畴引导我将视角由'大'转'小',方开始关注与重视在那个'大时代'背景下所亲历的不仅能够感动自己,而且易于让今人触摸的'小故事'。"他似乎已隐约感悟到"大历史"与"小历史"的史学理念。②

许多新史学的实践者一直希望推倒两道墙:"那些将人民与他们的历史分离开来的"和"那些将研究历史的人与曾亲历历史的人分割开来"的墙。③ 美国历史学家迈克·弗里茨提出"共享话语权"理念,旨在倡导宽容的历史解释权,主张与公众对话,共同解释历史。④ 在三线建设历史书写过程中,不仅有历史学者、政府工作人员,还有普通民众(尤其是亲历者)以及媒体从业人员都参与进来,相互对话、合作与影响,共同书写和解释着这段历史。⑤

---

① 与本研究相似,邵鸿在研究曹操墓的认定风波时探讨了历史学家与社会公众之间的争论和对话。不同的是,在三线建设领域,学者是直接与事件的亲历者进行讨论和对话。参见邵鸿《当代史学的公共面向和大众参与——对曹操墓认定风波的初步分析》,《中央社会主义学院学报》2011年第1期。
② 赵世瑜:《小历史与大历史:区域社会史的理念、方法与实践》,生活·读书·新知三联书店2010年版。
③ James Green. *Taking History to Heart: The Power of the Past in Building Social Movements*. Amherst: University of Massachusetts Press, 2000, p. 1.
④ Michael H. Frisch. *A Shared Authority: Essays on the Craft and Meaning of Oral and Public History*. Albany: State University of New York Press, 1990.
⑤ 在这些不同书写群体的互动过程中,也存在一些矛盾与冲突,并会达成某种程度的共识。这些矛盾、冲突与共识也是公众史学的关注内容之一,但限于篇幅,在此不展开讨论。

五、总结与思考

综上所述，三线建设的历史书写大致经历了三个阶段，近十年来书写者群体发生了很大变化，有更多的公众（特别是三线建设亲历者）参与到该历史领域的书写中来，进入了真正意义上的公众参与历史书写的新阶段。参与书写三线建设历史的群体比较多元，学者、政府工作人员、媒体从业人员、"三线人"等群体有着各自不同的书写动因、方式、作用和特点。除了文字外，录音、影像、物品及场所也是记述历史的重要手段，三线建设的历史书写主要包括研究论著的撰写、口述及回忆资料的整理和编撰、通俗作品的生产、博物馆及遗址的利用等多种形式，成果丰厚。不同群体之间的互动较为频繁，学者与"三线人"之间的对话和合作对双方都产生了一定的影响。他们正共同书写和解释着三线建设的历史，共享着历史的话语权。

通过对公众参与三线建设历史书写的探讨，还可以形成如下几点认识。

第一，历史书写形式多样，不同书写人群各有其擅长的书写方式。总体来看，历史书写包括历史研究和历史记述两大类。历史研究由于其专业性，需要研究者具备相应的历史知识和理念，并经受专业的学科训练，因而从事历史研究的主体是历史学者，只有极少数来自其他领域的人员。历史记述则不同，其进入门槛较低，不仅学者，普通公众也可以进行记述。三线职工及其家属、记者、制片人、政府工作人员等都参与了三线建设历史的书写。虽然一些亲历者由于年事已高难以亲自书写，但通过口述历史等形式，他们也能参与到历史记述的活动中来。因此，历史研究是小众的，历史记述却可以是大众的。正如钱茂伟所说，"历史研究者不必多，但历史记录者越多越好"[1]。如此，

---

[1] 钱茂伟：《中国公众史学通论》，中国社会科学出版社2015年版，第84页。

历史书写才可能从小众走向大众。

第二，学者和其他参与历史书写的群体应进行更多的对话和互动。这一点在近些年举办的公众史学研讨会和历史嘉年华等活动中已有所体现，但在具体的历史领域还有待加强。除了对话外，历史学者在书写历史时，还应该倡导更多的公众参与其中，并给予一定理念和技术上的引导。目前三线建设的口述史作品虽然数量不少，但水平参差不齐。原因在于口述历史看似简单，实际操作流程却十分复杂，它要求操作者"除了理解必要的口述史学的理论以外，还需要充足的历史、社会学和人类学等专业训练，以及做大量的案头工作"①。并且，公众在参与口述历史活动时，会遇到复杂的伦理问题。② 因而在做三线建设口述史时，需要专业人士和普通民众进行更多的交流与合作。"历史知识的生产是历史学家与其研究对象进行对话和合作的结果"，只有不同书写群体之间进行更广泛的对话和合作，才能生产更多有价值的历史知识。

第三，在当代史领域，参与历史书写的主体人群多与该历史事件有关，其书写积极性受历史认同等因素影响。如前所述，三线建设历史书写的主体是"三线人"，既包括"三线一代"，也包括"三线二代""三线三代"；既包括三线企业中的普通职工及家属，还包括企业领导干部以及相关主管部门的工作人员。"三线人"的人生或多或少都与三线建设产生过交集，因此他们比其他人更为关注三线建设的历史书写。许多三线亲历者对于书写历史表现得较为积极，这和他们对三线建设的历史评价及自我认同有关。有别于知青群体对"上山下乡"运动的负面评价，大部分"三线人"对国家开展三线建设持理解的态度，认为他们自身的行动为国家做出了贡献，因而愿意参与该事件的历史书写。③ 所

---

① 定宜庄、汪润主编《口述史读本》，北京大学出版社2011年版，导言第9页。
② 李娜：《当口述历史走向公众："公众口述历史"中的伦理问题刍议》，《社会科学战线》2016年第3期。
③ 当然，也有一些"三线人"认为三线建设存在若干问题，尤其是对企业发展、个人待遇、子女就业等问题存在一定的看法，这在他们的回忆录中和接受访谈时有所流露。

以,历史事件的相关人群应当是公众史学家引导参与历史书写的重点对象。

倘若从更为宏观的视角——历史书写几千年的变迁历程来看,公众参与历史书写无疑对史学的发展具有重大的意义。以历史的书写对象(内容)和书写者(主体)的变化为参照,中国的历史书写经历了几次大的变迁。在古代的传统史学时期,历史书写最显著的特征是官方书写,由朝廷的史官来进行历史记录与编撰,帝王将相和重大事件是书写的主要对象,因而传统史学被后人称为"君史"。虽然彼时仍存在一些民间书写的因子,但官方以外的历史被称作野史,没有正统地位,其影响远小于正史。近代之后,在现代国家与国民意识增强和西学东渐的影响下,中国出现了要求书写"民史"的史学理念。梁启超等知识精英提出了抛弃"君史"、倡修"民史"的主张①,认为史家应该以"探察人间全体之运动进步,即国民全部之经历及其相互之关系"为目标②,"民史"即以国民为主体的历史。此种"民史"观念的提出,将历史书写的对象范围从帝王将相扩大到了国民大众,历史书写理念出现了重大的变化。"民史"观虽扩大了历史书写对象范围,但其书写者仍以知识分子精英为主,它在20世纪上半叶的发展不甚理想,可谓"步履维艰"。③ 在20世纪,中国的史学还出现了政治化、学术化、科学化的倾向。④ 政治化的倾

---

① 史文:《斥"君史"倡"民史"——关于19世纪末期史学观变革的若干思考》,《史学理论研究》2001年第4期。
② 梁启超:《中国史叙论》,载《饮冰室合集·文集一》,中华书局1996年版,第1页。
③ 钱茂伟:《中国公众史学通论》,中国社会科学出版社2015年版,第50页。
④ 中国史学的科学化倾向无疑深受西方史学发展的影响。西方史学从德国兰克学派到法国年鉴学派,都体现了追求"科学化"的特点,而中国从近现代的顾颉刚、王国维、傅斯年等人到当代的史学家,仍多有史学"科学化"的倡导者或践行者。参见葛志毅《由社会史研究引发的史学思考——论史学发展中的科学化与大众化问题》,《求是学刊》1997年第5期;杨国荣:《史学的科学化:从顾颉刚到傅斯年》,《史林》1998年第3期;朱发建:《史学"科学化"与新世纪中国史学的趋向》,《学术月刊》2006年第11期。

向冲淡了史学的平民色彩,而科学化、学术化的倾向则使科学性与人文性呈现二重的"疏离和对峙"①,历史研究与历史记述渐行渐远,形成了以历史研究为主的"学院史学"。其间虽有社会史学家倡导"目光向下",关注民间和人民大众②,"自下而上"地看待历史,但这仍是职业史学家进行的历史研究,少有普通民众参与进来。

进入 21 世纪,随着经济文化水平的提高和社会开放程度的加深,普通民众的历史书写意识得以增强,特别是网络技术的迅速发展和新媒体工具的广泛使用,使得个人进行历史书写更为便捷、自由。官方和职业史学家无法再垄断历史的书写与传播,越来越多的公众加入记录和书写历史的行列中来,并朝着"书写公众、公众参与、公众消费"的趋势发展。学院史学家和公众史学家开始摒弃成见,进行对话,更为重要的是,历史学家和普通民众有了多种渠道的交流与互动。至此,历史书写的对象和主体都产生了显著的变化,进而促使书写形式、传播方式乃至史学观念的转变,由此可能会引发历史书写和史学发展的巨大变革。

公众参与历史书写的专题领域较多,在国内除了三线建设史外,抗战史、土改史、"文革"史、知青史、移民史、建设兵团史、改革史等领域都有公众参与历史的书写。这些领域的公众参与,与三线建设领域有相似之处,比如亲历者都参与书写,也有一些不同的特点,对此可以展开进一步研究。此外,参与历史书写的群体广泛,书写手段和形式多样,因而除了利用公众史学的理论及方法外,还应结合口述史学、网络史学、影像史学等历史学分支学科和社会学、传播学、心理学等相关学科进行综合研究。

---

① 朱发建:《史学"科学化"与新世纪中国史学的趋向》,《学术月刊》2006 年第 11 期。
② 俞金尧:《书写人民大众的历史:社会史学的研究传统及其范式转换》,《中国社会科学》2011 年第 3 期。

第二节　三线建设企业遗址考察札记*

2016年11月，我到重庆市綦江区的东溪镇参加一场关于移民文化的学术研讨会。綦江是我的家乡，此前我也曾来过东溪，因而对这座古镇略知一二。东溪镇历史久远，渝黔古道从中穿过，綦河边的码头一度商船云集，颇为繁盛。明清时期，有大量外省移民迁徙至此，至今还保留有多处祠庙和会馆。然而，东溪并非我此行真正的目的地。在距离东溪镇20多公里的一处山沟中，隐藏着一家当年的军工企业——重庆双溪机械厂（代号147厂，简称双溪厂），这里曾居住着另一群外省移民，它才是我这次田野调查的目标。

一、曾经繁盛的场镇

在20世纪60年代中期，由于我国周边局势急剧恶化，国家出于备战考虑进行三线建设。重庆由于工业基础雄厚，因而成为三线建设的重点地区之一。中央决定，以重庆为中心，用三年或者稍长一些时间，建立起一个能生产常规武器并且有相应的原材料和必要机械制造业的工业基地，重庆被确定为生产常规武器的工业重镇。三线建设时期，在重庆及周边地区建设了大约40家军工企业。地处綦江的双溪厂就是其中的一家兵工厂，专门生产和组装大口径加农炮。

---

* 本节原刊于西南大学历史地理研究所编《中国人文田野》第八辑，巴蜀书社2019年版，第218~226页，原标题为《山沟中的"小社会"——重庆双溪机械厂考察札记》。

近几年，我考察过不少三线企业，但位于家乡的这家三线兵工厂却从未去过，实在有些惭愧。此次来到与它相距不远的东溪镇，我自然不能抱憾而归，决定前去调研。于是，在会议的第二天，我就与西南政法大学的梁勇教授一道，开车前往双溪机械厂。梁勇师从郑振满、赵世瑜等史学名家，主治明清以来的区域社会史，尤其对清代西南地区的移民颇有研究。我俩虽然研究方向不同，但都对社会史、移民等问题颇为关注。我一边开车，一边向梁勇介绍三线建设、三线企业及移民的有关情况，他对这些问题颇有兴致，我俩聊得甚是投机。

綦江位于重庆南端，与贵州省接壤。我们从东溪镇出发，一路向南，沿途层峦叠嶂，连绵不断。到赶水镇后，再沿着綦江的支流洋渡河前行，很快便来到了河边的一处场镇——小鱼沱。在这里，一条锈迹斑斑的铁路穿过场镇，旁边矗立着一座蒸汽机火车头，似乎仍轰隆隆地向前驶去。在铁路两边，一栋栋青砖砌成的老旧房屋里还住着人，隐约在述说着这里曾经的繁华。

图 4-1　小鱼沱已经废弃的铁路
注：除图 4-3 外，本节照片均为笔者考察时拍摄。

当年,小鱼沱附近由于有丰富的煤、铁等资源,兴建起了綦江铁矿等好几家工厂,当地的铁矿石、煤炭都通过这条铁路源源不断地运出去。小鱼沱居民说,他们亲眼所见,双溪厂组装的大炮,通过汽车拉到这里后,再用火车运出去,那时的小鱼沱车站很是忙碌。可惜,随着这几家企业的相继倒闭,曾经繁华的小鱼沱变得萧条起来。

二、他者眼中的双溪厂

从小鱼沱继续前行,沿途的群山越发高耸,我们在山腰的公路上不断盘旋。不久汽车驶上一座高架桥,眼前出现了一幕令人震撼的景象:桥下两侧峭壁林立,中间一条小溪静静地流过,溪畔高大的烟囱突兀而起,左侧山坡上几栋楼房依次排开。我们仿佛来到了另外一个世界,难道这就是双溪机械厂吗?

图4-2 双溪厂的外围

我们开到楼房前，询问路边的老乡，得知这里果然就是双溪厂的外围地带。要去厂区，需要从旁边的支公路下到沟底，再沿小溪前行即可。

这条老旧的支公路弯弯曲曲，通往沟底。刚刚驶入，我们就看见公路一侧砌有一排青砖平房，一位老人正坐在屋前的空坝上晒太阳。我们将车停在路边，和老人攀谈起来，得知老人名叫林先金，是当地的农民。他告诉我们，以前这里就是双溪厂的生活区，公路两旁和整个山坡上满是职工及家属的宿舍、楼房。可放眼望去，除了一堆堆的砖头和依稀可见的地基外，哪里还有工厂生活区的影子？早拆完了，林先金说，只剩下他住的这一排平房了。我们所站的地方，以前是县粮食局建的粮站。他住的房子原是粮站的，粮站撤销后，他就自己买下来住了。他还说，门前这条公路是以前从赶水镇去往打通镇的主路，因此在粮站附近还设有车站，工厂职工和周边农民都来这里坐车。

林先金回忆说，双溪厂兴建时，奉行少占良田的原则，周边农村被征占的耕地较少。但工厂附近的三个生产队却被划为蔬菜队，专门种蔬菜供给工厂。说到这里，林先金脸上洋溢着得意的神情，"我们蔬菜队吃的是供应粮，要发粮票和油票，一个月每人20多斤米，4两油呢"，"蔬菜队的人不同于农业队的人，比他们要跩些"。显然在他眼中，蔬菜队人的身份比从事普通农业生产的农民要好很多。

那么，林先金他们又是怎么看双溪厂的人的呢？他说："双溪厂的人很跩的，皮鞋擦得亮，看不起周围人，包括铁矿厂的也瞧不起。"确实，当时拥有先进工业技术的三线职工，既有旱涝保收的工资收入，又能享受近似城里人的娱乐生活，自然会产生一种先天性的优越感。

这让我想到了台湾人类学家王明珂先生提出的"一截骂一截"的族群认同现象。他在川西的岷江上游等藏羌汉杂居区考察发现，过去下游地区的人群自称是"汉人",认为上游村寨的人群是"蛮子",而上游的人群又认为比他们位置更上游的人群是"蛮子"。①三线工厂周边也存在着相似的情况:三线厂的人瞧不起周围的农村人(包括蔬菜队和农业队的人),蔬菜队的人又瞧不起农业队的人。而反过来的情况就是,农业队的人羡慕蔬菜队和三线厂的人,蔬菜队的人又羡慕三线厂的人。其实,在人类社会的各阶层、各群体中又何尝不是如此?即使是在计划经济时代,不同生产方式和生活方式的人群之间,也存在着这种由身份、地位差别所带来的"他们"与"我们"之间的界域分明的意识鸿沟。

图 4-3 访谈当地居民林先金(梁勇摄)

林先金说,双溪厂医院的水平高,子弟校也不错,但遗憾的是,周围农村的孩子不能到子弟校读书。他不清楚什么三线企业,只知道双溪厂是兵工厂,有驻厂部队,厂区内有人站岗,外人不能随意进出,到工厂挑粪也需要有通行证(俗称"粪证")。可见,三线军

---

① 王明珂:《羌在汉藏之间——川西羌族的历史人类学研究》,中华书局 2008 年版,第 61~62、71~76 页。

工企业和周边农村保持着较大的区隔，围墙内外是两个不同的世界。

不过，双溪厂建在这里，对他们还是产生了很大的影响。林先金认为，周边农民可以通过卖菜、卖肉等方式挣钱，获得不少好处。但双溪厂搬走之后，情况就改变了，他们除了卖东西、挣钱不容易之外，"买东西也不方便，什么都不方便"。在林先金房屋的墙上，还残留着大大的"洗车"字样，看来以前他经营过洗车的业务。但如今双溪厂搬走了，这条公路也不再是干道，还有多少人会到这里来洗车呢？老人在我们离开时，仍一直念叨着，希望能有新的工厂入驻，建在这里。

三、夹皮沟里的张家坝

告别林先金后，我们从这条曲折的公路下到沟底，再沿着沟底的小溪前行，很快就来到了双溪厂的生产区大门。

出行之前，我在查阅双溪厂相关资料时，看到过一则玩笑话：双溪厂男职工自豪地说，其他地方都是一夫一妻，而他们有两个"妻"。原来在川渝方言中，"溪"字常常被读作 qī，和"妻"发音相同。站在工厂大门左侧的石桥上，我果然见到了上游的这两条溪水。在山沟中间仅存的这小块平地上，左右两条小溪汇聚成一条河，故名"双溪"。网上有资料介绍，这两条小溪分别叫石龙河和洋渡河，但事后我询问本厂人，他们却异口同声地告诉我，这就是两条根本没有名字的小溪！连双溪厂人都不知道它们的名字，或许是因为以前这里实在太偏僻了吧。

选择在如此偏僻的地方建厂，是因为三线建设主要是基于备战的考虑而实施的。三线企业在选址时，要遵循"靠山、分散、隐蔽"的原则，军工企业更是要求严格，有的车间甚至建在山洞里。站在双溪厂的大门口，我们真切地感受到"山、散、洞"选址方针执行得有多么彻底。四周群山环绕，峭壁林立，在陡峭的山谷中间，只有一条交汇后的小溪通向外界。网络上，有人把这条山沟称为"夹皮沟"，这个名字让我联想到了《智取威虎山》中小分队剿匪的前哨站——位于东北黑龙江的一个小山村，它的名字就叫夹皮沟。是

图4-4　群山环抱中的张家坝

图4-5　双溪厂生产区的大门

不是因为双溪厂的主包厂来自黑龙江，从那里迁徙过来的职工就以此名戏称工厂所处的山沟呢？不过，此处的夹皮沟可要偏僻、险峻得多！

在工厂的大门旁，还醒目地挂着"国营一○七厂军品实验基地"的牌子。① 两侧的水泥柱了浇筑得结实而高大，彰显着兵工厂往昔的威严气势。站在大门口，我脑海中不由得浮现出一个上下班时，职工快步行走、络绎不绝的热闹场景。迈入大门，居然还看见了几栋气派的楼房，这是当年的办公楼和生产车间，它们仍完整地保留了下来。双溪厂四周山陡谷深，好不容易在两溪交汇之处才有这一小块平地，被当地人称为"张家坝"。工厂在兴建时，自然就将办公楼和生产车间选在了此地。

根据资料记载，早在抗战时期，由广西内迁至重庆的原第四十兵工厂（广西第一兵工厂）就建在张家坝。1964年，第五机械工业部派人在綦江地区选址，经过勘查，最终将厂址定在了这个山沟中。1965年3月10日，由东北齐齐哈尔和平机械厂、太原晋西机械厂等企业抽调技术人员组成的基建、设备、水电等建厂先头部队抵达了张家坝，准备开工建厂。西南地区多喀斯特地形，张家坝附近更是暗河、溶洞密布，土地贫瘠。这里有三个天然的大溶洞，适合隐蔽，进行保密生产。大部分车间建在冬暖夏凉的山洞里，采光全靠电灯。山洞不是笔直的，洞里高低不平，生产需用的行车、轨道等依据自然的山洞走向，一段一段地修建。

在工厂门口，抬头就能看到一座极为陡峭险峻的山崖矗立在对面。三个天然的溶洞就隐藏于山体之中，其中一号洞最高，从山下进入洞中必须通过一条百余米长的缆车道。工人上下班或运送生产材料都需要这条缆车道，因为这座山太高太险，根本无法修筑公路。站在山脚下，我们还能清楚地看见通往一号洞的缆车道，但上面的铁轨却早已被拆光，不知道怎样才能上到洞里。

---

① 双溪厂（代号147厂）后来调迁、合并入大江总厂（代号107厂）。

四、留守打靶场的梁师傅

参观完厂房、办公楼后,已是下午1点过,我们腹中开始咕咕作响,恰好发现一栋楼中开有餐馆,决定先填饱肚子再继续考察。吃饭时,我向餐馆老板询问,对面巉岩峭壁上的一号洞看似无路可上,我们该从哪里上去呢?老板告知,沿着左侧小溪,走到山崖的后面,才有路上山。

在左侧的小溪旁,修有一条小公路。我们开车进去,来到山崖的背后,发现居然还住有一户人家。走近房前,我们看到了一大块平整的水泥地,中间用钢铁框出了一个长方形的大坑,旁边造型怪异的水泥墙上用红漆写着"打靶场"等字样。这是什么地方呢?我

图 4-6 当年试射大炮的打靶场

们正在疑惑时，从屋里走出了一位六七十岁的老人，他挽着袖子，衣服上还沾着些许泥土。老人告诉我们，这是当年双溪厂试射大炮的地方，大坑就是用来摆放大炮的，炮弹直接发射到小溪对面的石壁上，还打出了深深的洞坑。原来，打靶场打的可是炮弹呀！

得知我们的来历后，老人请我们到屋前坐下聊天。我们得知，他叫梁龙田，竟是原双溪厂的职工。梁师傅是綦江赶水人，1966年通过招工进入双溪厂。他介绍说，当时双溪厂从重庆许多区县的农村招人，招收的人要符合三个方面的条件：成分好，要是贫下中农；要有小学以上文化程度；体检也要合格。显然，和很多三线军工企业一样，双溪厂在招工时也很看重政治成分。梁师傅说，经过培训后，他被分到了总装车间，专门负责组装大炮。他在双溪厂干了30多年，组装了三四千门大炮，包括加农炮、火箭炮、榴弹炮等，大炮出厂前都要经过他的手。他的一席话令我们肃然起敬。按照要求，每一门大炮生产出来以后，都必须进行试射，试射成功才能交给部队。厂里为了试验所生产大炮的性能，就修建了这个打靶场。

梁师傅来自周边农村，他的妻子结婚后仍在家务农。直到1986年，妻子、儿子的户口才办到厂里来，他也因此被厂里安排值守打靶场，和妻儿同住这里，看守一些陈旧设备。1997年，双溪机械厂实行"军转民"，全厂搬迁到巴南的鱼洞镇。梁龙田和妻子商量多次，还是割舍不下工作多年的双溪，选择了留守看厂。自己生产的大炮，都要经过打靶场的检验，因而梁龙田对打靶场情有独钟。经厂里同意后，他和妻子一起，在打靶场边修了几间住房，后来又修了一口池塘，养点鱼，把打靶场边的坡地开垦出来，种些蔬菜，开始了自给自足的农耕生活。后来，他俩和二儿子一块搞起了农家乐，生意好的时候一年可以有10多万元的收入。不过，附近的松藻煤矿、綦江铁矿倒闭后，他们的生意也受到了影响。

五、五脏俱全的"小社会"

由于梁师傅熟悉该厂情况,我们邀请他做向导。他先带我们去参观一号洞。他告诉我们,一号洞原有的缆车早已被拆除,现在想要上去必须通过后山的小路。打靶场正好在山背面,从农家乐就能清楚地看见半山腰上的一号洞洞口。我们驾车回开一段路后,果然看到了旁边有一条羊肠小道通向山腰。费力地爬过陡峭的山路,来到一号洞前,我们却遗憾地发现洞口已被铁门紧锁。梁师傅告诉我们,双溪厂搬走之后,山洞就被人利用来种植蘑菇,这应该是他们锁上的。当年工厂最重要的工序——加工炮管,全是在这个山洞中

图 4-7 远眺一号洞洞口

进行的。直到1972年生产车间在山下建成后,大炮组装等工序才得以在厂房中完成。

三线建设时,提倡"先生产、后生活",因而先修建公路和车间厂房,再兴建家属楼、医院、学校等配套设施。据建厂人员回忆,当初进出厂区没有公路,只有一条人行的羊肠小道,恰逢春季枯水期,建厂的先头部队利用小溪铺出了一条临时的行车便道。山地修路颇为不易,正式修路的时候还成立了一个民工队。同时,还派了外地的建筑公司来修建厂房,其中有来自山东的著名的泰安建筑公司,据说这家公司曾参加过人民大会堂的修建。来到山脚的二号洞、三号洞前,我们在山洞旁的砖墙上,看到了当年建筑公司留下的标记,清晰地写着"山东太建一工区第一施工队,建于1965年12月"的字样。此外,"抓革命、促生产"等那个年代特有的标语也随处可见。

除了山洞中的车间外,所有的厂房、办公楼、家属楼、学校等都是在山地、坡地上因地制宜地修建的。据梁师傅介绍,工厂的生活区分为一区和二区,两个地方隔着条小河。经过建设者们加班加点的工作,渐渐地有了成片的宿舍、办公地点、家属区、医院、学校、邮局、

图4-8 双溪厂的生产车间

银行、粮店、菜店……该有的一切,慢慢地都建了起来。在偏僻的山沟里,逐渐形成了一个麻雀虽小、五脏俱全的单位"小社会"。

我曾撰文分析过三线企业的性质:三线企业是在计划经济时代,国家大力支持下营建起来的国有企业,它和其他单位一样具有经济、政治、社会三位一体的功能。在计划经济体制下,企业代表国家对职工负起生老病死的无限义务,向其提供就业、住房、医疗、娱乐等社会保障服务。加之地处偏僻的农村、山区,三线企业为寻求生存,不得不搞"小而全""大而全",尽可能做到配套成龙,工厂里的各种生活、医疗、教育设施一应俱全,从而成为一个相对封闭的"小社会"。由于受地理环境和形成背景的影响,作为介于城乡之间的一种特殊单位社会,三线企业有着不同于普通单位组织的一些特点:和城市中的企业相比,三线企业的地理位置偏僻,封闭性和自给自足性更强,一定程度上呈现文化孤岛特征;作为"嵌入式"企业,内部形成了颇具特色的移民文化;外来文化与本地文化、城市文明与乡村文明在这里进行碰撞与融合,形成了独特的"厂文化"。[①]

其实,我对这种单位社会的特点有着切身的感受。我父亲所在的工厂,是为三线建设配套的民用企业,虽然不如双溪厂所在的张家坝这般偏僻、险峻,但也地处山坳之中,同样有着"小社会"所具有的一切机构和设施。幼年时,我曾多次到父亲的工厂里玩耍,进车间、泡澡堂、看电影,感受着工厂"优越"的福利生活。春节期间,厂里还会在灯光球场进行节目表演,印象最深的莫过于压轴的"打铁水"。当一队队工人欢快地舞龙前行时,旁边的伙伴却舀上一瓢瓢烧得早已熔化了的铁水,使劲往他们身上泼去,顿时火花四溅,惊呼声不断,晚会的气氛也达到高潮。那时,山坳中的工厂人,在封闭的单位社会中自给自足,过得似乎没有压力。

---

① 详情可参见拙文《介于城乡之间的单位社会:三线建设企业性质探析》,《江西社会科学》2015年第10期。

六、当辉煌已成过去

到了20世纪80年代，这种自给自足的状况开始出现巨大的变化。随着国际形势的好转，为应对战争爆发而建立起来的一些以军品生产为主的三线企业，生产任务锐减，经济效益下降。有的三线工厂由于选址时进山太远、进洞太深、布局过于分散，还存在严重的滑坡、泥石流、山洪等自然灾害风险，企业财产和职工生命安全受到威胁。同时，更存在交通运输不便、生产配套困难、生产成本偏高、市场竞争乏力、信息不灵、投资环境差、职工队伍不稳定、人才流失严重等问题。因此，国家制定了"调整改造，发挥作用"的八字方针，对三线企业进行调整改造。双溪厂和其他三线军工企业一样，也面临着这些严重的问题，因而被纳入三线调整搬迁的计划中来。

1988年10月，作为重庆三线调整搬迁母体的大江总厂（代号107厂）成立。1990年5月17日，大江总厂破土动工。1998年1月，新华社向全国播发了一条消息，标题是《重庆大江总厂兼并双溪、庆岩》。2000年，大江总厂终于成功完成了9个军工企业的搬迁任务，3.7万名职工和6万多名家属从山沟里走了出来。2003年，包括双溪厂在内的9家实施搬迁的三线企业，全部合并入新设立的重庆大江工业有限责任公司。至此，重庆双溪机械厂完成了它的历史使命。

梁师傅告诉我们，双溪厂搬迁后，职工和家属几乎全部去了大江总厂所在的巴南鱼洞。工厂只派了两三个年轻人看守老厂区，如今的老厂区日渐衰败，留存下来的几座车间厂房，利用率也很低。他带我们四处看了看。我们发现，这几座车间厂房已是破旧不堪，蒙满灰尘，只有总装厂房悬挂着"净水材料厂"的牌子，据说是精煤厂在使用，却不见任何动静。从以前幼儿园的房屋里，传出了阵阵鸡叫声，看来是用来做养鸡场了。在三号洞中，有人正在施工装修，准备布置来做农家乐。全国有很多类似的三线企业，在调整搬迁之后都留下了大量的车间、厂房、宿舍等遗址，如何保护并利用好这些工业遗址，是摆在当地政府和有关人士面前的一个难题。目前，一些地方已开始有意识地利用三线工业遗址，如重庆涪陵的816核工程、贵州遵义的1964文化创意园在原址基础上进行了开发，四川攀枝花、贵州六盘水等地也建起了三线建设主题博物馆。但从全国范围来看，三线工业遗址数量众多，并且大多位置偏僻，因此想要很好地保护并利用，殊为不易。

参观完生产区之后，梁师傅继续带我们去看生活二区。二区同样建在山坡上，汽车艰难地开上山顶，一片荒芜的坡地出现在我们面前。除了茂盛的草丛间隐约可见的地基和砖块外，这里已没有任何建筑。梁师傅指着一堆草丛说，请帮我在这里照一张相吧，以前我就住在这儿呢！他介绍，这里就是他们以前的家属区，曾修了很多栋单身宿舍和家属楼房，还建有一所子弟小学。

图 4-9 梁师傅在他住过的宿舍前留影

此时，我不由得想起了我的一位高中同学兼室友。他就是一名来自双溪厂的子弟，不知是不是出于保密的原因，读书时他很少向我们谈起他们工厂的事情。如今，三线子弟们早已走出了封闭的山沟，走上了各自不同的人生轨迹。我无法知晓，曾经在山沟的工厂中成长、生活的这段经历，带给了他们什么样的影响。唯一能确定的是，几乎所有的当代中国人，都在三线建设、"文化大革命"、改革开放等历史洪流中浮浮沉沉，书写着自己的故事，而三线建设留给当事人——三线建设者及其子女的历史烙印，或许会比常人深一些吧。

离别时，梁师傅坚持送我们到了厂区下游的桥边。他真诚地邀请，希望我们下次能再到这里来看看。好的，我回答道。同时，也在心里默默地说，我会的，我会一直关注三线企业，关注"三线人"的！

补记：2018年5月，我带领两名学生重访双溪厂。我们仍邀请梁师傅协助，访谈了多名原双溪厂的职工及家属。其中，"半边户"家庭（夫妻中一人为工人、一人为农民）的生活和命运，最让人感慨。

第三节　当代中国单位历史书写的公众史学转向[*]

单位，是1949年以来中国社会最基本的组织形式。它由国家兴办，相对独立地承担经济生产或社会事业发展职能，并代表政府对其成员实施管理，提供福利服务。单位包括党和政府机关、国有管理及服务机构、国有企业三大类型，数量极其庞大，涉及人员更是数以亿计。单位既是一个就业场所，也是一种再分配体制，拥有政治动员、经济发展、社会控制三位一体的强大功能，在我国发挥着非常重要的作用。如何书写企业、机关、学校、医院等单位的历史，自然成为当代公众史学的关注重点。

一、单位历史书写的两种形式

从目前我国单位历史书写的主体来看，大致分为两种形式。一种是官方书写，即由各单位相关职能部门组织进行的企业史、学校史、医院史等的记录与编纂，通常由单位领导牵头挂帅，成立编纂委员会组织编写，代表的是官方即本单位的立场。20世纪80年代以来，在地方志编纂风的带动下，各地编纂了大量的厂史、厂志、校史和医院史。这些单位史（志）基本都是官方编修，关注的是单位

---

[*] 本节原刊于《社会科学报》2020年10月8日第5版，为"让公众历史记录成为普遍现象"笔谈文章之一，收入本书时有所增补。

整体的发展历程、组织机构、成就业绩以及重大事件、重要人物等内容。

另一种是民间书写，即由个人或单位之外的机构开展的关于单位及其人群历史的记录与编写。这些书写者主要是本单位退休或在职的干部、职工及其家属、子弟，还包括对该单位历史感兴趣的研究者以及某些文化机构，代表的是民间立场。进入21世纪以来，随着社会多元文化的发展、民众整体素养的提高和网络技术、新媒体工具的普及，越来越多的人通过撰写回忆录、口述史访谈、拍摄图片和视频以及发布网络作品等方式来缅怀和记录单位的历史。民间的历史书写，更为观照单位中个体尤其是普通人的生活与命运。

单位史的官方书写和民间书写，各具特色，各有所长。官方书写的突出优势是可以凭借其便利条件，对本单位数量庞大且零星散落的各类资料进行系统搜罗、整理、归类与汇编，而民间书写者尤其是个人很难做到这一点，特别是对于一些内部资料通常难以获取。单位修史往往"史志兼修"，即资料先行，编研紧跟，或者单位史编研与资料汇编同时进行，如此相得益彰，易于展现单位历史的宏观面貌。然而，官方书写的性质决定其不可避免地存在"正史化""上层化"等倾向。民间书写的参与主体则较为多元，且形式多样，更讲求从微观层面呈现单位的社会文化史和人群的社会生活史，其丰富的历史面向是官方书写难以达到的。因此，应将官方书写与民间书写相结合，提倡两者相互借鉴，彼此取长补短。

二、"以人为本"的公众史学转向

更为重要的是，书写者应该秉承公众史学"公众参与、书写公众、服务公众"的理念，在单位历史记录和编写时从"单位本位"

转变为"以人为本",从而实现当代中国单位历史书写的公众史学转向。公众是由"人人组合而成的群体",单位的历史不仅是单位组织本身的历史,更是和单位相关的众多个体和人群共同的历史。以前的单位历史书写尤其是官方书写往往"只见单位不见个人",现在应该将关注重心转移到历史的主体——"人"上来。

进一步来讲,在单位历史书写中要实现"以人为本"的公众史学转向,需要从以下几方面着手。首先,要将"人"纳入"国家-单位-个人"的关系中进行考察。单位是国家的单位,它的生存与发展完全取决于国家提供资源的状况。在计划经济时期,单位是个人从事社会、经济、政治等活动的唯一合法场所,国家通过单位来控制个人,并为个人提供各种应得的福利待遇。如果在单位历史书写时未对三者的关系有整体性的考量,则容易一叶障目,无法揭示人们在国家与社会中的地位及变迁。

其次,单位历史书写的视角既应"眼光向下",也要"自下而上",做到"上层史"与"下层史"并举。既应关注那些对单位发展做出突出贡献的领导人物和精英分子,也应关注默默无闻的企事业职工、家属以及其他相关人员,关注普通人的所思、所为和他们的日常生活。如此,单位史才是鲜活、具体而富有生命力的。

最后,应多层次地拓展单位历史的书写对象和内容。公众进行单位历史书写的对象至少包括三个层面:一是作为社会组织的单位本身的历史,如单位的制度史、组织变迁史等;二是单位中不同群体的历史,如企业中的技术工人、外地移民、"农转非"家属等;三是单位中众多个体的生命史。此外,还涉及单位的周边人群,需记录他们与单位的日常交往与互动。从内容来看,单位中群体及个人的婚姻、家庭、生育、教育、饮食、语言、生产、消费以及思想观念、风俗习惯、文化娱乐、社会关系、身份认同等众多内容皆可纳入记录的范畴,其内涵极为丰富。

美国历史学家迈克·弗里茨提出了"共享话语权"理念,旨在倡导公众共同完成历史知识的生产，人人享有历史解释权。单位历史书写中"以人为本"的公众史学转向，从参与主体、书写内容、服务对象等方面进一步凸显了公众的主体地位和历史话语权，从而能够全方位、立体化地呈现当代中国各类单位及其人群的历史面貌，并在此基础上促进历史书写和历史研究的互通互补。

第四节　我与三线建设研究的不解之缘*

时光飞逝，我从事三线建设研究已逾八载。对于一名中年学者来说，撰写自己从事某项研究的回忆性文章似乎为时尚早，不过在上海大学历史系徐有威教授的再三动员之下，我逐渐认同将个人从事三线建设研究的一些经历与感想撰写成文，与同行们一道分享、交流，如此亦能求教于方家。

一、长江三峡口的决定

回想起来，我的研究竟源于2012年在长江三峡入口处的一个偶然决定。

那年秋天，我到重庆的奉节参加一场历史地理学的会议。奉节位于长江三峡中最雄伟壮观的瞿塘峡的上游，我们入住的宾馆就直接面对着瞿塘峡的入口——夔门。10年前，我曾跟随导师多次赴三峡沿线考察，对于三峡有着深厚的感情。此次故地重游，相比于枯燥乏味的会议，会场外面壮美的三峡景观显然更能吸引我们。

我和几位学友溜了出来，一边远眺雄风依旧的夔门和早已变成江中小岛的白帝城，一边沐浴着秋日温暖的阳光闲聊起来。会议赠送的《中国人文田野》第五辑中一篇关于贵州屯堡人的文章引起了

---

* 本节原载徐有威、陈东林主编《小三线建设研究论丛（第六辑）：三线建设研究者自述》，上海大学出版社2021年版，第266~282页，原标题为《八年磨一剑：我与三线建设研究的不解之缘》。

我的兴趣,作者将屯堡和三线企业进行比较,认为屯堡人和"三线人"颇为相似,其观点发人深思。①

由此我想到,重庆不就是当年三线建设的重镇之一吗?这里存在大量的三线企业和亲历者。这些三线企业和"三线人",值得我好好地关注和研究!与学友们说起我的想法,他们也很是赞同,支持我进行这个领域的研究。彼时的我,刚花了足足五年的时间才在职完成博士学业,正寻思着寻找一个自己感兴趣的、崭新的研究领域。三线建设研究恰恰符合我的想法,从那之后,我便一头扎进了这片有待开垦的学术沃土之中。

那时的我,未曾料到即将踏入的是中国当代史研究中不可多得的一座"富矿",也未料到我的一些亲人、朋友、同学早就与三线企业有着千丝万缕的关系,更未料到会由此结识许多来自各行各业的不同身份、不同年龄的朋友们,并与三线建设研究结下如此深厚的不解之缘。

二、2014年的四件事

做决定是一瞬间的事情,实施计划则是漫长的过程。突然转换到一个全新的研究领域,对我来说一切几乎都是从零开始。从2012年底起,我就着手进行相关资料的收集、实地调查与研究等工作。我所在的学校四川外国语大学位于重庆,这里的三线建设资源极其丰富,因此我计划先以重庆为重点研究区域,然后再扩展到其他地区。

在进行实地调研之前,我试图通过各种途径收集相关资料,但和许多初涉三线建设领域的研究者一样,这项工作的开展并非一帆风顺。原始资料的查询与收集不尽如人意,但为数不少的前人研究成果却带来极大的帮助,阅读与梳理让我在较短时间内对该领域的

---

① 吴斌、李建军:《一个屯堡家族的变迁:在国与家之间》,载西南大学历史地理研究所编《中国人文田野》第五辑,巴蜀书社2012年版,第161~162页。

研究现状有了整体性的把握。同时，一些前辈学者也给了我颇有启发性的指点。例如，西南大学历史文化学院的张文教授在我还处于摸索的初期阶段时就前瞻性地提醒我可以从某些重要的视角来进行三线企业的研究。

2013年11月，我到重庆大学参加一场城市史的学术研讨会，惊讶地发现居然有另外两位学者也提交了关于三线建设研究的会议论文，他们就是上海大学的徐有威教授和杭州师范大学的胡悦晗博士。"总算找到同路人了"的感慨不禁油然而生！徐有威教授告诉我，下个月在上海将举办他组织的一场专门关于三线建设研究的学术会议，并热情地邀请我前去参加。后来的数年间，豁达开朗、热心助人的徐老师不断给予我各种支持和良好建议，他这种甘为人梯、奖掖后学的品格实在令人敬佩。

同年12月，"全国第二届三线建设学术研讨会"在上海大学如期举行，我在会上作了题为《三线建设的研究现状与社会学视野》的发言。更为重要的是，会议期间我结识了原国家计委三线建设调整办公室主任王春才、四川锦江厂原厂办副主任倪同正等三线建设亲历者，以及中国社科院当代中国研究所陈东林研究员、新加坡国立大学政治学系博士候选人陈超、复旦大学历史地理研究中心段伟教授等研究者。在此后的多年时间里，我屡次向他们请教问题，寻求帮助，并获益匪浅。

直到2014年，我的三线建设研究才算真正起步。那一年，有四件事情对我后来的研究工作产生了较大影响。

一是继2013年成功申报了重庆市社科规划重点项目后，2014年我又以"三线建设单位的社会文化变迁"为主题，申报国家社科基金项目并获准立项。在当时刚成立不久的社会学系，这是第一个立项的国家社科基金项目。对于我这种生性慵懒的人来说，课题立项既会带来不小的压力，同时也是一种动力，让我进一步明确了从社会文化的角度来开展三线建设研究。

图 4–10　笔者（右一）与王春才（右二）、陈东林（中）、徐有威、晁丽华（左一）合影（2013 年 12 月）

二是 2014 年底，我完成了职称晋升，被评聘为教授。在高校花了 11 年时间走完这一步之后，我方始觉得从此可以由着性子，做一些自己感兴趣的研究了。也许这个想法有些理想化，但却让我在做三线研究时少了许多束缚，得以在这座"宝藏"中自由挖掘。当然，"学术自主"念头带来的另一个问题，就是我做起研究来太过懒散，浅尝辄止，拖拖拉拉，一项研究要很长时间才能完成，比如国家社科基金项目直到 2019 年底才提交结项。

三是同年我依托所在的社会学系，成立了三线建设与社会发展研究所，这应当是国内外第一家关于三线建设的研究机构。虽然它是一个松散的研究机构，但有了这样一个名头，我们的各项工作也变得师出有名，方便了许多。

四是在国家社科基金项目立项后，我带着本系的 3 位老师和 2 名学生到四川锦江油泵油嘴厂（以下简称锦江厂）进行了为期一周的调研。启程前，我和锦江厂退管站的陆仲晖站长取得了联系，收集、查阅了与锦江厂相关的文献资料，还通过陆站长和倪同正先生了解到锦江厂的一些基本情况，并和同事们一道制定了调研计划和初步的访谈提纲。2014 年 7 月 22 日至 29 日，在锦江厂陆仲晖、王连彦、宋明清等人的大力支持下,我们在该厂所在的彭州、新都等地进行了厂区和生活区的实地考察,查阅了退管站收集的各类材料,采访了该厂数十名三线建设亲历者。初次的跨省调研进行得比较顺利,各种感触和问题在田野调查中常常扑面而来,并带给我们深深的思索。这次调研,也坚定了我在三线研究中坚持田野调查的想法。

图4-11 四川锦江厂的生产车间(2014年7月,张勇摄)

图4-12 实地考察锦江厂最初的厂址(2014年7月,王连彦摄)

三、两条腿走路

读万卷书，行万里路。在此后的三线建设研究中，我一直坚持"两条腿走路"，即注意文献分析与田野调查相结合。

强调文献的解读与分析，历来是历史学者的传统与优势。记得我们当年求学时，老师在课堂上往往可以就文献典籍中的一段话甚至一句话讲上半天，这种情况在历史类论著中也是屡见不鲜。史料是历史研究的基础，史料越丰厚越有利于历史面貌的复原，三线建设的历史研究自然也应重视文献的整理与分析。与古代史资料稀少、近代史资料渐趋增多不同，当代史的资料完全可以用"浩如烟海"来形容。三线建设的资料更是如此，涉及的资料包括全国各地、各级地方政府档案部门所藏档案文件，有关企事业单位所存资料，流散各处的资料、报刊，个人所存笔记、日记、信函、回忆录、汇报、鉴定、表格，以及研究者所作的口述史资料、调研札记等，类型丰富，数量不可估算。

如何利用好各种类型的资料，是摆在三线研究者面前的一个极其重要的问题。我个人的经验是，对于档案材料、文献资料、口述史料，不能只执其一端，而应综合利用，彼此相互印证。即便是来自不同学科的三线研究者，也应遵循材料本身的叙述逻辑，在比对、甄别基础上进行细致而深入的解读与分析，如此才能更好地还原和理解历史的真实面貌，做好实证研究。

田野调查不仅是人类学的"专利"，社会学、地理学甚至历史学在研究三线建设这类当代中国问题时，也必须重视田野调查的作用。三线建设并不遥远，离我们的生活和经验最近，研究者与亲历者处于"同一境界"，通过田野调查更易达成"了解之同情"，回到"历史现场"，整体把握错综复杂的历史事实。

图 4-13　访谈三线企业周边居民（2019 年 4 月，胥秋林摄）

从 2013 年至今，我几乎每年都会去往三线企业或社区实地考察，或者与一些三线建设亲历者进行访谈。我先后到重庆南川、綦江、万盛、江津、北碚、涪陵以及四川彭州、新都、攀枝花、德阳、广安，贵州遵义、六盘水等 20 多个地区和 40 多家三线企业进行过实地考察和口述访谈，收集了不少的一手资料。

图 4-14　在六盘水调研三线企业（2015 年 1 月，李杰摄）

图 4-15　在攀枝花钢铁公司考察（2015 年 3 月，李杰摄）

更重要的是，几乎每次田野调查都会带给我不一样的冲击与感悟，而这些恰恰是文献阅读所不能提供的。在田野调查中，我会为三线企业废弃荒芜的厂房唏嘘不已，为经历时代风霜的三线老人们感怀动容，也时常会在脑海中迸出一些思想的火花，产生关于某个研究议题的新奇想法。当我驾车驶入群山环抱中的綦江双溪机械厂，访谈了多位周边居民后，发现在他们眼中，三线企业和当地农村保持着较大的距离，由此萌发了探讨三线企业与地方社会"围墙内外"之区隔的念头。当我与徐有威教授、郑昊博士来到江津桃子沟中晋江厂的生活区，一边欣赏着 20 世纪 80 年代建造的宏伟气派的职工俱乐部，一边听着原厂办主任吴学辉先生讲述当年工厂邀请外面的姑娘们前来参加音乐舞会的故事，我们头脑里不由得浮现出了职工俱乐部莺歌燕舞的盛况，或许这就是史学家所谓的回到"历史现场"？自然，三线工厂的文化生活、与当地的交流和互动等研究议题也纷至沓来，不断叩问着我……

近些年我越来越感受到，在三线研究中文献分析与田野调查的结合非常重要，两者皆不可偏废。举一个例子，2014 年夏天，我和本系几名师生到四川彭州的锦江厂进行了长达一周的田野调查。此

图 4-16　笔者（右一）与徐有威（右二）、吴学辉（左二）、
郑昊考察晋江厂（2016 年 10 月）

前，我就听在该厂做过调查的陈超博士提及该厂的厂址变更颇有意思，于是出发前我专门查询了这方面的资料。但直到在陆仲晖站长等人的带领下，深入龙门山的大山深处，站在沙金河畔的锦江厂、岷齿厂、湔江厂三厂的旧址处时，我才真正理解了当年这三家工厂的职工为更换厂址所采取的种种行动，而厂址博弈中政府、地方与职工的关系也自然成了我们关注的议题。

图 4-17　锦江厂最初的厂址响水洞（2014 年 7 月，张勇摄）

返渝之后,我进一步收集包括地方志、回忆录在内的各种相关资料,又采访潘祥鹊、倪同正、尹长耕等多位事件亲历者,并在市地理信息中心姜海涛师弟的帮助下绘制地图,才逐步复原了这三家工厂厂址的具体变化,勾勒出"三江厂"变更厂址的博弈过程。2016年夏天,我再次前往彭州三家工厂的旧址,对厂址变更的一些细节问题进行了印证。后来在此基础上,我撰文分析政府部门和三线企业为选址问题所采取的各种行动策略,并进一步探讨了计划经济时期三线企业与中央部门、地方政府的相互关系及其在选址中的作用。[1] 倘若没有从文献梳理到锦江厂的两次田野调查,再回归到文献分析的过程,我这篇关于三线厂址变迁研究的文章多半会夭折。

四、多点开花

由于没有职称和科研的压力,我由着自己的性子,从兴趣出发,在三线建设这座学术"富矿"中四处挖掘,尝试着进行一些专题研究,发表了多篇论文。这些研究包括三线企业的性质探析、厂址变迁、内外关系、三线移民的迁徙过程、文化适应、身份认同、三线社区的转变与治理,以及三线历史书写的公众参与、研究理论与方法等议题,研究内容较为广泛。

在学术研究之外,近些年我还围绕三线建设领域开展了其他方面的工作,这些活动或许比学术研究更为多样化,可谓另一个层面的"多点开花"。大体来看,主要有三方面。

第一,记录亲历者的生活与命运,引导公众参与三线历史书写。

在从事三线研究期间,我结识了许多"三线人",他们中有领导干部,也有普通工人,有"三线一代",也有"三线二代"和"三

---

[1] 张勇:《三线建设企业选址的变迁与博弈研究——以四川三家工厂为例》,《贵州社会科学》2017年第5期。

线三代",其中一些人甚至和我成了朋友。我慢慢地发现,"三线人"的成长与磨砺、工作与生活、酸甜与苦辣、经历与故事,远比文献资料和学术论文更能吸引我。我有理由将这些三线建设亲历者的过去与现在通过各种形式记录下来。

于是,从2016年起我就有意识地在访谈时记录下口述者的人生经历,收集一些有代表性的"三线人"回忆录,并计划以书籍的形式正式出版。但由于种种原因,《多维视野中的三线建设亲历者》一书直到2019年才得以面世。此书采用口述史、回忆录、调研札记与学术论文等多种形式,记录了三线建设背景下一个个鲜活的个体及家庭的生活轨迹和生存状况,并由此探寻时代变迁的历史脉络。

人们常说"人民群众是历史的创造者",但长期以来群众却不是历史书写的主体。在这个多元文化发展、新媒体工具普及的时代,应该让历史的亲历者和创造者更多参与到他们自己历史的书写中来。通过口述访谈、收集回忆录等方式,我们让部分三线建设的亲历者,有意识地参与到历史的讲述和书写中,真正成了自己所创造的历史的主角。我在和很多"三线人"交流时发现,起初有人不甚理解,觉得自己只是一个普通职工,没有做口述史或撰写回忆录的必要。经过多次的沟通后,一些人的观念逐渐转变,意识到了个人史书写的意义。至今我还清楚地记得,有一位三线亲历者发来邮件谈起交流后的感想:"你从民间的范畴引导我将视角由'大'转'小',方开始关注与重视在那个'大时代'背景下所亲历的不仅能够感动自己,而且易于让今人触摸的'小故事'。"他似乎已隐约感悟到"大历史"与"小历史"的史学理念。

第二,与社会各界合作,进行多种媒介的传播。

公众不仅只包括三线建设的亲历者,还包括各种其他人群和机构。就我的观察而言,目前参加三线建设的记录、书写、研究、宣传以及遗产保护利用等活动的人员极为广泛,学者、政府部门、文化机构、三线企业、职工及其家属、媒体人等都参与其中。因此，我有意识地加强了与社会各界的交流与合作。

2015年3月，在攀枝花开会期间，我与重庆党史研究室的艾新全、田姝以及江津三线企业的何民权等人共同商讨成立重庆三线建设研究会。不久之后，研究会便正式成立，囊括了来自各行各业的人员，为重庆地区三线建设研究工作的开展创造了条件。

2017年起，我受重庆巨臣文化公司杜映萱、戴小兵等人的邀请，参加重庆工业博物馆委托的三线人物口述历史专题片的制作。2018年5月18日，恰逢国际博物馆日，制作完成的《不闻沧桑：三线人物口述历史》专题片的点映礼在重庆大渡口区的钢花电影院举行。现场来了数百位各界人士，其中包括许多三线亲历者，观影时观众纷纷被建设者们平凡而又伟大的事迹所感动。如今，这6集口述历史专题片陈列在重庆工业博物馆中，向前来参观的人们讲述着三线亲历者的故事。

图4-18　笔者（左二）参加《不闻沧桑》专题片的点映礼（2018年5月）

后来，我继续与杜映萱、戴小兵以及四川美术学院的王林教授等人合作，编撰并出版了文创图书《再问沧桑：三线人物口述纪实》。该书旨在回到普通人的生存状态，回到日常化的生活细节，通过个人的切身体会和家庭的喜怒哀乐，来书写他们不应忘怀的故事。2019 年，我还参与了国家艺术基金项目"老工业基地及三线建设摄影展"的策划工作，该展于 12 月在重庆美术馆进行，鲜为人知的三线建设得以通过艺术的形式走向公众。

三线建设作为一场特殊的历史事件，即便到了今天，仍然有很多人尤其是年轻人知之甚少。因此，平时我特别注意通过漫画、电视和微信公众号、今日头条、澎湃新闻等多种媒介形式来宣传和普及三线建设的知识。2019 年 10 月，我在接受中央电视台采访时，就趁机在新闻节目《重庆：从"三线建设"部署地到现代制造业基地》中介绍了重庆当年三线建设的相关情况。

图 4-19　笔者（左一）接受央视记者的采访（2019 年 10 月）

第三，科研与教学相结合，带领学生参加三线建设调研。

对于高校教师来说，科学研究和教书育人是最重要的两项工作，但要将两者结合起来却并非易事。起初，我招募学生参加三线建设课题，是希望他们能一块儿完成访谈、整理等工作。后来，我有意识地指导学生进行实地考察、访谈与整理、撰写文章、参加竞赛，力图让这些活动带给学生们更多的收获。

图 4-20　笔者带学生考察重庆晋林厂海孔洞（2019 年 4 月，张勇摄）

我招募的学生都是社会学专业的本科生，刚开始时他们对三线建设了解不多，更别提做进一步的调研了。因此，我通常会先带他们去实地考察，充分感受历史情境，再进行文献阅读与专题研究。我曾多次驾车带不同的学生到各地调研与体验，如到四川广安参观三线工业遗产陈列馆，赴华蓥山中探寻早已废弃的永光厂、华光厂等三线遗址；到重庆南川宁江厂、红山厂等三线工厂旧址考察，并特意入住由天兴厂职工宿舍改建而成的三线主题酒店，以增强体验感；到重庆涪陵的 816 地下核工程参观，走访建峰集团的职工生活区，学生们都被 816 工程深深震撼……有了直观的感受和体验之后，学生们再进行口述访谈、文献阅读与理论分析，往往事半功倍。

外出调研时，我常常会要求学生记下所见、所闻、所思，回来撰写调研札记，我再挑选出来，通过朋友的微信公众号、今日头条

图 4-21 笔者带学生考察 816 地下核工程（2016 年 7 月，王越摄）

等媒介发布，如此也可增强学生的自信心。当然，更多的学生在田野调查和文献阅读之后，会在我的指导下撰写与三线建设相关的毕业论文，包括三线企业的社会保障、社区治理、三线移民的身份认同、饮食文化、社会关系等主题。一些同学还与我合作将毕业论文修改成小论文，如陈利青的《三线企业社会保障的历史变迁研究》《三线企业社区管理变迁——以 J 厂和 K 厂的社区为例》、林楠的《三线建设移民二代地域身份认同研究——以重庆 K 厂为例》等，都得以在学术期刊上发表。

大学里有各种项目和竞赛。我鼓励同学们在前期田野调查和文献收集的基础上，选择合适的主题申报项目，或参加竞赛。其中，林楠等同学成功申报国家级的大学生创新创业项目"三线建设亲历者口述资料的收集与整理"，做了很多"三线人"的口述访谈；蔡茂竹等同学以"三线建设移民的身份认同与社会变迁"参加第十六届大学生"挑战杯"竞赛，获重庆赛区特等奖，最终入围全国赛并获三等奖。

学术研究需要严谨，即便是学生的初步研究或项目竞赛，我也希望他们能严肃对待，因而不少同学对我的"严苛"深有体会。一位学生毕业时回忆到，在准备"挑战杯"国赛最后的那几天里，我常常督促他们撰写各种文稿，并屡次打电话提出修改意见，这一度使她产生了接听电话的"阴影"。不过，艰苦的调研和辛勤的付出，终究会有所收获。十年树木，百年树人。学生们跟随我进行三线建设调研的经历，如能对他们的学习与成长有所裨益，我也就欣慰了。

五、打造有影响力的研究领域

近些年来，三线建设研究呈现蓬勃发展的良好态势。各类文献资料不断涌现，有10余项国家级的社科基金项目、自然科学基金项目获得资助（其中包括2项国家社科基金重大项目、1项教育部重大攻关项目），数家重要学术期刊先后刊发了多组三线建设的专题文章，引起了学界的广泛关注，来自不同学科背景的学者尤其是一些青年研究者纷纷进入这一研究领域。三线研究可谓异军突起，影响渐深，成了当代中国研究中的一大热点。面对这种发展态势，我和徐有威教授等人在交流中达成共识：我们应当抓住机遇，做好"顶层设计"和学科建设，以进一步推动该领域的发展。

2019年各地召开了5次三线建设的研讨会，其中两次给我留下了深刻的印象。一次是2019年6月在江西南昌举行的"首届中国三线建设史研究工作坊"，不同于以往有许多三线亲历者参加的会议，这次工作坊的参加者几乎都是学界中人。我作了题为《在当代中国问题中打破学科藩篱——以三线建设为例》的发言，呼吁学界通力合作，全方位地推动三线建设的研究。会后，学者们相约游览庐山，在这座几乎改变了中国当代历史进程的名山中，又做了更深入的交流。

另一场会议是同年11月在湖北宜昌召开的"记忆与遗产：三线建设研究高峰论坛"，有50余家高校和科研院所的近百名学者参加，

图 4-22 "首届中国三线建设史研究工作坊"现场
（2019 年 6 月，张益林摄）

从多学科、多领域讨论了三线建设研究的诸多议题。我除了提交专题论文外，还在会场作了《三线建设领域的多学科研究与跨行业合作》的主旨发言，主要以重庆地区为例，介绍了我们开展多学科研究、跨行业合作的一些实践，引起了一定的反响。

这两次会议前后，我一直在思考未来三线建设研究的发展问题。我认为，和中国当代史其他领域相比，三线建设研究具有许多潜在的优势，有望打造成当代中国问题研究中颇具影响力的研究领域。至于具体如何实施，我在后来发表的论文中有一定的阐述。① 大体来讲，除了做好相关资料的搜集与利用、研究内容的拓展与深化、研究平台与团队的打造等工作外，我认为还有两点也非常重要。

其一，多学科研究的交叉与合作。我一直提倡在三线建设领域进行多学科、交叉学科的研究，或许这和我自身涉猎的学科领域有关。在求学和工作期间，我不同程度地涉及历史地理、民族史、旅游地理、旅游文化、社会史、文化人类学、城市社会学、历史社

---

① 张勇：《回溯与前瞻：多维视角下的三线建设研究述评》，《宁夏社会科学》2020 年第 2 期。

学以及当代中国问题研究等领域,也时常向学院社会学、人口学、社会工作、人类学等专业的老师们请教问题,交流思想,希望能从不同学科中汲取养分。虽然涉猎的专业领域杂而不精,却使自己秉承学科包容、学科开放的理念,认为无须固守学科边界,拥有不同学科背景的学者可以进行更多的交流与合作。

更重要的是,目前三线建设研究早已呈现从以历史学为主逐渐向多学科、交叉学科转变的趋势。历史学、社会学、政治学、经济学、地理学、建筑学、城乡规划学在此领域都已取得了一定的成就,人类学、语言学、传播学、艺术学以及文化遗产、旅游管理等其他学科也开始涉足其中。不过,目前学者们多从各自的学科视角出发研究相关话题,缺乏相互的密切交流与合作,更不用说学科之间的融会贯通。来自不同学科背景的学者如何借鉴与吸收对方的特长,特别是研究方法与理论的互鉴互用,是未来三线建设研究学科交叉与合作的关键。在研究与交流中,历史学和其他学科都需要摒弃"傲慢与偏见",在方法论上彼此走向对方的纵深处,取长补短。

其二,兼顾基础研究与应用研究,加强学界与社会各界的合作。"经世致用"是古今学者从事研究的一种追求,三线建设的研究者更不应忽视这一点。作为中国当代的一场重大历史事件,三线建设对当今社会仍有深刻的影响,部分三线企业和大量"三线人"依然存在,且面临诸多方面的现实问题。我们应将历史问题与现实问题相联系,在加强基础理论研究的同时重视应用研究,除了三线工业遗产的保护与利用外,还可继续开拓其他方面的应用研究。另外,还需加强与政府部门、文化机构(如博物馆、文化公司)、三线企业、"三线人"以及普通公众之间的交流与合作。如此,既可引导更多的社会公众参与进来,促进学者与普通公众的对话与互动;还能利用和整合社会各方的力量,发挥学术研究服务社会的现实作用。

此外,三线建设的研究不能止步于该领域本身,形成自我闭环,而是要与当代中国其他研究领域进行交流、对话。这些领域包括

"文化大革命"、知青运动、城市化、工业建设,以及改革开放、社区发展、城乡关系、西部大开发等,这些都可成为三线研究对话的对象。如此,方能"走出三线建设",走向当代中国研究,回应更宏大的时代命题。作为中国当代史、当代中国问题研究的学者,或许这应当成为我们的使命。

2019年初,面对三线研究的新形势,我和范瑛、周明长等学友商议建立一个学者群,以加强相互之间的交流。随即,我创建了"三线建设研究中青年学者群",此后在徐有威教授等人的推动下,不断有研究者加入。目前,我们这个团体已初具规模,囊括了国内大部分从事三线建设研究的学者,搭建起了彼此间交流甚至合作的平台。我们相信并期待着,若干年后三线建设研究可以成为当代中国问题研究中颇具影响力的研究领域。

六、八年的感想

2012年我在三峡口做出从事三线研究的决定时,尚不知晓原来许多三线企业和"三线人"就在身边。我们学校的隔壁有一家中美合资企业,其前身重庆发动机厂就是一家三线改扩建企业,20世纪60年代许多职工从杭州内迁而来,我多次前去采访仍留在这里的建设亲历者。后来更是慢慢了解到,我的一些同学、老师甚至亲人也与某些三线企业有着千丝万缕的关系。有的中学同学就来自重庆南线的几家兵工厂,它们专门生产高射炮;我的硕士生导师蓝勇教授少年时在四川宜宾的豆坝电厂度过,那是当时西南最大的火电厂;一位住在荣昌的表哥,就曾在当地的一家兵工企业——益民厂上班;就连我的父亲,也在一家为三线建设配套的钢铁厂工作了一辈子,幼年时我曾多次到父亲的厂里玩耍……如此看来,我研究三线建设的历史,其实也是在记录亲友与自己的过往。

2012年时,我未曾料到会在三线建设研究领域一做就是8年。8

年里，我去过不少地方调研三线企业，访谈过上百位亲历者；8年里，我结识了很多"三线人"，和他们成了朋友。当然，8年的时光也改变了许多东西。我们探寻过的重庆标准件厂，早已被夷为平地，如今建成了客运枢纽站——重庆西站；我们采访过的三线老人们，正日渐衰老，有几位已离开了人世。稍感欣慰的是，我们曾记录下他们生命中的一些片段，哪怕只是点点滴滴。

  世间的每一个人，都如同大江大河中的点点水滴，在历史的洪流中自觉或不自觉地浮浮沉沉。当代的中国人，个体的命运时常裹挟于三线建设、改革开放、城乡变迁等历史事件之中。倘若将每个人的生命史都汇集起来，便能勾勒出更为宏伟且鲜活的社会画卷。"人人都是他自己的历史学家"是美国学者卡尔·贝克尔的一句名言，书写三线建设及三线亲历者的故事与命运，也是记录我们自己的过往与生活。对我个人来说，三线研究不仅是我这些年的主要工作，还成了生活的一部分。如果问我，还会在这个领域耕耘多少年，我不知道，也许是5年，是10年，或者更长……

附录 《多维视野中的三线建设亲历者》一书的三个维度[*]

郭 旭[**]

2019年6月下旬,在江西科技师范大学召开了"首届中国三线建设史研究工作坊",经上海大学徐有威教授邀约,我得以参会学习。会议期间,获赠张勇教授主编的《多维视野中的三线建设亲历者》(上海大学出版社2019年版)一书。捧读之余,不揣简陋,将阅读所得报告如次。

图1 张勇主编《多维视野中的三线建设亲历者》
(上海大学出版社2019年版)

---

[*] 该书评原载澎湃新闻的澎湃号·湃客"小三线建设口述史",2020年3月2日。
[**] 郭旭,贵州商学院经济与金融学院教授。

附录　《多维视野中的三线建设亲历者》一书的三个维度

一、"人人都是他自己的历史学家"

1931年，美国历史学家卡尔·贝克尔（Carl Becker, 1873~1945）就任美国历史学会主席时，发表了《人人都是他自己的历史学家》这一著名演讲。① 在此，暂且不论卡尔·贝克尔的史学思想和治史理念，仅他所提出的"人人都是他自己的历史学家"这一命题，就值得史学工作者和一般公众深思。

历史唯物主义认为，人民群众是历史的创造者。但具体到历史书写，情形却稍有不同。包含甚广的"人民群众"，并不是历史书写的主体。历史书写，往往掌握在少数史学家群体手中，他们书写的历史所体现的多是政权意识。而真正的"人民群众"，反而常常处于"失语"的状态。梁启超有"二十四史非史也，二十四姓之家谱"的说法，也可从此意义上去寻得解释。

但在传统中国史学书写中，也有一个优良的传统。正史（二十四史或二十五史）及其他众多史书，都是以纪传体写成。"纪"与"传"，虽有帝王将相家谱之嫌，但毕竟是以"人"为中心的历史书写。在追寻宏大叙事或历史规律性解释的时候，历史的创造者或历史书写者往往隐而不彰，只剩下一些宏大叙事或结构性框架，本应以人为中心的历史成了没有"人"的历史。

在当代中国史研究中，往往也存在着这样的倾向。诚然，历史的目的，在于求真，在于解释历史现象背后的因果关系，探寻人类社会发展规律，为人类社会未来发展指明方向。具体说来，历史关注的是过去如何被现在创造出来，过去的建构又如何用于解释现在。② 但即

---

① 详见卡尔·贝克尔《人人都是他自己的历史学家：论历史与政治》，马万利译，北京大学出版社2013年版。
② 常建华：《日常生活与社会文化史——"新文化史"观照下的中国社会文化史研究》，《史学理论研究》2012年第1期。

便是这样的历史追寻,也应该是以人为主体的历史。正如我们若探寻铁矿的历史,并不仅仅是铁矿产生及发展的历史,其重点应该是铁矿与人产生关联后的发展历史。人类社会历史的研究和书写,更应该以"人"为中心。

就三线建设历史研究和历史书写而言,目前取得了许多可喜的成绩,《多维视野中的三线建设亲历者》(以下简称《亲历者》)是众多优秀著作中的一本。从上述意义上来说,《亲历者》一书最少有两个特点值得标举出来。其一,与其他研究成果一道,将三线建设的历史书写,重新拉回到了以人为中心的轨道上来。三线建设既是当代中国规模宏大的建设运动,也是涉及400多万名建设者的历史事件,其影响至今犹未稍减。以人为中心的三线建设史书写,可为相关宏大叙事提供更为生动贴切的历史个案,甚至可补宏大叙事或结构性叙事之不足,让干瘪的历史变得生动、活泼起来,或亦更能给人以启发。

其二,《亲历者》一书,实践了卡尔·贝克尔提出的"人人都是他自己的历史学家"这一观点,让历史的参与者、亲历者和创造者,参与到历史书写中来。"人民群众是历史的创造者",但人民群众却不是历史书写的主体,这一悖论在历史书写中并不乏见。在《亲历者》一书中,一位位参与三线建设的亲历者,将其故事娓娓道来。以往处于"失语"状态、仅仅作为数字而存在的活生生的个体,得以将其参与创造历史的过程书写出来,实现了历史创造主体和历史书写主体的同一,为史学书写提供了一个有价值的范本。

举例来说,在《亲历者》"口述篇"中讲述自己故事的,有从事重庆三线建设调整领导工作者(陈宏逵),有从三线职工到大学教授者(李治贤),有从下乡知青成为三线普通职工者(杨廷发),不一而足。尤其是三线厂矿的普通职工,若非有着《亲历者》编撰和出版这样的机缘,他们的故事或许不会被讲述(哪怕是自己讲述),或许很难为更多的人所知晓。从这个意义上说,《亲历者》让部分三线建设的亲历者和参与者，有意识地参与到历史讲述和历史书写中来，真正成了自己所创造的历史的主角。

二、微观三线建设史

20世纪70年代，意大利史学家卡洛·金兹伯格、乔万尼列等提出了"微观史学"这一概念。微观史学"指的是一种着重研究历史过程中的微小群体和个人及其思想、意识、文化、习俗等内容，并以此为基础来阐释个人或群体与周围环境关系的历史研究理论和方式"①。微观史学注重研究历史的局部，强调历史研究具体个案，反对进行庞大的宏观研究模式，同时注重著述的叙述性和可读性，往往选择有趣的个案为研究对象。微观史学流风所及，产生了大量可读性强、予人以极大启发的作品，如《乳酪与蛆虫》《夜间的战斗》《马丁盖尔归来》《屠猫记》《蒙塔尤》等。

微观史学对当前中国史学研究，也产生了极大的影响。如王笛教授的《袍哥：1940年代川西乡村的暴力与秩序》（北京大学出版社2018年版）一书，就是其中最为典型的代表，引起了广泛的讨论。微观史研究所面临的，首先是材料获得的偶然性。前举微观史学名著，在选材上均受到现有史料的限制。王笛教授在撰写《袍哥：1940年代川西乡村的暴力与秩序》时，也主要依据当年的一篇学生论文。当然，微观史学也面临着激烈的争论，过于注重细节，关注特殊的狭小地域，研究小范围的历史或是普通人的生活，有论者担心会见树木不见森林，从而加剧史学研究的"碎片化"趋向。但若将观照的视角转移，则会发现微观史的迷人之处亦正在于此。

在三线建设史研究领域，一些较为宏观的问题，已经没有太大的争论，或很难再取得更大进展。三线建设这一历史事件的特殊性，

---

① 王传兵：《微观史学对历史研究的利与弊》，《社会科学家》2013年第8期。

导致研究者在研究过程中档案材料获取和利用的困难。"备战、备荒、为人民"这一战略口号,将"备战"放在首位,三线建设的开展正是在这样的历史背景下展开的。三线厂矿企业,多带有军工性质,安全保密为第一要务。在学者研究的过程中,普遍感受到资料获取的困难,研究尺度也较难把握,甚至有因调研受三线单位性质限难以开展而取消相关课题项目者。

面对此种情形,微观史学相关研究思路和方法,能为三线建设研究提供有益的借鉴,这在《亲历者》一书中也可以见到。《从军代表、三线职工到大学教授》(李治贤口述)、《三线企业的厂办教育》(王世铭口述)、《与车相伴的三线人》(吴忠仕口述)等篇,都可说是微观三线建设史。《亲历者》一书中的每一篇口述和回忆,都是一篇意蕴深长的微观史学作品。通过口述所展现出来的,是关于三线建设的一些难得面相,展现的是三线建设大背景下个体参与、体悟、认知、感受到的宏大历史。同时,《亲历者》一书中的口述与回忆,为研究者开展三线建设史研究乃至微观社会文化史研究,提供了不可多得的珍贵材料。

兹举一例。在吴忠仕口述《与车相伴的三线人》一篇中,有这样的一段:"我们这一代人建设攀枝花,那是吃不尽的苦。那个时候什么都要供应,生活物资主要靠汽车运。穿衣服还要布票,但是我们要发工作服,够穿。也吃得饱,关键是营养问题。一个月两斤肉、半斤油,两斤肉都是冻肉、腊肉。蔬菜就需要我们来拉了,那个时候又没有冻库,也没有冰箱,拉了马上就分到连队。我们就运些好存放的东西,土豆、南瓜、海带、涪陵榨菜等。一个礼拜还是能吃一次(鲜)肉,是外面拉过来的。每个礼拜包一次饺子,包饺子之前要到附近山上,跟农民先买一只羊,杀了剁成小馅,然后分到各个班去,自己包。一个班十来个人,就擀面包饺子,改善生活。比起地方的话,部队还是要吃得好一些,特别是我们汽车兵,还是要占点优势。"(第80页)

附录 《多维视野中的三线建设亲历者》一书的三个维度

图 2 吴忠仕当年驾驶汽车运输物资

叙述虽然简短，从微观史学的角度而言，却蕴含了较多有价值的信息。其一，可以了解攀枝花三线建设生活物资供应和来源。通过此段叙述，我们可知生活物资供应所使用的交通工具是汽车；供应地来源不是攀枝花本地，而是从外面运入。其二，可以了解到"三线人"的饮食生活状况。或许是因为关注三线建设饮食的缘故，笔者所摘取的这一段确实是关于饮食生活的。但在"三线人"的多数口述和回忆中，工作和生活是最主要的话题，而饮食生活可说是各种日常生活的核心，自不待言。其三，可以了解到"三线人"的生活应对策略。生活物资需要供应，又没有相应的保藏条件和措施，便只好运入一些容易存放的东西，"拉了马上就分到连队"，或在当地购买一些作为补充。这些，都是"三线人"在当时情形下面对艰难生活所做出的应对策略。其四，是比较的视角。如果不照镜子，会觉得三线建设生活"那是吃不尽的苦"。但若将他们与当地相较，很容易比较出结论，正如王所言："比起地方的话，部队还是要吃得好一些。"而且，作为汽车兵的他们，因为承担着运输供应物资的重任，能一个礼拜包一次饺子，又是"三线人"中"占点优势"的。

《亲历者》的微观三线建设史书写，深入三线建设史研究的细部和深部。同时，也为三线建设史研究的推进，尤其是微观三线建设史研究乃至社会文化史的推进，提供了不可多得的史料。随着时间的推移，三线建设亲历者逐渐老去或者逝去，一些属于历史当事人、历史亲历者和历史创造者个人经历和感知的历史，也将逐渐不为我们所知。《亲历者》做出的努力，是成功的，是值得赞赏和敬佩的。

三、三线建设史书写的多重文本

《亲历者》一书，分为"口述篇"、"回忆篇"和"调研篇"。这样的分类，实质上揭示了本书是内容较为多元的多重文本。其中，既有三线建设亲历者的忆述，也有采访者和调研者的调研心得与体会，也有研究者对三线建设者的相关研究论文，多层次交互体现三线建设及其亲历者的方方面面。

"口述篇"所收录的10篇文章，确如编者所言"尽可能地保持了三线建设亲历者讲述时的原汁原味，更为真实地记录了他们的生命历程和生活轨迹"[①]。所采取的基本方法，是通过采访，将采访记录整理后写成口述史作品。与定宜庄研究员经典口述史作品《老北京人的口述历史》（中国社会科学出版社2009年版）等通篇采用对话体略有不同，《亲历者》一书"口述篇"中，除《在劳改企业佫

---

① 张勇主编《多维视野中的三线建设亲历者》，上海大学出版社2019年版，前言第2页。

尽职守的一对伉俪》（苏凡、陈精智口述）一篇采用对话体外，均是经过采写者"创作"的作品。从本质上讲，口述史所具体呈现的形态本身并无高下之分。采用较为多元的书写形式和书写体裁，会使历史书写变得更为生动和灵活。

采用对话体的形式，能够较为真实地还原采访者的提问技巧，能够给读者展示口述者讲述故事的能力和对相关问题的记忆、理解程度。而经过对采访者口述进行整理和书写的作品，一般情形下也能较为客观地传达讲述者所要表达的意思。从阅读的体验来讲，二者却各有高下。对话体读来有现场感，甚至能透过纸面上的文字感受到对话时的气氛。但其缺点却在于，将一个完整的故事，割裂为一段段甚至是一句句的对话，故事完整性和流畅性不免受到损害。而采写创作出的口述史作品，经由采写者的"创作"（或可言"再创作"），能够确保故事的完整性和流畅性。但对话体所能展现出采访时的现场感，却不免阙如。在《亲历者》一书中，主编兼用对话体和叙述体两种呈现方式，恐亦有此考虑吧。

如果说"口述篇"有着采写者和对话者"创作"与加工的成分在的话，那么回忆篇则是当事人和亲历者自己对其三线建设经历的回顾。通常情况下，回忆也会经过当事人的再加工。就《亲历者》一书而言，"回忆篇"收录的11篇文章，都从不同侧面揭示了三线建设亲历者在那一段激动人心的岁月里的经历及其后的感悟。如果以多元史料进行对堪，可能会发现亲历者的回忆与史实或有些微出入。从历史研究的角度而言，当事人的回忆显得尤其重要。即便回忆者所看到或经历的仅仅是重大历史事件的一小部分，且常常掺杂了个人的感情抑或是经过记忆的加工，并不如研究者那般站在"后见之明"的角度从而拥有多元的眼光。但若转换视角，就算是经过当事人"记忆加工"后讲述出来的故事，起码也道出了亲历者对那段经历的感受和想法，一样具有重要的历史价值。

构成《亲历者》一书三线建设史书写多重文本的，还有"调研篇"。在"调研篇"总名下,其实包含了两个部分的内容。"调研篇"前6篇文章,"是研究者赴三线企业实地考察、到'三线人'群体中采访调查时的见闻、感悟与思考"①。其实还不止于此,"调研篇"更是对调研过程的记录,也是研究结论形成不可或缺的一环。尤其值得注意的是"调研篇"的第一篇文章,肖彦老师的《我把青春奉献给了你——三线企业(漫画版)》。该文以漫画的形式,将调研的过程及其中的收获与感悟,以生动活泼的形式表达出来。既有艺术气息,又有现场感,让人过目难忘。"调研篇"的一些文章,本身就是具有问题意识的好作品。如张勇教授的《山沟中的"小社会"——重庆双溪机械厂考察札记》一文,便极具问题意识。对重庆双溪机械厂这一"小社会"的观察和总结,就十分精当。既采用

**图3 访谈一位由上海迁入并留在重庆生活的三线建设者
(2015年4月,张勇摄)**

注:图片来源于傅晓莲《落叶归根:返沪"三线人"生活状况调查》,载张勇主编《多维视野中的三线建设亲历者》,上海大学出版社2019年版,第296页。

---

① 张勇主编《多维视野中的三线建设亲历者》,上海大学出版社2019年版,前言第2页。

了"他者"的眼光，也采访了留守的老师傅，又有自己的思考。当然，这得益于现场采访的顺利进行，更得益于作者长期在三线建设研究领域的耕耘。与该文类似，其他几篇调研记录，都是值得认真一读，且言之有物的好作品。

《亲历者》一书在"调研篇"中还收录了5篇学术论文。这几篇研究论文，主要聚焦三线建设中青年职工的婚姻生活、三线建设初期的工厂筹建、三线建设中的工农关系审视、三线建设者的饮食生活、公众与三线建设历史书写等不同主题。如果说"口述篇"和"回忆篇"提供了从社会史视角对三线建设进行研究不可或缺的史料的话，"调研篇"中的这5篇论文从某种程度上提供了史料利用和分析的典型个案。如果参互阅读，可以发现，5篇论文中的观点，并不是凭空构建，而是其来有自的；同时，还可以发现，《亲历者》前2篇中的口述与回忆，能够为后面5篇论文的观点提供某种程度的支撑。

经过上述分析，可以发现《亲历者》一书，是主编张勇教授所标举的公众参与三线建设历史书写的有益尝试，是一个关于三线建设书写的多重文本。在这个文本中，既有对话体的口述史和叙述体的口述史，也有三线建设亲历者的回忆录，更有调研者对调研过程的详尽记录与思考，还有研究者针对某些具体问题的专题研究论文。形式和体裁多样，打破了学科和专业的壁垒，采用多元的书写形式，确保了《亲历者》这一三线建设历史书写多重文本的开放性，从而带来了不一样的阅读体验。

后　记

2012年我在长江三峡入口处做出从事三线研究的决定时，未曾料到即将踏入的是中国当代史研究中不可多得的一座"富矿"，也没想到会在这一领域一做就是10余年。

10余年间，我们四处搜集资料，还去过不少地方考察三线企业、采访三线建设亲历者，许多调研情景至今仍历历在目。在此期间，我曾将部分"三线人"的口述史作品、代表性的回忆录以及调研札记和学术论文汇总起来，编成《多维视野中的三线建设亲历者》一书。除此之外，我在学术期刊上零零星星发表了10多篇研究论文、笔谈文章，还有几篇调研札记和研究随想登载他处。时至2023年，疫情消散，总算有了略微轻松的心态和空暇的时间，方始将它们整理、编排成书，也算是对自己这10余年从事三线研究的某种交代吧。

本书的出版，首先应感谢接受我们采访并提供帮助的三线建设亲历者们，他们的经历与故事、真诚与执着，常常让我们感动不已。其中，重庆晋江厂的吴学辉先生豪爽热心，为我们的考察和采访提供了多方面的支持；四川锦江厂的倪同正先生古道热肠，给予了我们诸多无私的帮助；陆仲晖、杨晓虹、陈烈刚、郑志宏、蒙庆、潘祥鹤、刘常琼、杨克芝、南庆杰、殷莺等也给予了我们大力支持。重庆地区的艾新全、陈晓林、马述林、吴学辉、秦邦佑、李治贤、秦邦建等人近些年积极投身于三线建设的调研中，在与他们的交流与切磋中，我获益良多。

后 记

　　中国社会科学院当代中国研究所的陈东林研究员和经济研究所的高超群研究员欣然应允作序，为本书增色不少。上海大学徐有威教授长期以来给予我的鼎力支持和良好建议，令我受益匪浅。在与周明长、段伟、崔一楠、陈超、胡悦晗、李彩华、吕建昌、范瑛、郑有贵、钱茂伟、李德英、张杨、张志军、王佳翠、刘博、郭旭、谭刚毅、徐利权、冯明、王毅、陈君锋以及武力、周晓虹、黎小龙、蓝勇、张文等师友的研讨中，我时有收获。

　　承蒙学术期刊界的潘清、许芬、翟宇、肖海燕、王立霞、郑姗姗、吴启琳等诸位编辑老师厚爱，拙作发表时他们耐心审阅与校对，付出甚多。三线研究"学术共同体"的形成自非一朝一夕之事，亦非一人一力之功，学界以及业界的通力合作方能使其成为可能。

　　我到四川外国语大学工作已整整20年。林移刚、邓晓梅、陈璐玭、肖彦、郑昊、张艳萍、彭娟、梁谨恋、辛文娟等同事或参与了有关课题的调研，推动了研究工作的开展，或常常与我讨论交流，碰撞出思想的火花。傅晓莲、陈利青、林楠、蔡茂竹、张宗友、苟渝苹、胥秋林等本科生和吴从娟、张钊熙、魏林然、黄圆圆、丁泽涛、缪凤婷、张子夜、冀鑫源、吴倩、王静等硕士研究生也参加了课题的实地考察和口述访谈，有的学生还以"三线建设"为主题申报项目、撰写文章，均有一定的收获。檀春耕、于全辉等相关部门领导为本书的出版提供了大力的支持。谨致谢忱！

　　"无巧不成书"，本书在社会科学文献出版社的出版，完美诠释了这句话。今年春，我正在考虑联系出版社时，偶然看到某微信公众号上的一本社会科学文献出版社出版的新书的推荐，责任编辑庄士龙先生的名字一下子跃入我的眼帘。庄士龙本科就读于我校社会学系，我曾给他上过课，对这位敏而好学的同学印象颇深。"天啦，如果由自己教过的学生来做这本书的责任编辑，那将是多么美好的一件事情！"这个念头油然而生。我立即联系上士龙，很快我们就达成了出版合作意向。他还告诉我，之前他拍的816工程（三线建设的一个重要项目）的摄影作品当时正在他们社里展出呢。一切都太巧了，真是缘分！果然，在此后出版的各个环节，我们沟通、合作得异常顺利。士龙在收到书稿后，很快便细致而严谨地完成了编辑、校对等工作，并提出了不少精当的建议，其工作态度与效率令人敬佩。

作为长期在历史学和社会学等学科之间徘徊的"边缘人"，我深切感受到这些学科之间的巨大差异和分歧，也基本明了它们各自的学科特点与优势。在进行三线建设相关问题的研究时，我试图将历史学对文献资料的执着与社会学对理论建构的痴迷兼顾起来，但学力所限，这种尝试显然十分粗浅，也许会遭受来自不同学科的质疑。尽管如此，我仍坚信，跨学科带来的广阔的视野、比较的眼光、开放的心态，不论在三线研究中，还是在中国当代史抑或当代中国研究中都是需要大力倡导的。

就在本书出版前，我申报的又一项关于三线研究的国家社科基金项目获批立项。看来，我还要继续在这个研究领域深耕下去……

我相信并期待着，若干年后三线研究会发展成为当代中国研究中颇具影响力的重要领域。

张勇
2023 年 10 月

图书在版编目(CIP)数据

企业、人群与社会:三线建设的多维书写/张勇著
.--北京:社会科学文献出版社,2023.11
ISBN 978-7-5228-2701-8

Ⅰ.①企… Ⅱ.①张… Ⅲ.①国防工业-经济建设-经济史-中国-文集 Ⅳ.①F426.48-53

中国国家版本馆CIP数据核字(2023)第206665号

企业、人群与社会:三线建设的多维书写

著　者 / 张　勇

出 版 人 / 冀祥德
责任编辑 / 庄士龙　胡庆英
责任印制 / 王京美

出　　版 / 社会科学文献出版社·群学出版分社 (010) 59367002
　　　　　 地址:北京市北三环中路甲29号院华龙大厦　邮编:100029
　　　　　 网址:www.ssap.com.cn
发　　行 / 社会科学文献出版社 (010) 59367028
印　　装 / 三河市东方印刷有限公司
规　　格 / 开　本:787mm×1092mm　1/16
　　　　　 印　张:18.75　字　数:248千字
版　　次 / 2023年11月第1版　2023年11月第1次印刷
书　　号 / ISBN 978-7-5228-2701-8
定　　价 / 128.00元

读者服务电话:4008918866

版权所有 翻印必究